KB236403

# 시깐순삭 파이썬

천인국 · 정영민 · 최자영  지음

생능북스

**초판 발행** 2020년 8월 27일
**개정판 3쇄 발행** 2025년 3월 14일

**지은이** | 천인국, 정영민, 최자영
**펴낸이** | 김승기
**펴낸곳** | (주)생능출판사 / **주소** 경기도 파주시 광인사길 143
**브랜드** | 생능북스
**출판사 등록일** | 2005년 1월 21일 / **신고번호** 제406-2005-000002호
**대표전화** | (031)955-0761 / **팩스** (031)955-0768
**홈페이지** | www.booksr.co.kr

**책임편집** | 유제훈 / **편집** 신성민, 이종무 / **디자인** 북스북스(표지), 디엔터(본문)
**영업** | 최복락, 김민수, 심수경, 차종필, 백수정, 송성환, 최태웅, 김민정
**마케팅** | 백수정, 명하나

ISBN 978-89-7050-557-2 13000
값 25,000원

# 파이썬은 최근에 프로그래밍에 입문하고자 하는 학생들에 매우 적합한 언어로 떠오르고 있다.

파이썬은 간결하며, 읽기 쉽고, 매우 직관적인 코드를 작성할 수 있으며, 라이브러리 설치가 무척 간단하고 쉬워서 많은 라이브러리가 서드 파티에서 무료로 제공된다. 최근에 파이썬은 과학 계산, 인공지능, 빅데이터, 웹서버 등의 다양한 분야에서 널리 사용되고 있다. 이 책은 특히 프로그래밍 입문자들을 위하여 중등교육과정에서 우리가 학습하였던 다양한 예제를 프로그램으로 구성하였다. 이 책의 간단한 특징은 다음과 같다.

- 적절한 그림을 가능한 한 많이 사용하여 더욱 친숙하고, 지루하지 않으며 독자들이 이해하기 쉬운 교재를 만들려고 노력하였다.
- 초보자들도 쉽게 따라올 수 있도록 '생각의 순서'라는 개념을 도입하였다. 입문자들이 특히 어려워하는 프로그래밍의 순서를 제시하였다.
- 중등교육과정의 수학, 과학 등의 교과에서 다루는 친근한 소재를 융합적으로 다루어 LAB으로 제공하였다.
- 터틀 그래픽과 tkinter를 이용하여 그래픽 기반의 흥미로운 예제와 연습문제를 제시하였다.
- 프로그래밍을 통한 다양한 문제해결을 경험할 수 있도록 여러 가지 모듈과 라이브러리의 활용을 제시하였다.

이 책이 만들어지기까지 많은 도움이 있었다. 항상 새로운 책에 대하여 적극적으로 지원해주신 생능출판사 여러분께 깊은 감사를 표한다. 또 책의 교정을 즐겁게 도와준 고등학교 학생들께 감사드린다. 책이 출간될 때마다 오류를 지적해주시고 격려해주시는 많은 분께도 깊은 감사를 드린다. 아무쪼록 많은 학생이 이 책을 통하여 컴퓨터 프로그래밍이라는 흥미진진한 분야로 쉽게 입문할 수 있다면 필자에게는 큰 보람이 될 것이다.

2022년 10월
천인국, 정영민, 최자영

**1** 파이썬을 이용하여 프로그래밍에 입문하는 독자들을 위하여 프로그래밍의 기초적인 개념부터 자세히 설명하였다.

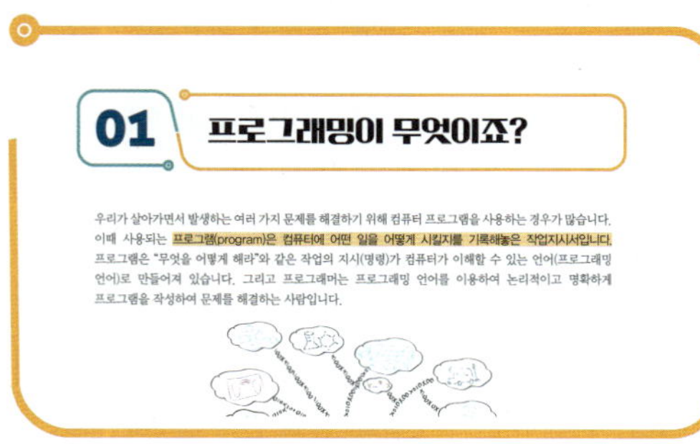

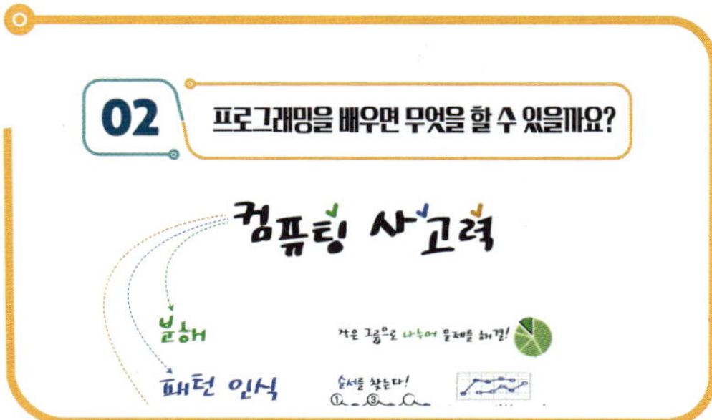

**2** 초보자들도 쉽게 따라올 수 있도록 '생각의 순서'라는 개념을 도입하였다. 입문자들이 특히 어려워하는 프로그래밍의 순서를 제시하였다.

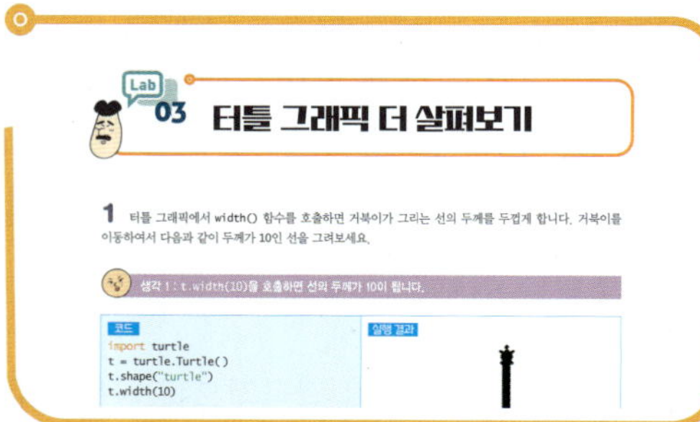

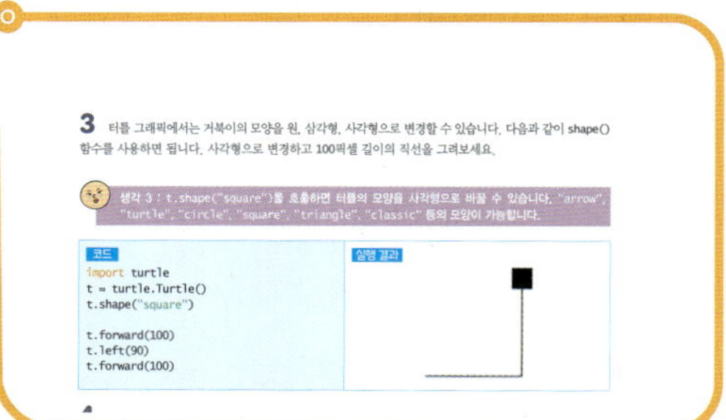

**3** 터틀 그래픽과 tkinter를 사용하여 독자들이 그래픽을 통하여 각종 개념을 실습할 수 있도록 하였다.

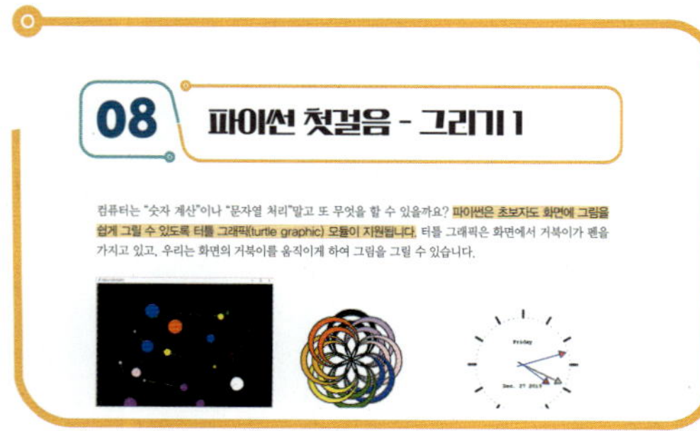

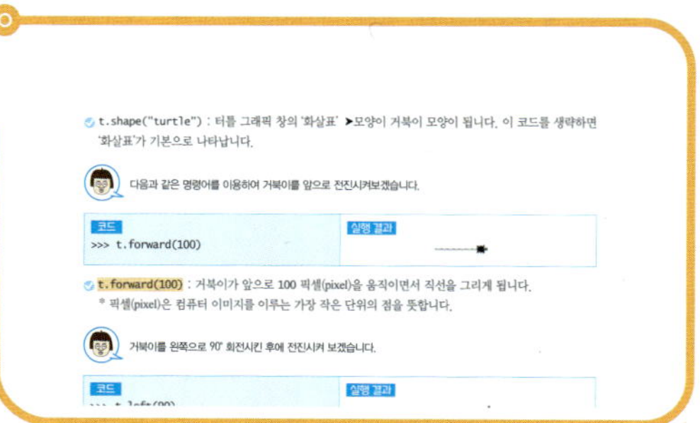

④ 학습한 내용을 바탕으로 독자가 스스로 프로그램을 작성해볼 수 있는 실습문제(LAB)를 대폭 수록하였다. 실습문제들은 중등교육과정의 수학이나 과학에서 나오는 흥미로운 주제들로 엄선하였다. 실습문제는 설명과 함께 자세한 답안이 제공된다.

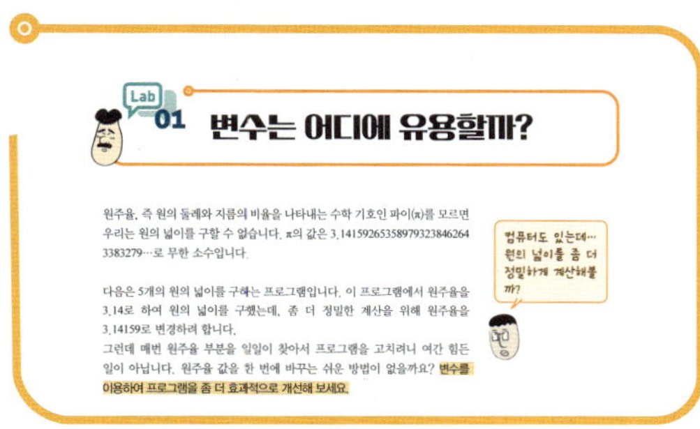


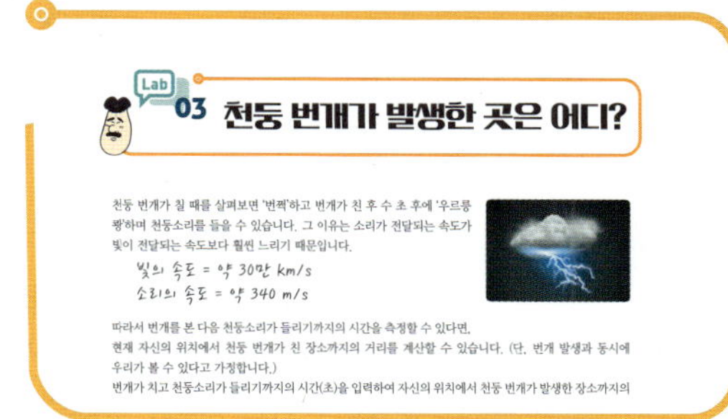


⑤ 연습문제를 통해 앞에서 배운 내용을 응용하여 프로그래밍해 볼 수 있도록 하였다.

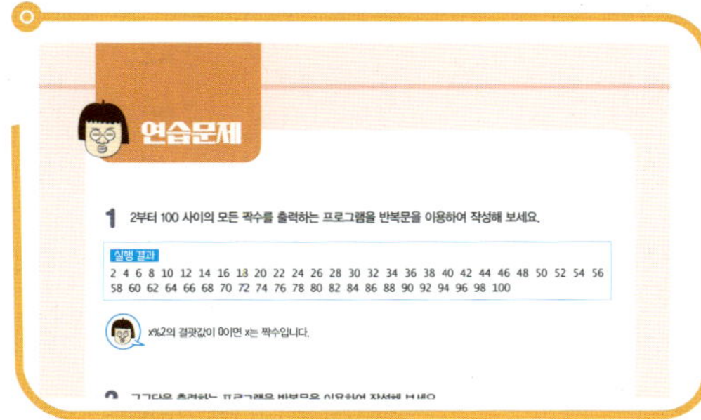


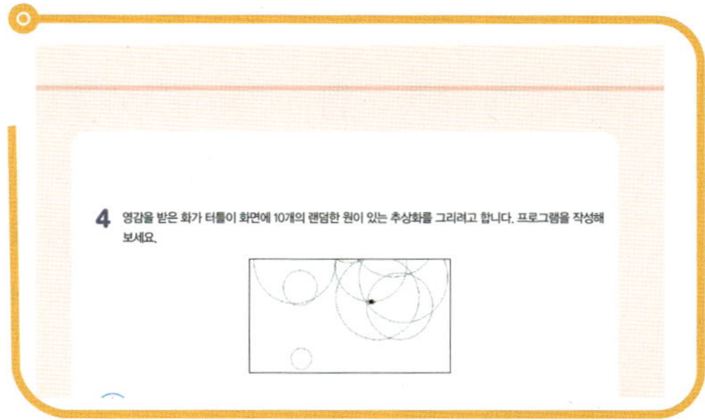


⑥ 주요 개념을 간략히 정리하여 반드시 알아두어야 할 내용을 다시 한번 확인해 볼 수 있도록 하였다.

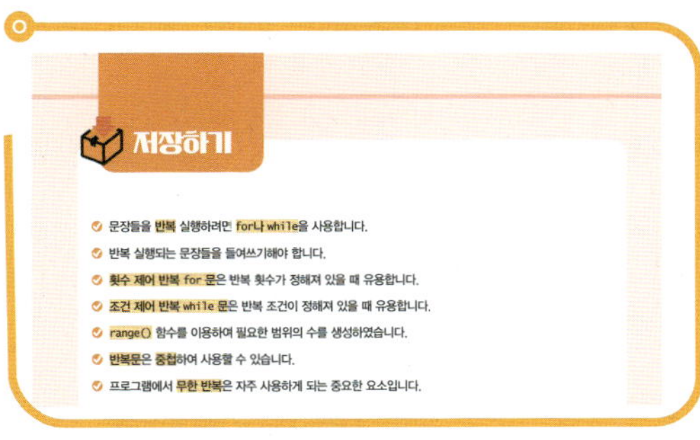

# 제1장 파이썬을 소개합니다


01. 프로그래밍이 무엇이죠? ・20
02. 프로그래밍을 배우면 무엇을 할 수 있을까요? ・21
03. 두근두근 파이썬 ・22
04. 파이썬 설치하기 ・24
05. 파이썬 IDLE 실행하기 ・26
06. 파이썬 첫걸음 – 계산하기 ・28
07. 파이썬 첫걸음 – 문자 출력하기 ・30
08. 파이썬 첫걸음 – 그리기 1 ・32
09. 파이썬 첫걸음 – 그리기 2 ・35
10. 스크립트 모드 ・37
11. 읽으면 도움이 돼요. – 주석 ・40
12. 문제가 생겼어요 – 오류 ・42
13. 파이썬으로 무엇을 할 수 있을까? ・44
LAB 01  print() 실습 ・45
LAB 02  원과 다각형 그리기 ・47
LAB 03  터틀 그래픽 더 살펴보기 ・49
연습문제 ・51
저장하기 ・52

# 제2장 변수를 소개합니다


01. 변수가 무엇이죠? · 54
02. 변수는 수를 저장합니다 · 55
03. '='는 특별해요 · 57
04. 변수는 문자열을 저장합니다 · 59
05. 변수의 이름 짓기 · 61
06. 한 번에 여러 값을 출력하기 · 62
07. 문자열 입력받기 · 63
08. 수 입력받기 · 64
LAB 01 변수는 어디에 유용할까? · 65
LAB 02 내가 원하는 원 그리기 · 66
LAB 03 천둥 번개가 발생한 곳은 어디? · 68
연습문제 · 69
저장하기 · 70

# 차례

## 제 3 장　계산해 볼까요?


01. 어디에나 있는 수식　　　　　　　　　　　•72
02. 산술 연산자　　　　　　　　　　　　　　•74
03. 대입 연산자 '='　　　　　　　　　　　　•77
04. 복합 대입 연산자　　　　　　　　　　　　•79
05. 연산자의 우선순위　　　　　　　　　　　•81

LAB 01　다항식의 계산　　　　　　　　　　•83
LAB 02　화씨온도를 섭씨온도로 변환하기　　•85
LAB 03　두 지점 사이의 거리 구하기　　　　•87
LAB 04　두 지점 사이의 거리 확인하기　　　•89
LAB 05　그리니치 표준시–세계 시간의 기준점　•91
LAB 06　계산대 프로그램　　　　　　　　　•94

연습문제　　　　　　　　　　　　　　　　•96
저장하기　　　　　　　　　　　　　　　　•98

# 제4장 자료의 종류에는 어떤 것들이 있나요?


01. 파이썬에서 사용할 수 있는 자료의 종류 · 100
02. 정수형과 실수형 · 102
03. 문자열이란? · 104
04. 문자열을 만드는 방법 · 105
05. 100과 "100"을 구별해요 · 106
06. 문자열을 숫자로 변환 · 108
07. 숫자를 문자열로 변환 · 110
08. 파이썬은 문자열 처리의 마법사 · 112
09. 필요한 문자열은 뽑아서 쓰자 · 115
LAB 01  소금물의 농도는? · 117
LAB 02  간단한 챗봇(ChatBot) 프로그램 · 119
LAB 03  거북이와 인사해봐요 · 121
LAB 04  암호프로그램 만들기 · 123
LAB 05  2050년에 나는 몇 살? · 125
연습문제 · 127
저장하기 · 129

차례

## 제**5**장   조건을 따져보세요

01. 왜 조건을 따져봐야 하나요? · 132
02. 참과 거짓 그리고 관계 연산자 · 134
03. 조건문(만약에~) · 136
04. if와 if-else · 138
05. if를 좀 더 이해시켜 줄 예제 · 141
06. if-else를 좀 더 이해시켜 줄 예제 · 142
07. 복잡한 조건의 표현-논리 연산자 · 143
08. if-elif-else · 145
09. if의 중첩 · 146

LAB 01   직각삼각형 판별하기 · 147
LAB 02   정수의 종류를 판별하는 스마트 터틀 · 149
LAB 03   주민등록번호 뒷자리 의미, 이런 뜻이?! · 151
LAB 04   동전 던지기 게임 · 153
LAB 05   찌릿찌릿 전기회로 · 155
LAB 06   윤년 판단 · 157
LAB 07   이차방정식의 판별식 · 159
LAB 08   사용자가 원하는 도형 그리기 · 161
LAB 09   두 원의 위치 관계 시뮬레이션 · 163

연습문제 · 166
저장하기 · 168

# 제6장 반복해 봅시다


01. 왜 반복이 중요할까요? · 172
02. 횟수 제어 반복 – for · 173
03. range( ) 함수 · 175
04. 횟수 제어 반복을 좀 더 이해시켜 줄 예제 · 177
05. 조건 제어 반복 – while · 179
06. 조건 제어 반복을 좀 더 이해시켜 줄 예제 · 181
07. 중첩 반복문 · 183
08. 무한 반복 · 185
09. break와 continue · 186
LAB 01  코드를 줄여보아요 · 188
LAB 02  도돌이표 · 190
LAB 03  n각형 그리기 · 191
LAB 04  랜덤 워크 시뮬레이션 · 193
LAB 05  범인 찾기 게임 · 195
LAB 06  몬드리안 터틀 · 197
LAB 07  모든 약수 구하기 · 199
LAB 08  최대공약수 구하기 · 200
LAB 09  별 그리는 터틀 · 202
LAB 10  숫자 맞추기 게임 · 203
연습문제 · 205
저장하기 · 209

# 제7장 리스트

| | |
|---|---|
| 01. 리스트란? | • 212 |
| 02. 리스트 생성과 추가 | • 214 |
| 03. 리스트 항목에 접근하기 | • 216 |
| 04. 리스트 항목의 변경과 추가 | • 218 |
| 05. 리스트 항목 삭제하기 | • 220 |
| 06. 리스트에서 항목 탐색하기 | • 222 |
| 07. 리스트 정렬하기 | • 224 |
| 08. 2차원 리스트의 기초 | • 226 |
| 09. 리스트와 반복문의 궁합 | • 228 |
| LAB 01 태정태세문단세 | • 230 |
| LAB 02 오늘의 명언 | • 232 |
| LAB 03 스파이럴(spiral) 그리기 | • 234 |
| LAB 04 오륜기 그리기 | • 236 |
| LAB 05 습도 구하기 | • 238 |
| 연습문제 | • 240 |
| 저장하기 | • 242 |

# 제**8**장 코드를 함수로 모아봅시다


01. 함수가 무엇인가요? • 244
02. 함수를 작성하고 호출하기 • 245
03. 왜 우리는 함수를 작성하는가? • 247
04. 함수에 1개의 인수 전달하기 • 249
05. 함수에 여러 개의 인수 전달하기 • 250
06. 함수의 값 반환하기 • 252
07. 함수를 좀 더 이해시켜 줄 예제 • 255
08. 지역변수와 전역변수 • 256
09. 디폴트 인수 • 259
10. 키워드 인수 • 260

LAB 01   BMI 계산기 • 262
LAB 02   환전 계산기 • 264
LAB 03   n각형을 그리는 함수 작성하기 • 267
LAB 04   클릭하는 곳에 사각형 그리기 • 268
LAB 05   한붓 그리기 • 270
LAB 06   이차함수 그래프 그리기 • 272
LAB 07   테세우스 터틀 미로 탈출 게임 • 274
LAB 08   재귀호출 • 276
LAB 09   프랙털 나무 그리기 • 278

연습문제 • 280
저장하기 • 283

## 제9장 딕셔너리와 집합


01. 딕셔너리란?                              ·286
02. 딕셔너리 생성과 추가                      ·288
03. 딕셔너리 탐색하기                         ·290
04. 딕셔너리 수정과 삭제                      ·292
05. 딕셔너리를 좀 더 이해시켜 줄 예제          ·293
06. 딕셔너리와 반복문의 궁합                   ·295
07. 집 합                                    ·296
LAB 01  가위, 바위, 보 게임                   ·298
LAB 02  행성까지의 여행 시간은?               ·300
LAB 03  멘델의 유전 법칙 시뮬레이션           ·302
LAB 04  튜링상 수상자 데이터 분석             ·305
LAB 05  자동 메일 발송 프로그램               ·308
연습문제                                     ·310
저장하기                                     ·312

# 제**10**장 파일을 사용해 봅시다

01. 파일은 왜 필요할까? · 314
02. 파일 열기와 닫기 · 316
03. 파일에서 전체 데이터 읽기 · 318
04. 파일에서 한 줄씩 읽어오기 · 320
05. 파일에 데이터 쓰기 · 322
06. 파일에서 단어 단위로 읽어오기 · 323
07. csv 파일을 사용해 보기 · 325
LAB 01 파일 복사하기 · 326
LAB 02 연설문 데이터 분석 · 329
LAB 03 평균 강수량 통계 · 333
LAB 04 행 맨 · 336
연습문제 · 340
저장하기 · 342

# 제11장 모듈과 라이브러리를 사용해 봅시다


01. 모 듈 • 344
02. tkinter란? • 346
03. tkinter의 위젯들 • 348
04. [tkinter] 윈도우와 버튼을 만들어 봅시다 • 350
05. [tkinter] 윈도우 배치 관리자 • 352
06. [tkinter] 버튼 이벤트 처리 #1 • 355
07. [tkinter] 버튼 이벤트 처리 #2 • 357
08. [tkinter] 위젯의 색상과 폰트 변경하기 • 359
09. [tkinter] 윈도우 창 메뉴 만들기 • 361
10. [tkinter] MyPaint 프로그램 • 362
11. 라이브러리 • 364
12. 필로우(Pillow) 설치 • 366
13. [Pillow] 윈도우에 이미지 표시하기 • 367
14. [Pillow] 이미지 처리 • 368
15. [Pillow] 이미지 처리 기능을 윈도우의 메뉴와 연결 • 370
16. 맷플롯립(Matplotlib) 설치 • 373
17. [Matplotlib] 그래프 그리기 기초 • 375
18. [Matplotlib] 강수량 그래프 만들기 • 378
저장하기 • 380

# 제12장 프로젝트를 수행해 봅시다


01. 이차함수의 그래프 · 382
02. 대푯값을 구해봅시다 · 384
03. 토끼와 거북이의 경주 · 387
04. 앵그리 터틀 게임 · 392
05. 터틀 아스테로이드 게임 · 395
06. 틱택토 게임 · 399
07. 우리나라 인구 분석 · 405
08. 42개국 통화 실시간 환전 계산기 · 409
09. 사람 얼굴 자동 모자이크 처리 프로그램 · 412


# 부록 연습문제 정답


· 419

**1** 저자의 유튜브 동영상 강의를 제공합니다. 오른쪽 링크나 QR코드를 통해 동영상을 확인할 수 있습니다.

https://bit.ly/3ka8SRX

**2** 본문에서 사용된 예제 소스 파일은 생능출판사 홈페이지에서 다운로드할 수 있습니다.

> 생능출판사 홈페이지(https://booksr.co.kr/)에서 '시간순삭'으로 검색
> → 해당 도서명을 찾아 클릭 → [보조자료]에서 다운로드

**3** [교사회원 전용] 강의용 교안(ppt)을 생능출판사 홈페이지에서 다운로드할 수 있습니다.

> 생능출판사 홈페이지(https://booksr.co.kr/)에서 회원가입 후 '시간순삭'으로 검색
> → 해당 도서명을 찾아 클릭 → [강의자료]에서 다운로드

# 제 1 장

# 파이썬을 소개합니다

## 학습 내용

01. 프로그래밍 언어의 개념을 학습합니다.
02. 파이썬을 내 컴퓨터에 설치합니다.
03. 첫 번째 프로그램을 작성해봅니다.
04. 코드를 파일에 저장하여 실행하는 방법을 알게 됩니다.
05. 터틀 그래픽으로 여러 가지 그림을 그려봅니다.

## LAB

01. print() 실습
02. 원과 다각형 그리기
03. 터틀 그래픽 더 살펴보기

# 01 프로그래밍이 무엇이죠?

우리가 살아가면서 발생하는 여러 가지 문제를 해결하기 위해 컴퓨터 프로그램을 사용하는 경우가 많습니다. 이때 사용되는 **프로그램(program)은 컴퓨터에 어떤 일을 어떻게 시킬지를 기록해놓은 작업지시서입니다.** 프로그램은 "무엇을 어떻게 해라"와 같은 작업의 지시(명령)가 컴퓨터가 이해할 수 있는 언어(프로그래밍 언어)로 만들어져 있습니다. 그리고 프로그래머는 프로그래밍 언어를 이용하여 논리적이고 명확하게 프로그램을 작성하여 문제를 해결하는 사람입니다.

스마트폰, 웨어러블 스마트 기기, 자율 주행 자동차 등에는 다양한 프로그램이 내장되어서 우리 생활에 편리함을 제공하고 있습니다. '파워포인트'나 '카카오톡'과 같은 것들이 모두 프로그램입니다.

'한국어', '영어', '중국어'와 같이 사람이 서로 간에 의사소통을 위해 사용하는 언어를 컴퓨터는 이해하지 못합니다. 컴퓨터는 '프로그래밍 언어'를 이해합니다. 컴퓨터에서 실행되는 프로그램을 작성하려면 프로그래밍 언어를 사용하여 컴퓨터에 작업을 지시하는 문서를 만들어야 합니다.

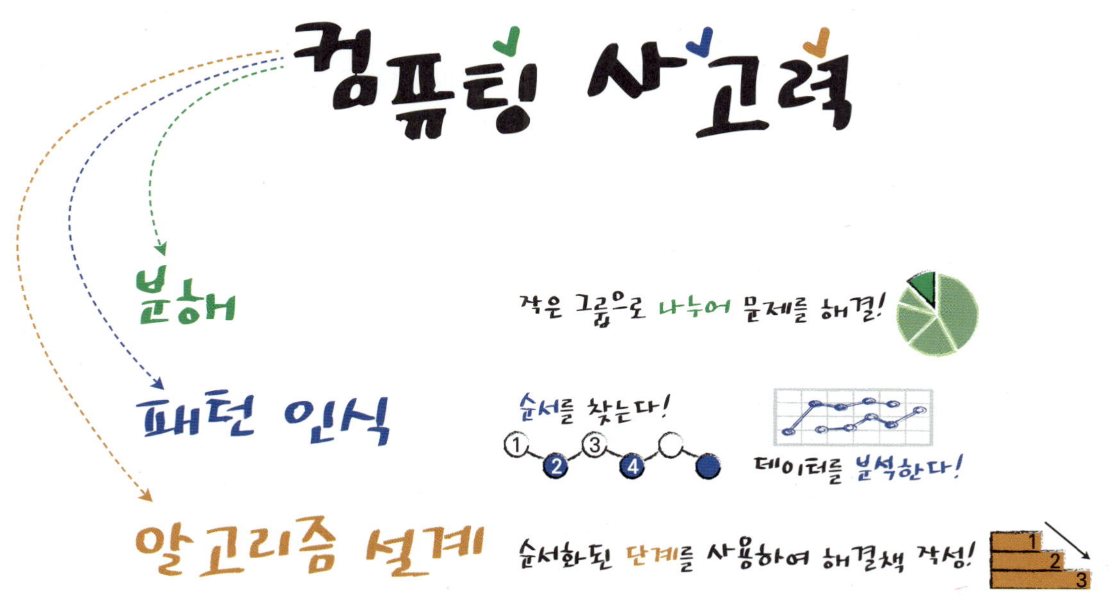


- **컴퓨터를 여러분 마음대로 제어할 수 있습니다.** 기존에는 없었던 특별한 작업을 컴퓨터에 직접 시킬 수 있으며 자신이 해결해야 하는 일에 딱 맞는 프로그램을 작성할 수 있습니다.

- **프로그래밍은 생각하는 방법을 가르쳐 줍니다.** 프로그래밍을 하면서 자신의 생각하는 과정을 되짚어 보고 살펴보게 됩니다. 따라서 더 정확하게 생각할 수 있으며 더 논리적인 사람이 될 수 있습니다.

- **프로그래밍을 하면 더 창의적인 사람이 됩니다.** 프로그래밍은 글을 쓰거나 그림을 그리는 것처럼 아무 것도 없는 상태에서 새로운 것을 창조하는 작업입니다.

- **프로그래밍은 논리적인 사고방식과 문제해결력을 키워줍니다.** 프로그래밍의 궁극적인 목적은 문제를 해결하는 것입니다. 프로그래밍은 문제의 해결책을 찾는 행위입니다. 문제를 분해하고 패턴을 찾고 알고리즘을 설계하여 프로그래밍을 공부하는 것은 수학을 배우는 효과와 동일합니다.

# 두근두근 파이썬

한국어, 영어, 중국어 등 사람이 의사소통을 위해 사용하는 언어는 다양합니다. 프로그래밍 언어의 종류도 이처럼 다양합니다. 화장품에도 여러 가지 종류가 있어서 자신에 맞는 것을 사듯이 문제를 해결할 때는 문제의 내용, 목적, 주어진 조건을 따져보고 알맞은 프로그래밍 언어를 선택하는 것이 좋습니다. 각각의 프로그래밍 언어는 고유한 문법 체계와 장단점을 가지고 있습니다.

파이썬(Python)은 1991년에 귀도 반 로섬(Guido van Rossum)이 개발한 프로그래밍 언어로, 최근에 많은 인기를 얻고 있습니다. 파이썬의 인기비결이 무엇일까요?

## [인기있는 프로그래밍 언어]

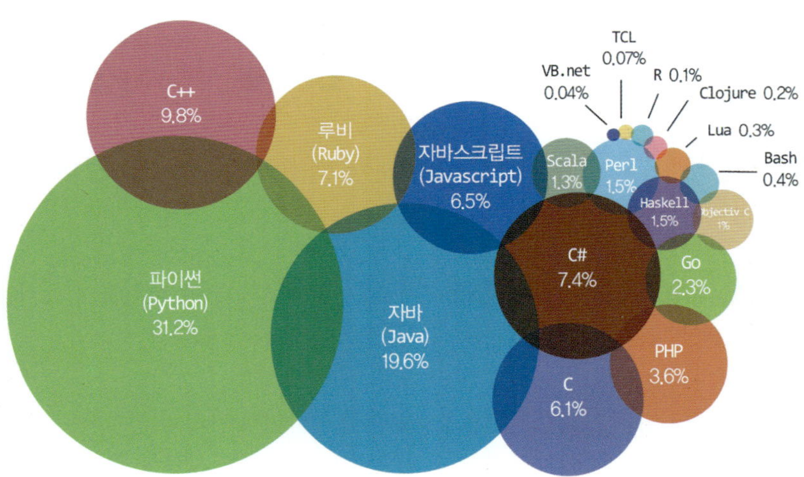


자료출처: http://www.techtechnik.com(2015년)

### 1. 문법이 쉬워 초보자도 배우기에 좋습니다.

파이썬 문법은 사람이 생각하는 방식을 그대로 표현하도록 노력한 언어입니다. 사람의 사고 체계와 닮아 배우기 쉽고 활용하기에도 쉬운 언어입니다. 따라서 파이썬은 다른 프로그래밍 언어보다 배우기가 쉽습니다.

### 2. 오픈 소스이면서도 강력한 언어입니다.

파이썬은 오픈 소스로 공개된 인터프리터 언어입니다. 파이썬 프로그래머는 자신이 작성한 문장의 결과를 즉시 볼 수 있도록 인터프리터(해석기)가 곧바로 해석해서 실행하기 때문에 초보 프로그래머한테는 아주 좋은 프로그래밍 언어입니다. 또한 다양한 프로그램을 만들 수 있는 강력한 언어로서 교육용, 연구용, 상업용으로 파이썬이 많이 선택되어 사용되고 있습니다. 우리가 사용하고 있는 주변의 엄청나게 많은 프로그램이 파이썬으로 만들어져 있습니다.

귀도 반 로섬

### 3. 코드가 간결하고 프로그래밍을 즐기게 해줍니다.

파이썬의 코드는 간결하여 다른 사람이 작성한 코드도 한눈에 이해할 수 있고, 공동 작업을 하거나 만들어진 프로그램을 수정하거나 보완할 때도 다른 프로그래밍 언어에 비해 쉽게 할 수 있습니다. 또한 파이썬은 다른 것에는 신경 쓸 필요 없이 내가 하고자 하는 부분에 집중할 수 있도록 여러 가지 것들(모듈)이 이미 만들어져 우리를 도와주고 있습니다.

# 04 파이썬 설치하기

먼저, 파이썬을 배우려면 컴퓨터에 파이썬을 설치해야 합니다. 웹브라우저를 실행한 다음 http://www.python.org/에 접속하여 [Downloads] 메뉴에서 윈도우용 [Python 3.10.8]을 선택합니다.

※ 프로그램은 계속 업데이트되고 있습니다. 책과 버전이 달라도 공부하는 데 문제가 없습니다.

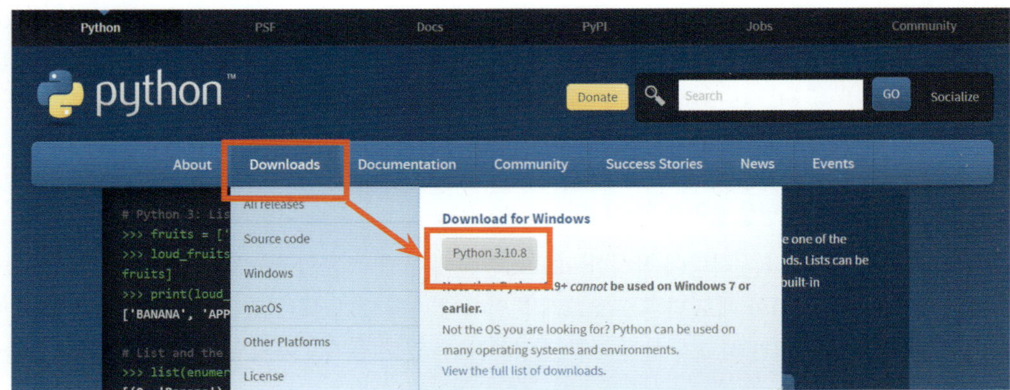

파이썬 설치파일을 실행하면 아래와 같은 화면이 나옵니다. "☑ Add Python 3.10.8 to PATH"가 반드시 체크됐는지 확인하고 [Install Now]를 클릭합니다. (Add Python 3.10.8 to PATH를 체크하지 않고 나중에 프로그램을 실행하려면 해당 프로그램이 설치된 폴더로 이동해서 파이썬을 실행해야 하는 번거로움이 있습니다.)

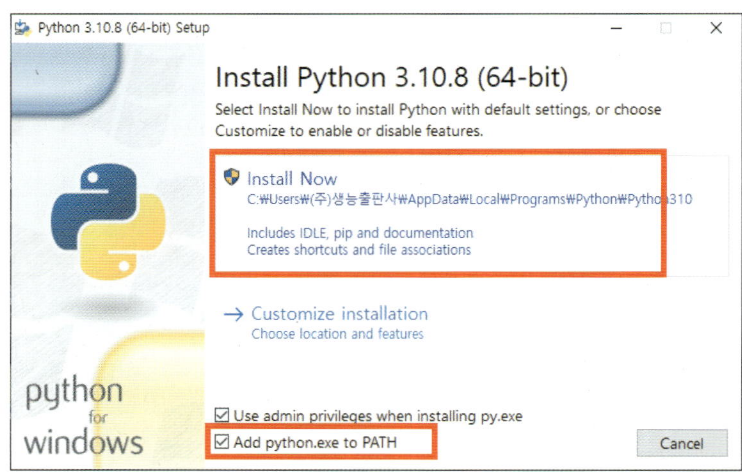

설치 중입니다.

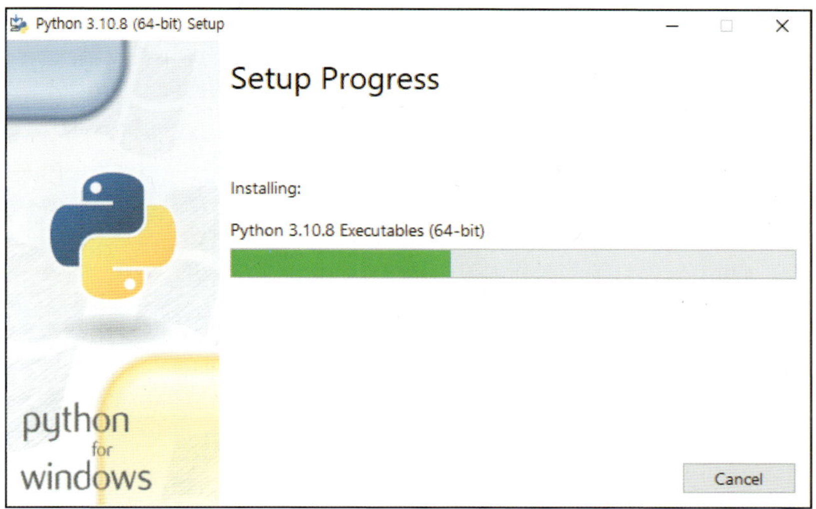

설치가 완료되면 [Close] 버튼을 클릭합니다.

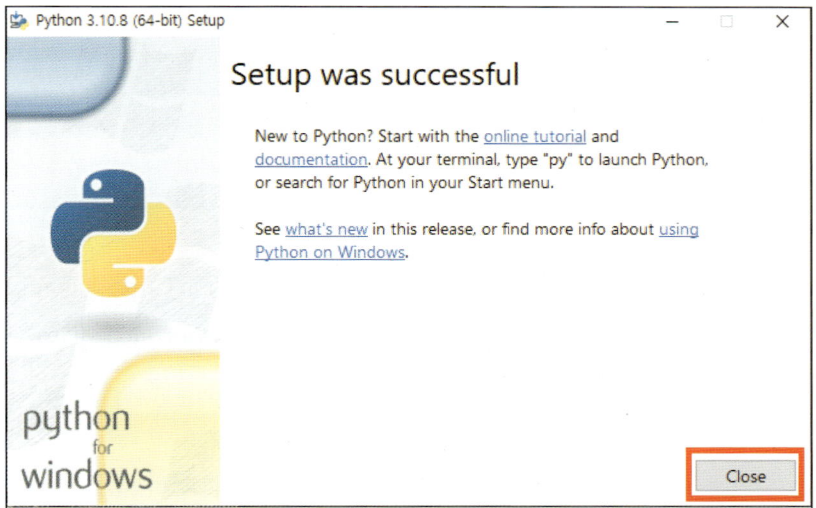

# 05 파이썬 IDLE 실행하기

앞에서 우리는 파이썬을 설치하였습니다. 파이썬에는 프로그램을 개발할 수 있는 환경이 포함되어 있습니다. 우리는 이것을 IDLE이라고 합니다. IDLE(Integrated Development Environment)는 '통합 개발 환경'이라는 의미로 프로그램을 개발하는 사람들을 위한 지원 프로그램이라고 생각하면 됩니다. 윈도우의 [시작] 버튼을 누르고 [모든 프로그램] → [Python 3.10] → [IDLE(Python 3.10 64-bit)]을 클릭하여 IDLE을 실행합니다.

아래와 같은 화면을 파이썬 쉘(python shell)이라고 부릅니다.

```
Python 3.10.1 (tags/v3.10.1:2cd268a, Dec  6 2021, 19:10:37) [MSC v.1929 64
bit (AMD64)] on win32
Type "help", "copyright", "credits" or "license()" for more information.
>>>
```

'>>>'은 프롬프트라고 부릅니다. 여기에 우리가 명령을 입력하고 Enter↵ 키를 누르면 명령이 실행되고
결과가 화면에 출력됩니다.

```
IDLE Shell 3.10.1                                           —   □   ×
File  Edit  Shell  Debug  Options  Window  Help
    Python 3.10.1 (tags/v3.10.1:2cd268a, Dec  6 2021, 19:10:37) [MSC v.1929 64
    bit (AMD64)] on win32
    Type "help", "copyright", "credits" or "license()" for more information.
>>> 1+1
    2
>>> print("Hello!")
    Hello!
>>>
                                                              Ln: 7  Col: 0
```

프로그래밍에서 **print**는 화면에 텍스트를 표시하는 것을 의미합니다. 우리가 입력한 한 줄은 파이썬
명령입니다. 자~ 이제 여러분은 프로그래밍을 통하여 컴퓨터를 마음대로 제어하기 시작했습니다. 이제부터
여러분은 공식적인 파이썬 프로그래머가 되었습니다!! 아직 많은 내용을 학습해야 하지만 시작이 절반입니다.
축하합니다.

**도전과제**

> (1) "안녕하세요?"를 화면에 출력해 보세요.
>
> (2) print(2+3)를 실행해 보세요.

## 영어 대소문자 주의!

파이썬은 영어의 대소문자를 구분합니다. 반드시 대소문자를 구분하여 사용하도록 합니다.

```
>>> PRINT(2+3)
Traceback (most recent call last):
  File "<pyshell#0>", line 1, in <module>
    PRINT(2+3)
NameError: name 'PRINT' is not defined
```

지금부터 무엇을 하면 좋을까요? 컴퓨터는 기본적으로 계산하는 기계입니다.

 덧셈, 뺄셈, 곱셈, 나눗셈을 파이썬으로 실행해 봅시다. 연습 삼아서 아래의 코드를 한 줄씩 입력하고 실행해 봅시다.

코드 및 실행 결과
```
>>> 2+3
5
>>> 2-3
-1
>>> 2*3
6
>>> 2/3
0.6666666666666666
```



컴퓨터에서 이 정도의 계산은 아무것도 아니라는 것 여러분도 아시죠? 컴퓨터는 계산을 아주 잘하고 매우 큰 수도 빠르게 처리할 수 있습니다. 그리고 다양한 연산자로 여러 가지 무궁무진한 계산을 수행할 수 있습니다. 파이썬에서 곱셈을 나타내는 기호는 '*'입니다.

코드 및 실행 결과
```
>>> 2345*9876-5678
23153542
>>> 123456789123456789 * 123456789123456789
15241578780673678515622620750190521
```

 도전과제

파이썬의 IDLE를 이용하여 다음을 계산해 보세요.
(1) 3.141592**10.0
(2) 7//3
(3) 7%3

※ 위의 연산 기호가 궁금하다면 본문 74페이지를 참고하세요.

## IDLE 바로가기 만들기

실습할 때마다 '파이썬이 어디 있나~' 찾아서 실행하면 번거롭습니다. '작업 표시줄에 아이콘으로 고정'하거나 '바로가기'를 만들어두면 편리할 것입니다. 시작 메뉴에서 파이썬 IDLE을 찾아서

(1) 마우스 오른쪽 버튼을 누르고 [작업 표시줄에 고정]을 클릭

(2) 항목 위에서 마우스 오른쪽 버튼을 누르고 [보내기] → [바탕 화면에 바로 가기 만들기]를 클릭

숫자 계산 말고 다른 것도 해볼까요? 파이썬에서 큰따옴표(" ")로 둘러싸면 문자열(string)이 됩니다.

다음과 같은 코드를 입력하고 실행해 보세요.

```
코드 및 실행 결과
>>> print("강아지")
강아지
>>> print("강아지" + "고양이")
강아지고양이
```

위의 코드에서 "강아지"는 문자열입니다. 문자열에 '+' 연산자를 붙이면 문자열과 문자열이 마치 더해진 것처럼 줄줄이 연결됩니다.

이번에는 문자열에서의 '*' 연산자를 살펴보겠습니다.

```
코드 및 실행 결과
>>> print("반가워요 "*20)
반가워요 반가워요 반가워요 반가워요 반가워요 반가워요 반가워요 반가워요 반가워요 반가워요
반가워요 반가워요 반가워요 반가워요 반가워요 반가워요 반가워요 반가워요 반가워요 반가워요
```

마치 "반가워요"를 20번 곱해서 출력한 것 같죠? 파이썬에서는 텍스트 뒤에 '*'가 붙고 숫자가 있으면 그 숫자만큼 텍스트를 반복하게 됩니다. 컴퓨터는 계산도 잘하지만 어떤 일을 반복하는 것에도 매우 소질이 있습니다.

파이썬에서 큰따옴표(" ")의 유무에 따라 문자열(string)과 수(number)를 구별합니다. 예를 들어서 "100"은 문자열이고 100은 숫자입니다.



☑ "100"+"200"을 실행하면 "100200"이 출력됩니다. 문자열이 서로 연결됩니다.

```
코드 및 실행 결과
>>> print("100" + "200")
100200
```

☑ 100+200을 실행하면 300이 출력됩니다. 정수에 대한 덧셈이 수행됩니다.

```
코드 및 실행 결과
>>> print(100 + 200)
300
```

우리는 문자열과 숫자를 사용하여 많은 프로그램을 작성하게 됩니다.

## IDLE의 글자 크기 조절

파이썬의 IDLE의 글자 크기를 키우려면 [Options] → [Configure IDLE]를 선택합니다. 다음과 같은 설정창에서 폰트 크기를 변경할 수 있습니다.

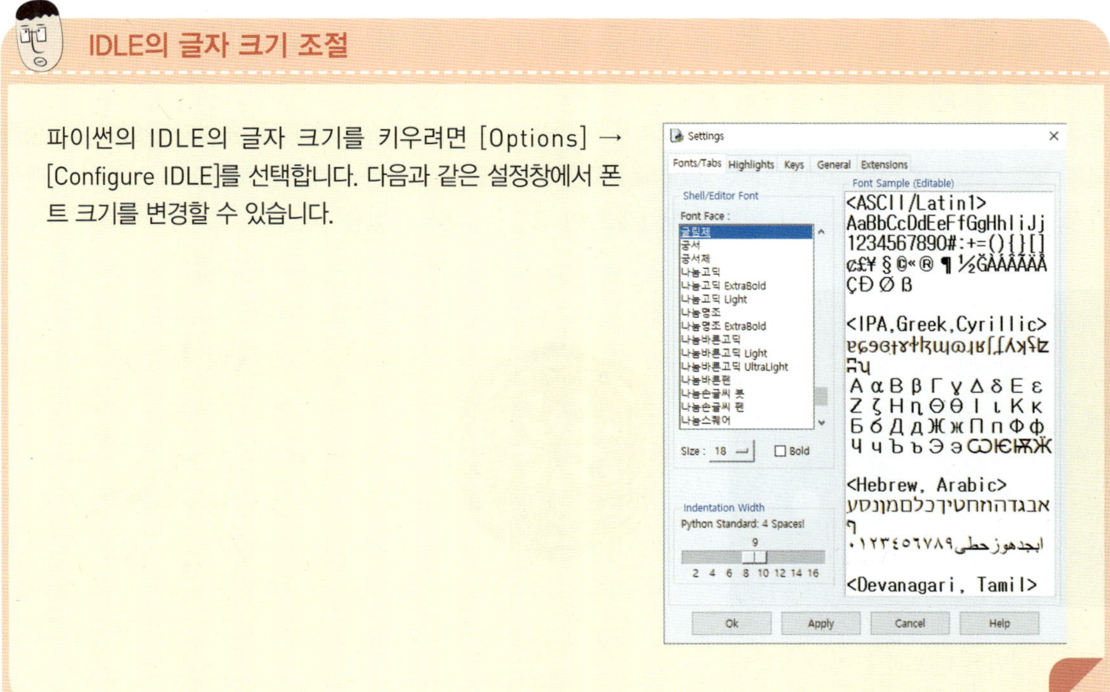

컴퓨터는 "숫자 계산"이나 "문자열 처리"말고 또 무엇을 할 수 있을까요? 파이썬은 초보자도 화면에 그림을 쉽게 그릴 수 있도록 터틀 그래픽(turtle graphic) 모듈이 지원됩니다. 터틀 그래픽은 화면에서 거북이가 펜을 가지고 있고, 우리는 화면의 거북이를 움직이게 하여 그림을 그릴 수 있습니다.

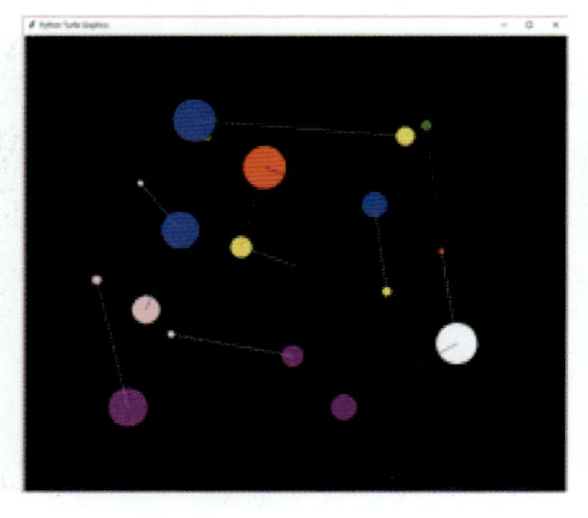

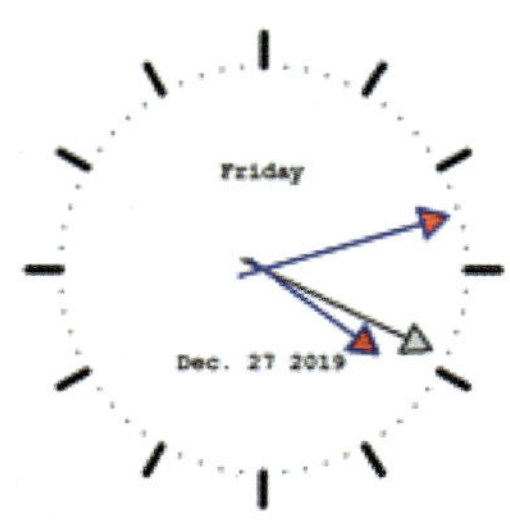


터틀 그래픽은 다음과 같이 동작합니다.

① 프로그램이 시작하면 종이의 한 가운데 거북이가 나타납니다.

② 명령을 내리면 거북이가 움직입니다.

　　예 "앞으로 전진", "뒤로 후진", "좌회전", "우회전"

③ 거북이가 움직이면서 종이 위에 그림을 그립니다.

　　(거북이가 펜을 가지고 움직인다고 생각해보세요)

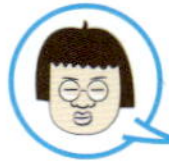 이제부터 그림을 그려볼까요? 파이썬 쉘에서 다음과 같이 입력합니다.

| 코드 | 실행 결과 |
| --- | --- |
| ```<br>>>> import turtle<br>>>> t = turtle.Turtle()<br>>>> t.shape("turtle")<br>``` | |

위의 3개의 문장을 입력하면 화면의 "Python Turtle Graphics"라는 이름의 캔버스가 나타납니다.

- ✅ `import turtle` : 터틀 그래픽 모듈을 불러옵니다.
- ✅ `t = turtle.Turtle()` : 터틀 그래픽에서 거북이(터틀)를 태어나게 해서 이름을 't'라고 붙여줍니다. 이때 터틀 창이 뜹니다.

 t.shape("turtle") : 터틀 그래픽 창의 '화살표' ▶모양이 거북이 모양이 됩니다. 이 코드를 생략하면 '화살표'가 기본으로 나타납니다.

| 코드 | 실행 결과 |
|---|---|
| >>> t.forward(100) | |

✓ **t.forward(100)** : 거북이가 앞으로 100 픽셀(pixel)을 움직이면서 직선을 그리게 됩니다.
  * 픽셀(pixel)은 컴퓨터 이미지를 이루는 가장 작은 단위의 점을 뜻합니다.

| 코드 | 실행 결과 |
|---|---|
| >>> t.left(90)<br>>>> t.forward(50) | |

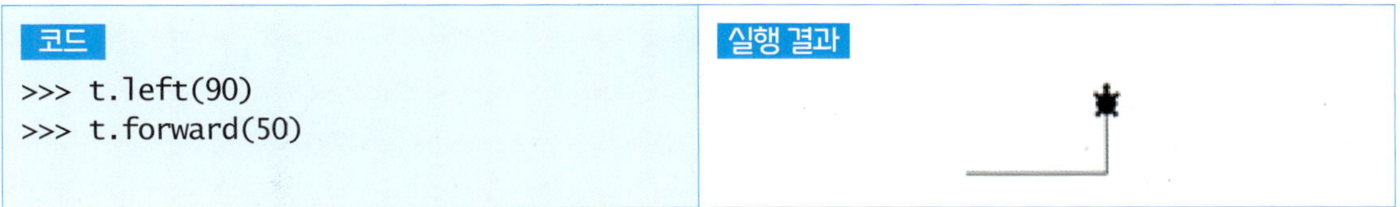

✓ t.left(90) : 거북이가 왼쪽으로 90° 회전하게 됩니다. 반대로 **t.right(90)**을 하면 오른쪽으로 90° 회전하게 됩니다.

**도전과제**

(1) 거북이의 방향을 바꾸려면 어떻게 할까요?

| 코드 | 실행 결과 |
|---|---|
| >>> t.right(90)<br>>>> t.forward(100) | |

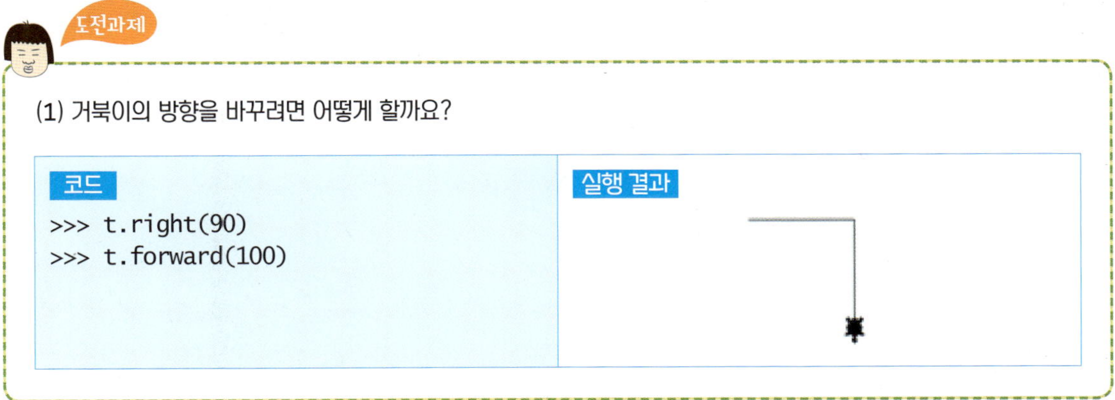

 ## 터틀 그래픽 데모 구경하기

IDLE의 메뉴 중에서 [Help] → [Turtle Demo]를 선택하면 터틀 그래픽 데모 윈도우가 등장합니다. 윈도우의 메뉴 중에서 [Examples] → [tree]를 선택하고 화면 아래쪽의 [START] 버튼을 눌러보면, 여러 가지 흥미로운 예제들을 구경할 수 있습니다.

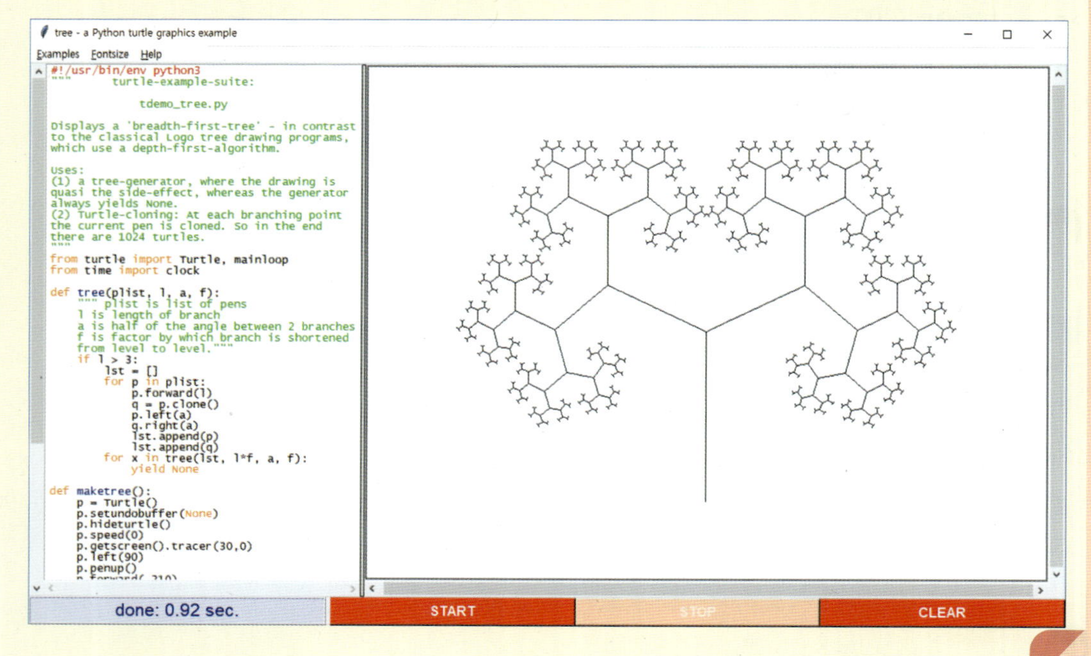

앞에서 터틀 그래픽을 이용하여 선을 그리는 것을 살펴보았습니다. 자~ 이제는 도형을 그려보겠습니다. 가장 먼저 길이가 100픽셀인 정사각형을 그려보겠습니다. 정사각형을 그리려면 어떻게 해야 할까요? 사각형은 다음과 같은 과정으로 그려집니다.

선 그리기 → 90°회전하기 → 선 그리기 → 90°회전하기 →
선 그리기 → 90°회전하기 → 선 그리기

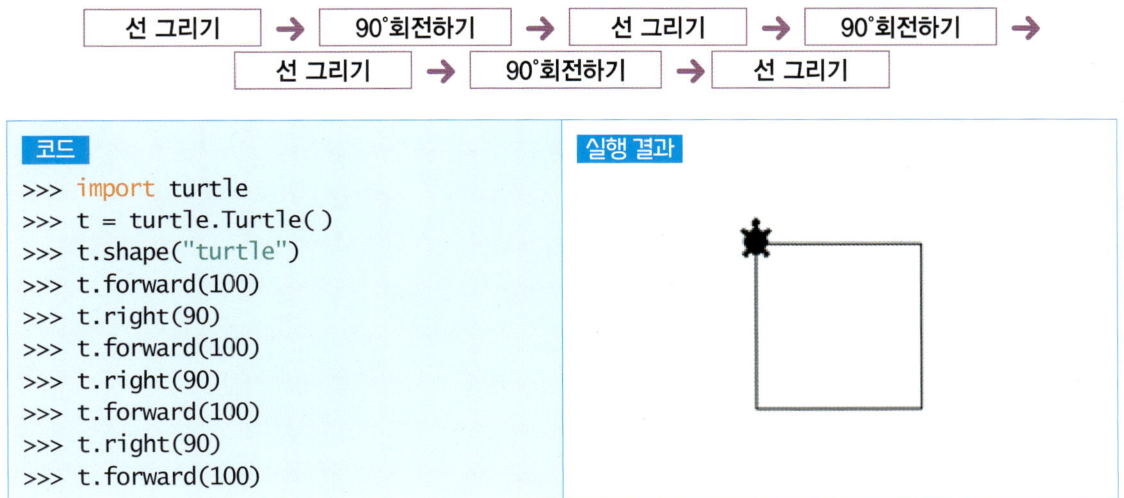

**코드**

```python
>>> import turtle
>>> t = turtle.Turtle()
>>> t.shape("turtle")
>>> t.forward(100)
>>> t.right(90)
>>> t.forward(100)
>>> t.right(90)
>>> t.forward(100)
>>> t.right(90)
>>> t.forward(100)
```

**실행 결과**

그렇다면 삼각형은 어떻게 해야 할까요? 삼각형의 위치는 신경 쓰지 않고 정삼각형이 되도록 그려보겠습니다. 삼각형은 다음과 같은 과정으로 그려집니다.

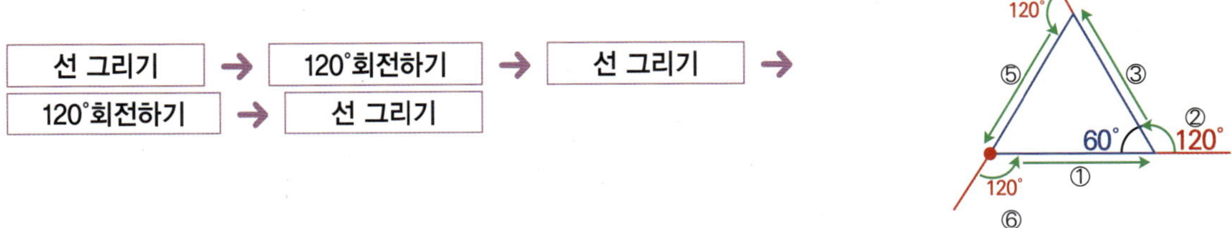

선 그리기 → 120°회전하기 → 선 그리기 →
120°회전하기 → 선 그리기

우리가 삼각형을 그릴 때는 외각 120°만큼 회전해야 내각이 60°인 정삼각형이 만들어집니다.

```python
>>> import turtle
>>> t=turtle.Turtle()
>>> t.shape("turtle")
>>> t.forward(100)
>>> t.left(120)
>>> t.forward(100)
>>> t.left(120)
>>> t.forward(100)
```

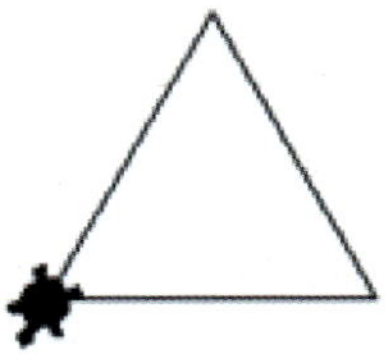

# 10 스크립트 모드

우리는 점점 더 많은 기능을 가진 프로그램을 작성할 것입니다. 그래서 우리의 프로그램 코드는 더욱 복잡해지고 길어지게 됩니다. 따라서 우리는 좀 더 복잡하고 길게 작성한 코드를 저장할 필요가 있습니다. 파이썬은 스크립트 모드(script mode)에서 파이썬 프로그램 파일을 만들어 코드를 저장하고, 실행할 때는 파일을 읽어서 처음부터 코드가 실행되도록 합니다. 파이썬 코드를 스크립트 모드에서 작성하여 저장해 봅시다.

 **파이썬 파일을 작성하고 저장하기**

(1) IDLE의 [File] → [New File] 메뉴를 선택합니다. 윈도우의 '메모장' 프로그램과 같은 텍스트 에디터가 등장합니다. 여기에 아래와 같은 파이썬 코드를 입력합니다.

**코드**

```python
print("내가 제일 좋아하는 음식은 피자!")
print("피자"*10)
print("얌얌"*10)
```

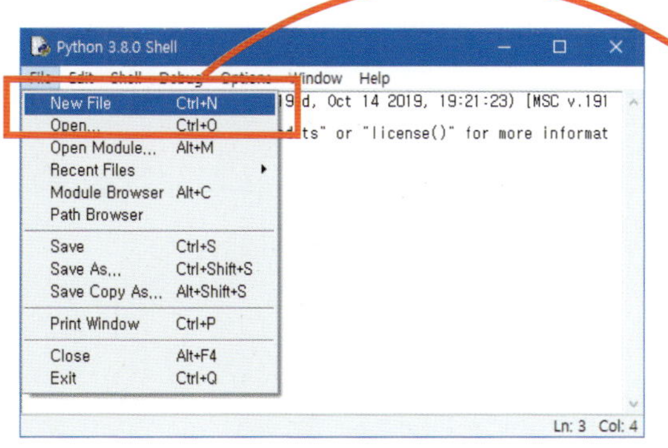


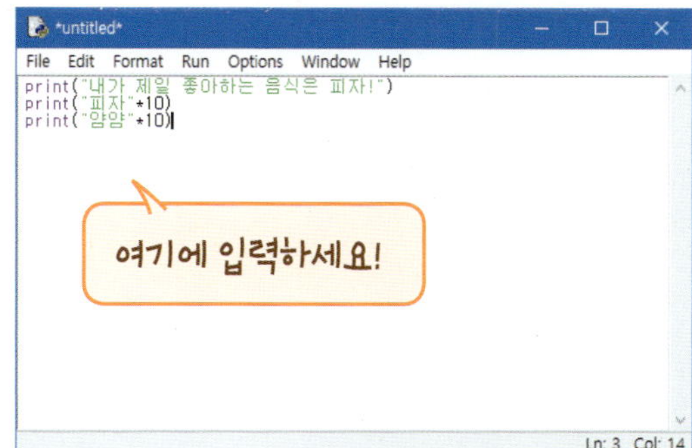

(2) 텍스트 에디터의 [File] → [Save] 메뉴를 선택하여 코드를 파일로 저장합니다. 저장할 위치의 폴더를 선택하여 파일 이름을 입력하면 자동적으로 .py 확장자가 붙어 파일로 저장됩니다.

　(Tip : 파이썬 코드만을 모아두는 폴더를 미리 생성해 놓으면 파일들을 관리하기 좋습니다.)

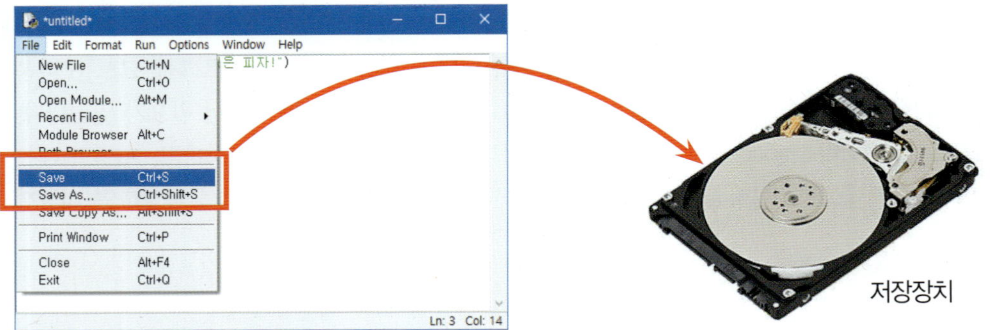



(3) [Run] → [Run Module] 메뉴를 선택하여 코드를 실행합니다. F5키를 눌러도 됩니다. 이때 실행 결과는 파이썬 쉘에 표시됩니다.

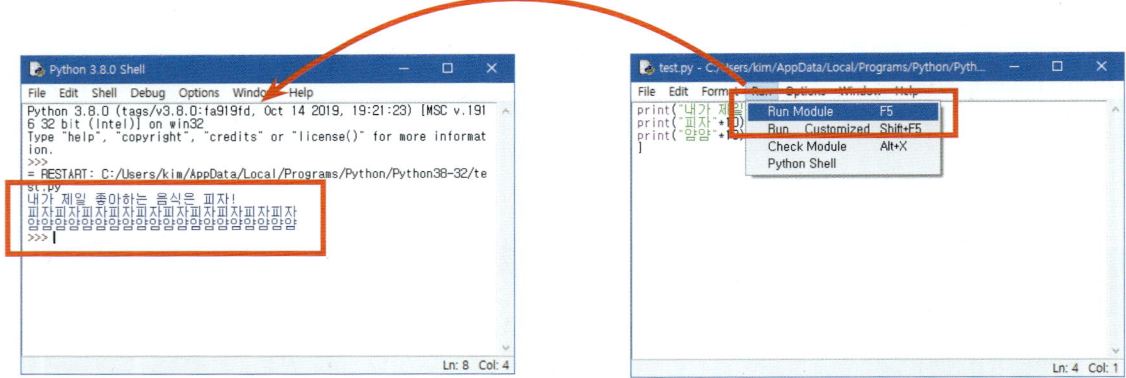

코드가 저장된 파일을 소스 파일(source file)이라고 합니다. 우리는 언제든지 우리가 저장한 파일을 열어서 다시 실행할 수 있어야 합니다. 앞에서 저장했던 파일을 다시 열어 실행해 보겠습니다. 우리가 인터넷에서 좋은 파이썬 소스를 발견하였다면 이런 방식으로 실행시켜보고 소스코드를 변경할 수도 있습니다.

(1) IDLE의 [File] → [Open] 메뉴를 선택합니다. 우리가 저장하였던 폴더에 가서 원하는 파일을 선택하여 열면 우리가 입력하였던 소스코드를 다시 볼 수 있습니다.

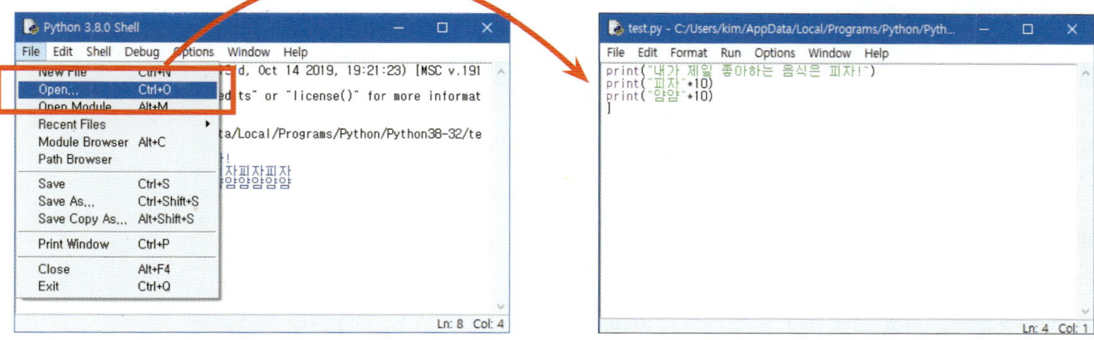

(2) 이 소스 파일을 다시 실행하려면 [Run] → [Run Module] 메뉴를 선택합니다.

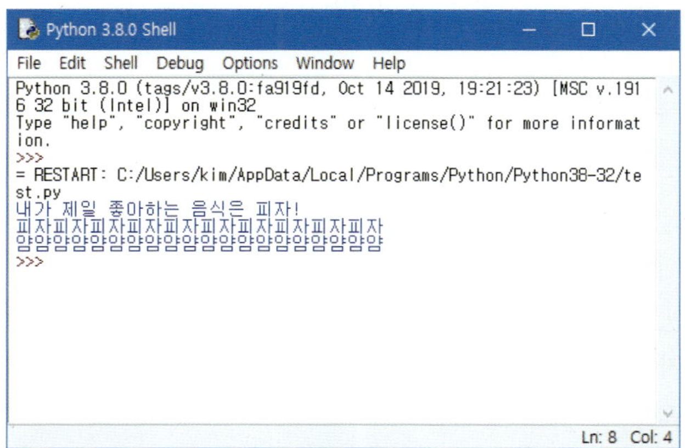

# 11 읽으면 도움이 돼요 - 주석

주석(comment)은 프로그램을 설명하는 글입니다. 주로 개발자들이 자신이 개발한 소스에 붙입니다. 주석은 프로그램의 실행 결과에는 전혀 영향을 끼치지 않습니다. 파이썬 인터프리터는 주석을 무시하며 주석에 대한 기계어 코드를 전혀 생성하지 않습니다. 즉, 주석을 적용하면 해당 부분은 컴퓨터가 읽지 않습니다. 그러므로 신경 쓸 필요가 없으니 안심하고 주석을 달아도 됩니다. 파이썬에서는 '#'로 시작하는 부분부터 줄의 끝까지 주석으로 취급합니다.

| 코드 | 실행 결과 |
| --- | --- |
| ```python<br># 파이썬 프로그램<br>print("안녕")   # '안녕' 출력<br>``` | 안녕 |

그렇다면 주석이 파이썬 프로그램과 무슨 상관관계가 있는 것일까요?

### (1) 주석은 코드의 해석을 쉽게 하도록 도와주는 설명글입니다.

주석은 컴퓨터를 위한 것이 아니라 프로그램을 읽는 사람을 위한 것입니다. 주석은 반드시 있어야 하는 부분은 아니지만 내가 작성한 코드라도 시간이 좀 지나고 나서 보게 되면 도대체 이게 무슨 코드인지 아리송할 때가 많습니다. 주석은 프로그램 코드 중간에 붙이는 설명글과 같은 역할을 합니다.

| 코드 | 실행 결과 |
| --- | --- |
| ```python<br>print("파이"*10)          # 파이 10번 출력<br>``` | 파이파이파이파이파이파이파이파이파이파이 |

프로그램은 완성된 후에도 지속적으로 유지 보수를 위한 업데이트가 필요합니다. 따라서 여러분 또는 다른 개발자가 프로그램의 업데이트를 위하여 소스코드를 읽을 수 있습니다. 코드가 복잡하거나 작성되고 난 후 상당한 시간이 흘렀다면, 아무리 자신이 개발했다고 하여도 코드를 분석하는데 많은 시간이 걸릴 수 있습니다. 따라서 개발자는 자신의 프로그램이 무엇을 하려고 하는지 주석으로 만들어서 코드에 붙일 필요가 있습니다.

### (2) 소스코드의 특정 부분을 잠시 사용하지 않게 만들고 싶은 경우에 사용합니다.

예를 들어 기존의 코드보다 좀 더 좋은 코드를 작성하고 싶은 경우 기존 코드를 모두 지우는 것이 아니라 잠시 주석 처리하고 새로운 코드를 만드는 것이 좋습니다. 주석 처리한 예전 코드를 참고할 수도 있고 최악의 경우에는 주석만 해제하면 기존의 코드로 쉽게 돌아갈 수 있기 때문입니다. 또한 에러가 의심되는 부분을 주석으로 처리하여 실행되지 않도록 하면 에러가 나는 부분을 찾는 데 도움이 됩니다.

```python
print("프로그래밍 공부를 즐기셨으면 합니다.")
#print("안녕!" * 3)
print("화이팅!" * 5)
```



```
프로그래밍 공부를 즐기셨으면 합니다.
화이팅!화이팅!화이팅!화이팅!화이팅!
```

# 12 문제가 생겼어요 - 오류

## 문법 오류



우리가 대화할 때 문법을 지키지 않으면 의사소통이 매우 힘들 것입니다. 하물며 인간과 달리 상식이 전혀 없는 컴퓨터는 어떠할까요? 따라서 프로그래머는 프로그래밍 언어의 문법을 꼼꼼히 지켜야만 컴퓨터에 일을 시킬 수 있습니다.

**코드 및 실행 결과**



```
>>> pront("Hello World")
Traceback (most recent call last):
  File "<pyshell#0>", line 1, in <module>
    pront("Hello World")
NameError: name 'pront' is not defined
```

"SyntaxError: invalid syntax"라는 오류 메시지는 "무효한 문법"이라고 말하는 것입니다. print라고 해야 할 것을 pront라고 입력했기 때문입니다. 파이썬은 이것을 어떻게 처리해야 하는지 알지 못합니다.

**코드 및 실행 결과**

```
>>> 1 +
SyntaxError: invalid syntax
>>> 3 +* 2
SyntaxError: invalid syntax
```

문법을 지키라는 의미입니다.

계산할 때도 마찬가지입니다. 잘못된 수식을 입력하면 빨간색으로 오류(error)를 출력합니다.

 ## 실행 중간에 발생하는 오류

파이썬 프로그램이 실행되다 중간에 문제가 발생하는 때도 있습니다. 아래의 코드를 파일에 저장하고 실행하면 다음과 같은 오류가 발생합니다.

<table>
<tr><td>

**코드**

```
print("안녕하세요? 파이썬에 오신 것을 환영합니다!")
print("프로그래밍 공부를 즐기셨으면 합니다.")
print("안녕!" + 3)   # "안녕"을 3번 출력하려 합니다.
```

</td><td>

**실행 결과**

```
안녕하세요? 파이썬에 오신 것을 환영합
니다!
프로그래밍 공부를 즐기셨으면 합니다.
Traceback (most recent call
last):
    File "D₩s.py", line 3, in
<module>
    print("안녕!" + 3)
TypeError: can only concatenate
str (not "int") to str
```

</td></tr>
</table>

앞의 메시지를 자세히 보면 오류가 발생한 위치, 오류가 발생한 문장, 오류가 발생한 원인 등을 알려주고 있습니다. 아마도 프로그래머는 "안녕!"을 3번 되풀이하려고 한 것 같습니다. 어떻게 수정해야 할까요? 다음과 같이 수정하고 그 결과를 확인해 보세요.

| `print("안녕!" + 3)` | → 수정 | `print("안녕!" * 3)` |

# 13 파이썬으로 무엇을 할 수 있을까?

우리가 파이썬을 이용하면 무엇을 할 수 있을까요? 우리는 파이썬으로 재미있는 그림을 그릴 수도 있고, 수학 계산을 쉽게 할 수도 있습니다. 다음의 프로그램을 소스 파일에 저장한 후에 실행해 볼까요? 무슨 말인지 하나도 모르는 것은 당연합니다. 걱정하지 마세요. 곧 알게 될 것입니다. 주의하세요! 한 글자라도 틀리면 실행되지 않을 수도 있답니다.

**코드**

```python
import turtle

colors = ["red", "purple", "blue", "green", "yellow", "orange"]
t = turtle.Turtle()

turtle.bgcolor("black")
t.speed(0)
t.width(3)
length = 10

while length < 500:
    t.forward(length)
    t.pencolor(colors[length%6])
    t.right (89)
    length += 5
```

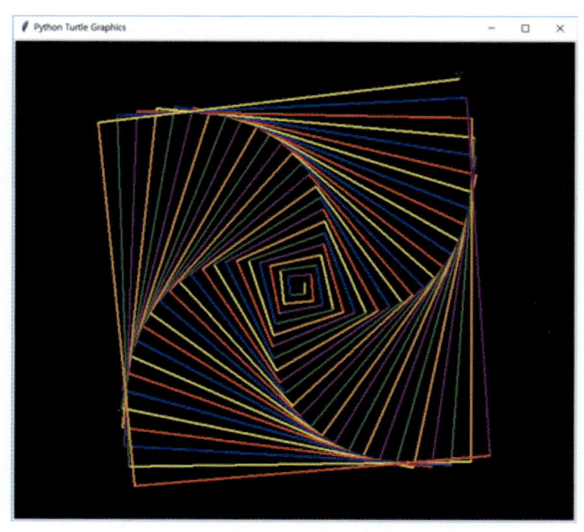

# Lab 01 print() 실습

print() 함수를 사용하여 다음과 같은 출력을 하는 프로그램을 작성해보세요.

(1)

| 코드 | 실행 결과 |
|---|---|
| >>> print("시간순삭 파이썬") | 시간순삭 파이썬 |

(2)

| 코드 | 실행 결과 |
|---|---|
| >>> ________________________ | 9*8은 72입니다. |

 **생각 1 :** 화면에 여러 개의 값을 출력할 때에는 쉼표(,)를 이용하여 print()에 전달하면 됩니다.

```
print("9*8은 ",9*8,"입니다")
```

## (3) 운율

'운율'이란 흔히 '리듬(rhythm)'이라고 부르는 것으로, 주로 시에서 살펴볼 수 있습니다. 운율은 시를 시답게 해주는 근본이라 할 수 있습니다. 시는 단어를 반복하며 운율을 형성하기도 하는데, 예를 들어, '두근'이라고만 하는 것보다 '두근두근'이라고 하는 게 더 운율이 살아납니다. 다음 시의 운율을 느껴보면서 print() 함수를 이용하여 출력해 보세요. 단, 효과적인 프로그램이 될 수 있도록 고민해 보세요.

```
너무 반짝반짝 눈이 부셔 No No No No No
너무 깜짝깜짝 놀란 나는 Oh Oh Oh Oh Oh
너무 짜릿짜릿 몸이 떨려 Gee Gee Gee Gee Gee
```

**생각 2 :** 반복되는 문자열이 많다면 "*"를 사용하면 편리합니다. (단, 띄어쓰기가 어색해도 우리가 배운 것을 충분히 활용해 보세요.)

**생각 3 :** 연결해야 하는 문자열이 있다면 쉼표(,)를 잘 사용해 보세요.

**생각 4 :** 복사(Ctrl + C)와 붙이기(Ctrl + V)를 잘 활용하면 프로그램 작성에 도움이 됩니다.

**소스코드**

```python
print("너무", "반짝" * 2, "눈이 부셔", "No" * 5)
print("너무", "깜짝" * 2, "놀란 나는", "Oh" * 5)
print("너무", "짜릿" * 2, "몸이 떨려", "Gee" * 5)
```

# 원과 다각형 그리기

## 1  원 그리기

터틀 그래픽을 사용하여서 원을 그려보겠습니다.

코드

```python
import turtle
t = turtle.Turtle()
t.shape("turtle")
t.circle(100)   #반지름이 100인 원을 그림
```

실행 결과

## 2  정육각형 그리기

터틀 그래픽을 사용하여 정육각형을 그려보겠습니다.
정다각형에서 한 꼭짓점에서 이웃한 두 변으로 이루어지는 내부의
각을 내각, 각 꼭짓점에서 한 변과 그 변에 이웃한 변의 연장선이
이루는 각을 그 내각에 대한 외각이라고 합니다.
정다각형을 그리기 위해서는 거북이를 외각의 크기만큼 회전해야
합니다. 정육각형의 외각은 60°입니다.

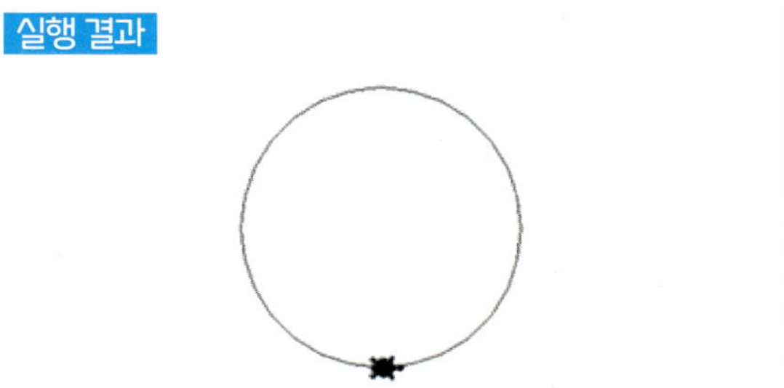

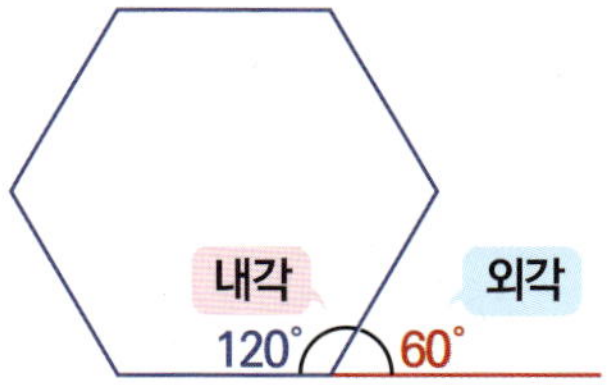

코드

```python
import turtle
t = turtle.Turtle()
t.shape("turtle")
t.forward(100)
t.left(60)
t.forward(100)
t.left(60)
t.forward(100)
t.left(60)
t.forward(100)
t.left(60)
t.forward(100)
t.left(60)
t.forward(100)
```

실행 결과

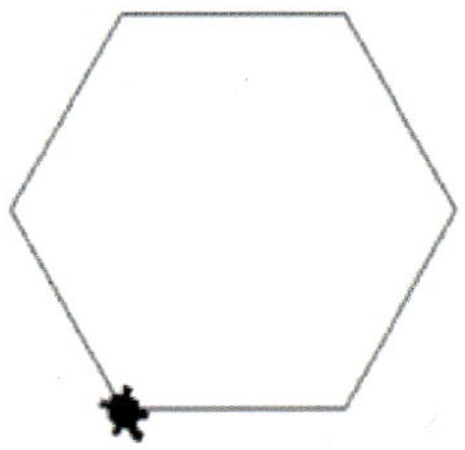

# 3  정다각형 그리기

앞에서 우리는 정육각형을 그려보았습니다. 정다각형에는 여러 종류가 있습니다. 정오각형, 정팔각형을 더 그려볼까요? 그렇다면 정오각형과 정팔각형의 외각은 어떻게 될까요?

생각 1 : 우리는 '모든 다각형의 외각의 합은 360°'라는 정다각형의 성질을 이용하여 정다각형을 그릴 수 있습니다.

$$(정n각형\ 한\ 외각의\ 크기)$$
$$= (n각형의\ 외각의\ 크기의\ 합) \div n$$
$$= 360° \div n$$
$$= \frac{360°}{n}$$

생각 2 : 주의할 점은 정오각형은 변이 5개, 정팔각형은 변이 8개이므로 터틀의 직진과 회전의 횟수를 잘 따져봐야 합니다.

[잠깐!!] 이곳을 가리고 먼저 풀어 보세요!

**정오각형 소스코드**

```python
import turtle
t = turtle.Turtle()
t.shape("turtle")
t.forward(100)
t.left(72)
t.forward(100)
t.left(72)
t.forward(100)
t.left(72)
t.forward(100)
t.left(72)
t.forward(100)
```

**정팔각형 소스코드**

```python
import turtle
t = turtle.Turtle()
t.shape("turtle")
t.forward(100)
t.left(45)
t.forward(100)
t.left(45)
t.forward(100)
t.left(45)
t.forward(100)
t.left(45)
t.forward(100)
t.left(45)
t.forward(100)
t.left(45)
t.forward(100)
t.left(45)
t.forward(100)
```

# Lab 03 터틀 그래픽 더 살펴보기

**1** 터틀 그래픽에서 **width()** 함수를 호출하면 거북이가 그리는 선의 두께를 두껍게 합니다. 거북이를 이동하여서 다음과 같이 두께가 **10**인 선을 그려보세요.

 **생각 1 :** t.width(10)을 호출하면 선의 두께가 10이 됩니다.

**코드**
```python
import turtle
t = turtle.Turtle()
t.shape("turtle")
t.width(10)

t.forward(100)
t.left(90)
t.forward(100)
```

**실행 결과**

**2** 터틀 그래픽에서 **color()** 함수를 호출하면 거북이가 그리는 선의 색상을 변경할 수 있습니다. 색상을 파란색으로 변경하여서 다음과 같이 길이가 100픽셀인 선을 그려보세요.

 **생각 2 :** t.color("blue")을 호출하면 선의 색상이 파란색이 됩니다. 색상은 영어 단어로 표시합니다.

**코드**
```python
import turtle
t = turtle.Turtle()
t.shape("turtle")
t.color("blue")

t.forward(100)
t.left(90)
t.forward(100)
```

**실행 결과**

**3** 터틀 그래픽에서는 거북이의 모양을 원, 삼각형, 사각형으로 변경할 수 있습니다. 다음과 같이 shape() 함수를 사용하면 됩니다. 사각형으로 변경하고 100픽셀 길이의 직선을 그려보세요.

**코드**

```python
import turtle
t = turtle.Turtle()
t.shape("square")

t.forward(100)
t.left(90)
t.forward(100)
```

**실행 결과**

**4** 터틀 그래픽에서 거북이가 이동할 때 선이 그려지지 않게 하려면 **t.up()**하여 펜을 올릴 수 있습니다. 반대로 **t.down()**은 펜을 내려 선이 그려지게 할 수 있는 명령입니다. 거북이를 화면 좌표 (100, 200)으로 이동시키려면 **t.goto(100, 200)**을 호출합니다. 이들 명령어를 조합하여 다음과 같은 그림을 그려보세요.

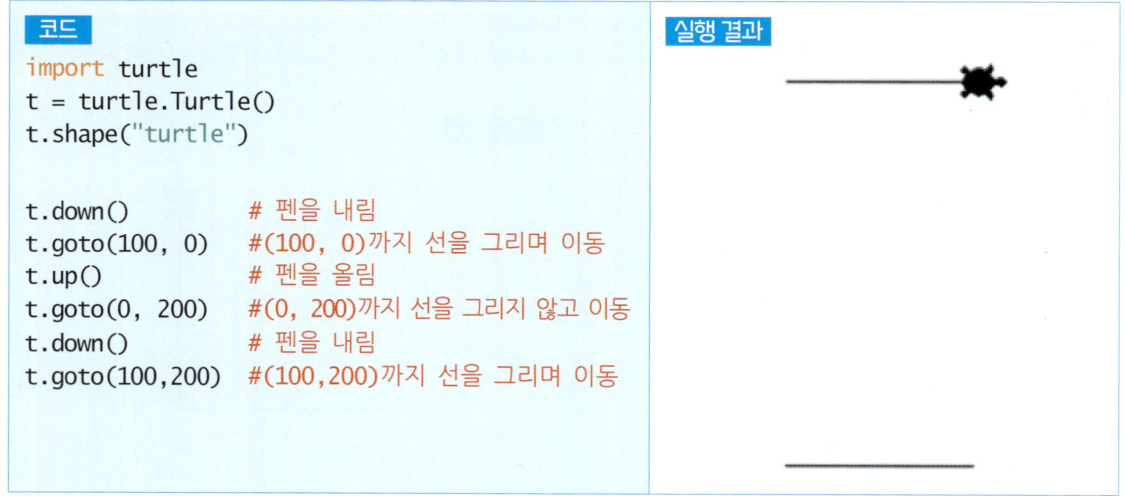


**코드**

```python
import turtle
t = turtle.Turtle()
t.shape("turtle")

t.down()          # 펜을 내림
t.goto(100, 0)    #(100, 0)까지 선을 그리며 이동
t.up()            # 펜을 올림
t.goto(0, 200)    #(0, 200)까지 선을 그리지 않고 이동
t.down()          # 펜을 내림
t.goto(100,200)   #(100,200)까지 선을 그리며 이동
```

**실행 결과**

# 연습문제

**1** 다음과 같이 출력하는 프로그램을 작성해 보세요.

> **실행 결과**
> 환영합니다.
> 파이썬의 세계에 오신 것을 환영합니다.
> 파이썬은 강력합니다.

**2** 파이썬 쉘을 사용하여서 1주일이 몇 시간에 해당하는지를 계산해 보세요.

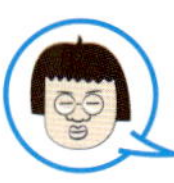 1주일은 7일이고 1일은 24시간입니다. 따라서 7*24로 식을 작성하여 출력하면 됩니다.

**3** 지금까지 공부한 터틀 그래픽의 `t.up()`, `t.down()`, `t.goto()`, `t.circle()` 명령어를 조합하여 화면에 오륜기를 그리는 프로그램을 작성해 보세요.

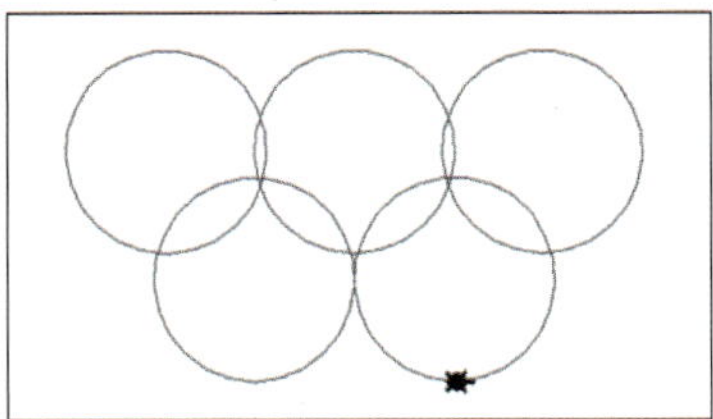

 goto()를 이용하여 거북이를 원하는 좌표로 이동시킵니다. 이동시키면서 선이 그려지지 않게 하려면 up()을 호출합니다. 다시 선을 그리려면 down()을 호출합니다.

- **프로그램**은 컴퓨터에 내리는 명령으로 이루어진 **작업지시서**입니다.

- **프로그래밍 언어**는 컴퓨터가 이해할 수 있는 언어입니다.

- 다양한 종류의 프로그래밍 언어가 있고 파이썬도 프로그래밍 언어의 일종입니다.

- 파이썬은 http://www.python.org 웹사이트에서 다운로드 받아서 **설치**할 수 있습니다.

- **IDLE**은 파이썬으로 프로그램을 작성하기 위한 개발 환경입니다.

- 파이썬 쉘에서는 **>>>** 프롬프트 다음에 코드를 입력하고 Enter↵키를 누르면 코드가 실행됩니다.

- **print()**는 화면에 문자열이나 계산 **결과를 출력**할 수 있습니다.

- 파이썬 **코드를 파일로 저장**하고 한꺼번에 실행할 수 있습니다.

- 파이썬을 설치하고 **첫 번째 프로그램**을 작성하고 실행해봤습니다.

- **터틀 그래픽**을 이용하여 다각형, 원 등을 그려보았습니다.

- **터틀 그래픽의 다양한 기능**을 살펴보았습니다.

# 제 2 장

# 변수를 소개합니다

## 학습 내용

01. 변수가 무엇인지 이해합니다.
02. 변수의 이름을 정하고 수나 문자열을 저장할 수 있습니다.
03. 입력과 출력의 방법을 살펴봅니다.
04. 변수 사용의 편리함을 알 수 있습니다.

## LAB

01. 변수는 어디에 유용할까?
02. 내가 원하는 원 그리기
03. 천둥번개가 발생한 곳은 얼마나 떨어져 있나?

# 01 변수가 무엇이죠?

우리가 음식을 만들 때는 음식 재료와 완성된 음식을 담을 그릇이 필요합니다. 프로그램도 문제를 해결하기 위해, 처리할 자료나 결괏값을 보관하는 공간이 필요한데 이를 변수라고 합니다.

프로그램이 무언가를 기억하게 하려면 변수(variable)를 만들어야 합니다. 컴퓨터는 메모리(memory)에 모든 것을 저장합니다. 변수를 이용하여 컴퓨터 메모리의 공간에 이름을 붙이고 자료를 저장할 수 있습니다.

 변수에 100을 저장하고 이를 출력하는 프로그램을 작성해보겠습니다.
변수에 100을 저장하는 것은 다음과 같습니다.

| 코드 | |
| --- | --- |
| ```>>> x = 100``` |  |

위와 같이 'x = 100'을 입력하고 Enter↵ 키를 누르면 파이썬 내부에 'x'라는 이름의 변수가 생성되고 그곳에 '100'이라는 정숫값이 저장됩니다. 코드에서 '='기호는 '같다'라는 등호가 아니라 '=의 왼쪽의 변수에 저장하라'라는 대입 연산자입니다.

변수 안에 저장된 값은 필요에 따라 프로그램 실행 중에 바뀔 수 있습니다. 그래서 변수라는 이름이 붙은 것입니다. 수학에서의 변수를 떠올리면 도움이 됩니다. 변수의 값을 출력해 보겠습니다.

| 코드 | 실행 결과 |
| --- | --- |
| ```>>> print(x)``` | 100 |

우리가 저장하였던 100이 출력되는 것을 확인할 수 있습니다.

# 02 변수는 수를 저장합니다

프로그램에서 우리는 변수를 그릇 말고도 데이터를 담아두는 상자로 생각해 볼 수 있습니다. 우리는 변수에 수를 저장할 수 있습니다. 그리고 문제해결에 필요하면 우리는 얼마든지 변수를 만들 수 있습니다.

 변수에 100을 저장하였다가 그 변수에 다시 200을 저장하여 출력하는 프로그램을 작성해 보겠습니다.

**코드 및 실행 결과**

```
>>> x = 100
>>> x = 200
>>> print(x)
200
```

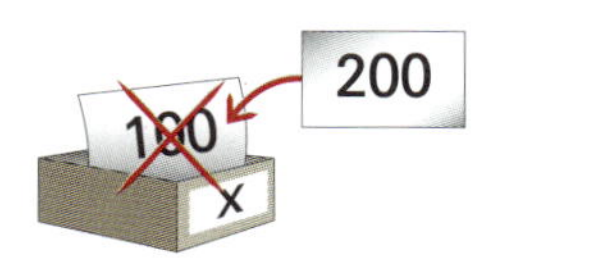


✔ x = 100 : 변수 x에 100을 저장합니다.

✔ x = 200 : 변수 x에 200을 다시 저장합니다.

따라서 앞서 저장된 100은 사라지고 200이 새롭게 덮어씌워지게 됩니다.

 2개의 변수 x와 y를 생성하여 100과 200을 저장해 보겠습니다. 그리고 x와 y의 값을 더하여 sum에 저장하고 출력하는 프로그램을 작성해 보겠습니다.

**코드**

```
>>> x = 100
>>> y = 200
```

**코드 및 실행 결과**

```
>>> sum = x + y
>>> print(sum)
300
```

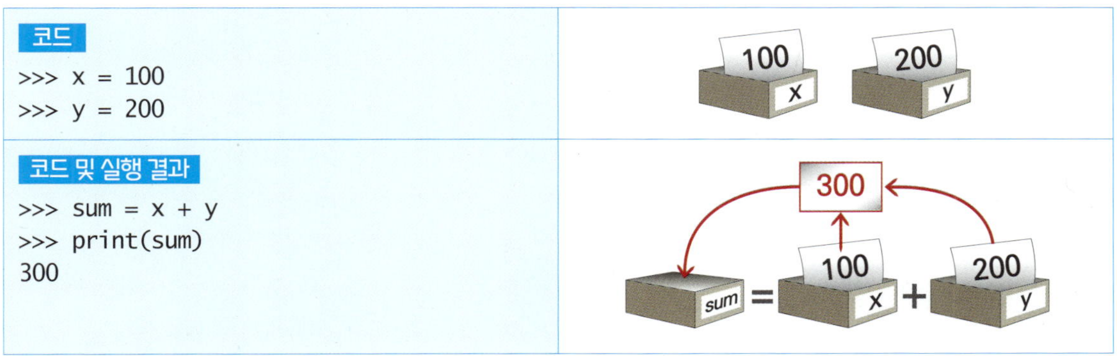


✔ x = 100 : 변수 x에 100을 저장합니다.

✔ y = 200 : 변수 y에 200을 저장합니다.

✔ sum = x + y : 변수 x에 저장된 값과 변수 y에 저장된 값을 더한 후 변수 sum에 저장합니다.

처음 시작하는 사람들이 가장 많이 하는 실수 '='를 주의하세요!!.

파이썬에서 '='기호는 "변수에 값을 저장하라"라는 대입의 의미입니다. 양변이 같다는 수학에서의 등호와 다릅니다.

# 03 '='는 특별해요

프로그래밍에서 '='는 특별합니다. 프로그램에서 '='는 대입을 뜻하는 대입 연산자입니다. 수학의 등호와 모양은 같지만, 기능은 다릅니다.

$$x = y$$
$$좌변 = 우변$$

수학에서는 변수 $x$의 값이 100이고 변수 $y$의 값이 200이면 저장된 값 200은 절대 같을 수 없습니다. 수학에서의 등호는 좌변의 값과 우변의 값이 같다는 의미입니다. 하지만 프로그래밍 언어에서 등호는 '='의 우변의 값을 좌변에 대입하라는 의미입니다.

x=y에서 우변의 값이 좌변에 저장됩니다.

**코드 및 실행 결과**

```
>>> x = 100
>>> y = 200
>>> x = y
>>> print("x = ", x)
x = 200
>>> print("y = ", y)
y = 200
```

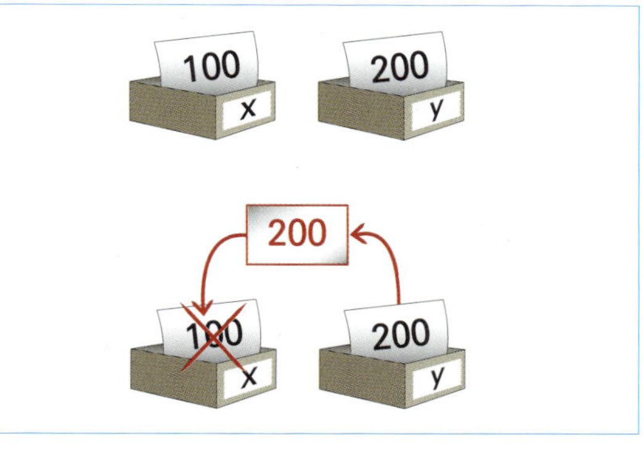


✔ x = 100 : 변수 x에 100을 저장합니다.

✔ y = 200 : 변수 y에 200을 저장합니다.

✔ x = y : 우변 y의 값을 좌변 x에 대입합니다. 따라서 변수 y의 값인 200이 변수 x에 저장됩니다.

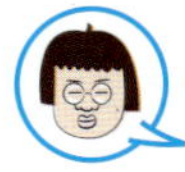 '='를 이용하여 변수 자신의 값을 갱신할 수 있습니다.

<table>
<tr><td>

**코드 및 실행 결과**

```
>>> score = 10
>>> score = score + 1
>>> print(score)
11
```

</td><td>



</td></tr>
</table>

✔ score = score + 1 : '='의 우변인 'score + 1'이 계산되고 수식의 결괏값인 11이 다시 score에 덮어 씌어 집니다.

위와 같은 식들은 수학적으로 말이 안 되지만 프로그래밍에서는 충분히 가능한 문장이고 가장 많이 사용되는 문장 중 하나입니다.

# 04 변수는 문자열을 저장합니다

우리는 변수에 문자와 문자열도 저장할 수 있습니다. 문자열은 문자들의 모임입니다. 파이썬에서 문자열을 나타낼 때는 따옴표("") 또는 작은따옴표('')를 사용하여 나타냅니다.

 name과 address라는 변수에 우리의 이름과 주소를 저장하고 출력해 보겠습니다.

**코드**

```
>>> name1 = "홍길동"
>>> name2 = '성춘향'
>>> address = "서울시 종로구 1번지"
```



**코드**

```
>>> print(name1)
>>> print(name2)
```

**실행 결과**

```
홍길동
성춘향
```

**코드**

```
>>> print(address)
```

**실행 결과**

```
서울시 종로구 1번지
```

- ✔ name1 = "홍길동": 변수 name1에 "홍길동" 문자열을 저장합니다.
- ✔ name2 = '성춘향': 변수 name2에 '성춘향' 문자열을 저장합니다.
- ✔ address = "서울시 종로구 1번지" : 변수 address에 "서울시 종로구 1번지" 문자열을 저장합니다.

파이썬에서 따옴표가 있으면 문자열이고 따옴표가 없으면 숫자입니다. 그래서 아래의 코드를 통해 그 차이점을 살펴보겠습니다.

| 코드 | 실행 결과 |
| --- | --- |
| `>>> print("23" + "56")` | 2356 |
| 코드 | 실행 결과 |
| `>>> print(23 + 56)` | 79 |

- print("23"+"56") : "23"과 "56"은 모두 따옴표로 묶여 있기 때문에 파이썬은 문자열로 보고 있습니다. 따라서 print()에서 '+' 연산자에 의하여 문자열을 서로 연결하여 "2356"이 출력됩니다.
- print(23+56) : 23과 56은 따옴표로 묶여 있지 않습니다. 따라서 print()에서 '+' 연산자에 의해 2개의 숫자를 더하여 79가 출력됩니다.

# 변수의 이름 짓기

우리는 다른 것과 구별하기 위해서 사물, 사람 등에 이름을 붙입니다. 변수도 변수와 변수들을 구별하기 위해 이름이 필요합니다. 파이썬에서 변수의 이름을 만들 때는 다음과 같은 몇 가지 규칙을 지켜야 합니다.

- 첫 글자는 영문자 또는 밑줄 문자(_)로 시작해야 하며 나머지 문자는 문자, 숫자 또는 밑줄 문자여야 합니다.
- 한글도 사용할 수 있으나 영문자를 권장합니다.
- #과 같은 기호나 공백은 허용되지 않습니다.
- 변수의 이름은 숫자로 시작할 수 없습니다.
- 영문자는 대문자와 소문자를 구별합니다.

  예 변수 index와 Index, INDEX는 모두 서로 다른 변수
- print와 같이 문법 용도로 사용되는 예약어는 사용할 수 없습니다.

작명(作名)의 규칙

| 올바른 예 | 잘못된 예 | |
|---|---|---|
| sum<br>_count<br>number_of_pictures<br>King3 | 2nd_base<br>money# | # 숫자로 시작할 수 없습니다.<br># #과 같은 기호는 사용할 수 없습니다. |

우리가 변수를 만들 때도 아무렇게나 변수의 이름을 짓는 것보다 의미를 두고 변수의 이름을 짓는 것이 좋습니다. 변수의 이름을 지을 때는 변수의 역할을 가장 잘 설명하는 이름이 좋습니다. 좋은 변수 이름은 전체 프로그램을 읽기 쉽게 만듭니다. 하지만 반대로 즉흥적으로 지은 이름을 사용하게 되면 나중에 프로그램을 읽기가 아주 힘들어집니다. 예를 들면 연도와 월, 일을 나타내는데 i, j, k라고 하는 것보다 year, month, date라고 하는 편이 이해하기 쉬울 것입니다.

## 낙타 표기법(Camel Case, 카멜 표기법)

낙타 표기법 중 소문자 낙타 표기법은 변수를 구성하는 단어의 첫 글자는 소문자로, 나머지 단어의 첫 글자는 대문자로 적는 방법입니다. 예를 들면, myNewCar처럼 첫 'm'은 소문자로, 나머지 단어들의 첫 글자는 대문자로 표기합니다. 대문자 낙타 표기법은 모든 단어의 첫 글자를 대문자로 표기합니다. 이 외에도 각 단어를 밑줄 문자(_)로 구분하는 뱀 표기법(Snake Case)이 있습니다. 이 책에서는 낙타 표기법을 주로 사용하고자 하였으며 필요에 따라 두 표기법을 혼용하였습니다. 프로그램을 작성할 때 어느 표기법이 나은지 생각해보세요.

우리는 print()를 이용하여 각각의 변숫값을 출력할 수 있었습니다. 그렇다면 여러 개의 변수에 저장된 값을 한번에 출력하려면 어떻게 해야 할까요? 각각의 변수를 매번 print()를 사용해서 출력할 수 있습니다. 하지만 print()에서 콤마(,)를 이용하면 화면에 여러 개의 값과 문자열을 연결하여 한 번에 간단히 출력할 수 있습니다.

print()에서 쉼표(,)를 이용하여 화면에 여러 개의 값을 한 번에 출력하는 프로그램을 살펴보겠습니다.

| 코드 | 실행 결과 |
|---|---|
| ```
x = 100
y = 200
sum = x + y
print(x, "과", y, "의 합은", sum, "입니다.")
``` | 100 과 200 의 합은 300 입니다. |

✔ print(x, "과", y, "의 합은", sum, "입니다.") : 콤마(,)로 구분하면, 문자, 숫자 상관없이 일정 공백을 사이에 두고 변수의 값과 문자열이 연결되어 출력됩니다.

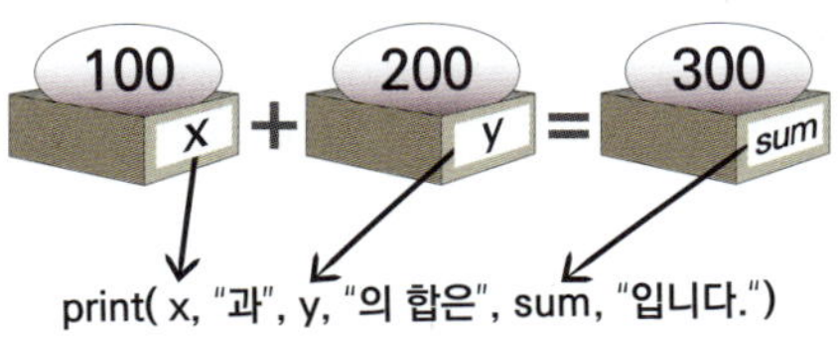

### 함수(function)

print()와 같은 것을 함수라고 합니다. 프로그래밍에서 함수는 어떤 특수한 일을 하도록 이미 만들어져 있는 기능으로 생각하면 됩니다. 파이썬에서는 많은 함수가 기본으로 제공되고 있어서 사용법에 맞추어 우리가 적절하게 사용하면 아주 유용합니다.
```

이번에는 키보드로부터 입력을 받아볼까요? 키보드와 같은 입력 장치를 통해 값을 입력받는 것을 표준 입력이라고 합니다. 파이썬에서 표준 입력을 받으려면 input() 함수를 사용합니다. input() 함수는 사용자로부터 입력받은 값을 모두 문자열로 저장합니다.

 사용자로부터 숫자나 문자를 입력받아 출력해 보겠습니다.

| 코드 및 실행 결과 | |
|---|---|
| `>>> a = input()`<br>`5`<br>`>>> a`<br>`'5'` |  |
| `>>> a = input("입력")`<br>`입력 Hello`<br>`>>> a`<br>`'Hello'` |  |

- a = input() : 파이썬 내부에 변수 a가 생성되고 사용자로부터 입력받기 위해 커서가 깜박입니다. '5'를 입력하고 Enter↵ 키를 치면 '5'가 문자열 형태로 저장됩니다.
- >>> a : 파이썬 셸의 프롬프트(>>>)상에서 변수의 이름만 입력하고 Enter↵ 키를 치면 변수의 현재값을 확인할 수 있습니다.
- a = input("입력") : '입력'이라는 메시지가 출력되고 입력을 받기 위해 커서가 깜박입니다. 'Hello'를 입력하고 Enter↵ 키를 치면 'Hello'가 문자열 형태로 저장됩니다.

 사용자로부터 이름을 입력받아 환영 메시지를 출력하는 프로그램을 작성해 보겠습니다.

| 코드 | 실행 결과 |
|---|---|
| `name = input("이름을 입력하시오: ")`<br>`print(name, "씨, 안녕하세요?")`<br>`print("파이썬에 오신 것을 환영합니다.")` | 이름을 입력하시오: 홍길동<br>홍길동 씨, 안녕하세요?<br>파이썬에 오신 것을 환영합니다. |

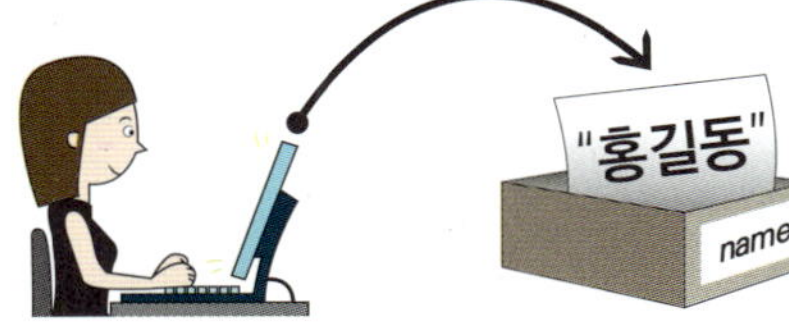

# 수 입력받기

앞에서 언급했듯이 input() 함수를 통해 들어온 값은 모두 문자열입니다. 따라서 우리가 입력한 숫자들을 연산하는 데 사용하려면 수로 바꿔줘야 합니다. 즉, 정수면 정수로, 실수면 실수로 바꿔주는 특별한 작업이 필요하게 됩니다. 그 방법은 아주 간단합니다. 정수는 int()로 실수는 float()로 감싸 주기만 하면 됩니다. 사용자로부터 정수를 입력받을 때는 아래처럼 작성하면 됩니다.

앞의 프로그램에서는 항상 100과 200의 합만 출력하였는데, 사용자로부터 그때그때 원하는 정수를 2개 입력받아 그 합을 출력하는 프로그램을 작성해 보겠습니다. 더욱 유용한 덧셈 프로그램이 될 것입니다.

| 코드 | 실행 결과 |
|---|---|
| ```x = int(input("첫 번째 정수를 입력하시오: "))``` | 첫 번째 정수를 입력하시오: 300 |

```
x = int(input("첫 번째 정수를 입력하시오: "))
y = int(input("두 번째 정수를 입력하시오: "))
sum = x + y
print(x, "과", y, "의 합은", sum, "입니다.")
```

실행 결과:
```
첫 번째 정수를 입력하시오: 300
두 번째 정수를 입력하시오: 400
300 과 400 의 합은 700 입니다.
```

✔ x = int(input("첫 번째 정수를 입력하시오: ")) : input() 함수는 괄호 안의 메시지를 화면에 출력하고 사용자의 입력을 기다립니다. 값을 입력하고 Enter↵ 키를 누르면 input()의 작업은 종료됩니다. 만약 사용자가 300을 입력했다면 문자열 '300'은 int()에 의해 정수 '300'으로 변환됩니다.

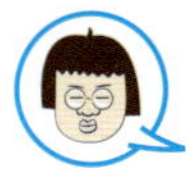

사용자로부터 2개의 정수를 받아서 사칙연산(+, −, *, /)의 결과를 출력하는 프로그램을 작성해 보겠습니다.

**코드**
```
x = int(input("첫 번째 정수를 입력하시오: "))
y = int(input("두 번째 정수를 입력하시오: "))
print(x, "+", y, "=", x + y)
print(x, "-", y, "=", x - y)
print(x, "*", y, "=", x * y)
print(x, "/", y, "=", x / y)
```

**실행 결과**
```
첫 번째 정수를 입력하시오: 300
두 번째 정수를 입력하시오: 400
300 + 400 = 700
300 - 400 = -100
300 * 400 = 120000
300 / 400 = 0.75
```

# 변수는 어디에 유용할까?

원주율, 즉 원의 둘레와 지름의 비율을 나타내는 수학 기호인 파이(π)를 모르면 우리는 원의 넓이를 구할 수 없습니다. π의 값은 3.14159265358979323846264 3383279…로 무한 소수입니다.

다음은 5개의 원의 넓이를 구하는 프로그램입니다. 이 프로그램에서 원주율을 3.14로 하여 원의 넓이를 구했는데, 좀 더 정밀한 계산을 위해 원주율을 3.14159로 변경하려 합니다.

그런데 매번 원주율 부분을 일일이 찾아서 프로그램을 고치려니 여간 힘든 일이 아닙니다. 원주율 값을 한 번에 바꾸는 쉬운 방법이 없을까요? 변수를 이용하여 프로그램을 좀 더 효과적으로 개선해 보세요.

**코드**

```
print("반지름이 10인 원의 넓이 : ", 10 * 10 * 3.14)
print("반지름이 20인 원의 넓이 : ", 20 * 20 * 3.14)
print("반지름이 30인 원의 넓이 : ", 30 * 30 * 3.14)
print("반지름이 40인 원의 넓이 : ", 40 * 40 * 3.14)
print("반지름이 50인 원의 넓이 : ", 50 * 50 * 3.14)
```

$$\pi$$
3.14159 …
265358979323

**생각 1 : 원주율을 변수에 저장합니다.**

**[잠깐!!] 이곳을 가리고 먼저 풀어 보세요!**

**소스코드**

```
PI = 3.14159  # PI에 저장되는 값만 바꾸면 됩니다.

print("반지름이 10인 원의 넓이 : ", 10 * 10 * PI)
print("반지름이 20인 원의 넓이 : ", 20 * 20 * PI)
print("반지름이 30인 원의 넓이 : ", 30 * 30 * PI)
print("반지름이 40인 원의 넓이 : ", 40 * 40 * PI)
print("반지름이 50인 원의 넓이 : ", 50 * 50 * PI)
```

**실행 결과**

```
반지름이 10인 원의 넓이 :  314.159
반지름이 20인 원의 넓이 :  1256.636
반지름이 30인 원의 넓이 :  2827.431
반지름이 40인 원의 넓이 :  5026.544
반지름이 50인 원의 넓이 :
7853.974999999999
```

# 내가 원하는 원 그리기

사용자로부터 원의 반지름과 색깔을 입력받아 radius와 color변수에 저장하고 해당 크기와 색깔의 원을 그려주는 프로그램을 작성해 보겠습니다(단, 반지름은 자연수만 입력받는다고 가정하겠습니다).

 **생각 1 : 프로그램의 순서를 생각해 봅니다.**

| 캔버스에 터틀 불러오기 | → | 원의 크기 입력받기 | → | 원의 색깔 입력받기 | → | 원 그리기 |

 **생각 2 : 캔버스에 터틀 그래픽을 불러와서 사용하기 위해서는 아래의 코드가 필요합니다.**

```python
import turtle
t = turtle.Turtle()
t.shape("turtle")
```

 **생각 3 : 원의 반지름과 색깔을 사용자로부터 입력받아 radius와 color변수에 저장합니다.**

- 원의 반지름의 값은 정수이므로 int()로 input()을 감쌉니다.
- 원의 색은 red, blue, pink 등 영어로 입력할 수 있습니다.

```python
radius = int(input("원의 반지름를 입력하시오: ") )
color = input("원의 색깔을 입력하시오: ")
```

 **생각 4 : t.circle()을 호출하면 원을 그릴 수 있습니다. t.circle(50)은 반지름이 50인 원을 그려줍니다.**

 **생각 5 : t.color(), t.begin_fill(), t.end_fill()을 사용하면 도형에 색을 채울 수 있습니다.**

```python
import turtle
t = turtle.Turtle()
t.shape("turtle")

t.color("red")
t.begin_fill()
t.circle(50)
t.end_fill()
```

```python
import turtle
t = turtle.Turtle()
t.shape("turtle")

radius = int(input("원의 반지름을 입력하시오: ") )
color = input("원의 색깔을 입력하시오: ")
t.color(color)
t.begin_fill()
t.circle(radius)
t.end_fill()
```



원의 반지름을 입력하시오: 100
원의 색깔을 입력하시오: blue

## 색상표 – RGB 가산혼합

RGB 가산혼합은 빛의 삼원색을 이용하여 색을 표현하는 방식입니다. 빨강(RED), 초록(GREEN), 파랑(BLUE) 세 종류의 빛을 이용하여 색을 혼합하며 색을 섞을수록 밝아집니다. color 함수에 16진수 값을 사용하여, RGB 각각의 영역에 0($00_{16}$)부터 255($FF_{16}$) 사이의 값으로 색을 표현할 수 있습니다.

터틀 그래픽에서 t.color("#0000FF")는 t.color("blue")와 같습니다.

[출처: 네이버 색상 팔레트]

# 천둥 번개가 발생한 곳은 어디?

천둥 번개가 칠 때를 살펴보면 '번쩍'하고 번개가 친 후 수 초 후에 '우르릉 쾅'하며 천둥소리를 들을 수 있습니다. 그 이유는 소리가 전달되는 속도가 빛이 전달되는 속도보다 훨씬 느리기 때문입니다.

빛의 속도 = 약 30만 km/s

소리의 속도 = 약 340 m/s

따라서 번개를 본 다음 천둥소리가 들리기까지의 시간을 측정할 수 있다면,
현재 자신의 위치에서 천둥 번개가 친 장소까지의 거리를 계산할 수 있습니다. (단, 번개 발생과 동시에 우리가 볼 수 있다고 가정합니다.)
번개가 치고 천둥소리가 들리기까지의 시간(초)을 입력하여 자신의 위치에서 천둥 번개가 발생한 장소까지의 거리를 계산하는 프로그램을 작성해 봅시다.

**생각 1 : 프로그램의 순서를 생각해 봅니다.**

| 측정한 시간 입력 | → | 거리 계산 | → | 계산 결과 출력 |

**생각 2 : 자신의 위치에서 번개가 친 장소까지의 거리 계산은 다음과 같습니다.**

(현재 자신의 위치에서 번개가 친 장소까지의 거리) = (소리의 속력) × (측정 시간)

**생각 3 : 실행 결과는 다음과 같습니다.**

**실행 결과**
```
측정 시간(초) 입력: 3
자신의 위치에서 번개가 친 장소까지의 거리= 1020 m
```

[잠깐!!] 이곳을 가리고 먼저 풀어 보세요!

**소스코드**
```python
sec = int(input("측정 시간(초) 입력: "))
distance = 340 * sec
print("자신의 위치에서 번개가 친 장소까지의 거리=", distance, "m")
```

**1** 사용자로부터 3개의 숫자를 입력받습니다. 그리고 입력받은 숫자와 평균을 출력하는 프로그램을 작성해 보세요.

> **실행 결과**
> 첫 번째 숫자를 입력하시오: 10
> 두 번째 숫자를 입력하시오: 20
> 세 번째 숫자를 입력하시오: 30
> 10 20 30의 평균은 20.0 입니다.

**Hint** 사용자로부터 받은 문자열은 int() 함수를 적용하여 정수로 바꿀 수 있습니다.

**2** 삼각형의 한 변의 길이를 side 변수로 나타냅니다. side 변수의 초깃값은 100입니다. side 변수를 이용하여 화면에 삼각형을 그려보세요.

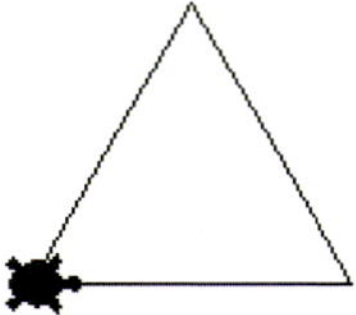

거북이를 side만큼 전진시키고 120도 왼쪽으로 회전합니다. 또 side만큼 전진, 120도 회전, side만큼 전진, 120도 회전을 되풀이하면 삼각형이 그려집니다.

**3** 원의 반지름을 입력받아 변수 radius에 저장합니다. radius의 값을 20씩 증가시키면서 (0,0), (100,0), (200,0) 좌표에 원을 3개 그리는 프로그램을 작성해 보세요. (단, 터틀 그래픽을 이용하고 반복문은 아직 배우지 않았으니 사용하지 않습니다.)

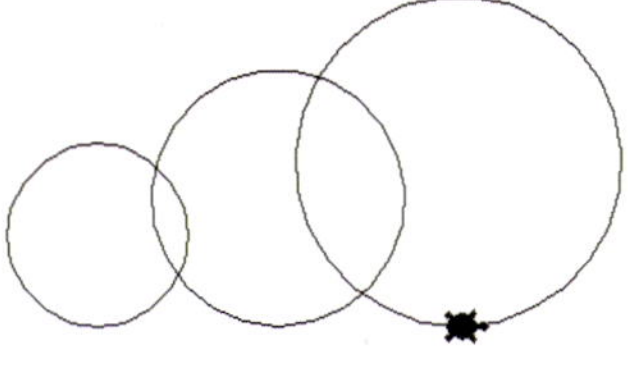

터틀 그래픽의 up(), down(), circle(), goto()와 같은 함수를 이용하여 프로그램을 작성할 수 있습니다. (1장 연습문제 참고)

# 저장하기

- 변수는 프로그래밍에서 아주 핵심적인 개념입니다.

- 컴퓨터에서는 변수를 사용하여 어떤 것들을 컴퓨터 메모리 안에 저장할 수 있습니다.

- 변수는 이름이 있어야 합니다.

- 변수에 문자열, 숫자 등을 저장할 수 있었습니다. 사실은 어떤 것이든지 저장할 수 있습니다.

- input()을 이용하여 사용자로부터 입력받을 수 있었습니다.

- input()으로 입력을 받으면 문자열로 저장이 되어 수치계산을 하려면 int(), float()로 감싸주는 특별한 처리를 하였습니다.

# 제3장

# 계산해 볼까요?

## 학습 내용

01. 더하기, 빼기, 곱하기, 나누기 등의 산술 연산자에 대하여 학습합니다.
02. 나머지, 지수 연산자에 대하여 학습합니다.
03. 대입 연산자와 복합 연산자를 학습합니다.
04. 우선순위의 개념을 이해합니다.

## LAB

01. 다항식의 계산
02. 화씨온도를 섭씨온도로 변환하기
03. 두 점 사이의 거리 구하기
04. 두 점 사이의 거리 확인하기
05. 그리니치 표준시—세계 시간의 기준점
06. 계산대 프로그램

우리가 즐겨보는 영화의 컴퓨터 그래픽 장면들이 컴퓨터의 계산 기능을 통하여 이루어진다는 것을 알고 있나요? 예를 살펴보면 건물이 폭발하는 장면은 물리학의 여러 가지 공식들을 이용하여 컴퓨터로 계산한 결과를 화면에 표시한 것입니다.

(출처: 영화 '어벤저스'의 한 장면)

컴퓨터를 사용하면 우리가 복잡한 계산을 직접 해야 할 필요는 없습니다. 컴퓨터는 빠른 속도로 정확하게 계산을 하여 그 결과를 알려주므로, 우리는 정확한 계산을 하도록 알맞은 수식을 올바르게 작성하여 컴퓨터에 지시해야 합니다.

수식(expression)이란 피연산자들과 연산자의 조합이라고 할 수 있습니다. 연산자(operator)는 어떤 연산을 나타내는 기호를 뜻하며 피연산자(operand)는 연산의 대상을 말합니다. 수식 (12+23)에서 +는 연산자이고 12와 23은 피연산자입니다.

$$\overbrace{(\ 12\ +\ 23\ )}^{35\ \text{(식의 값)}} \leftarrow \text{(수식)}$$

이번 장에서 우리는 파이썬 프로그래밍에서의 올바른 수식 작성 방법에 대해 다음과 같은 것들을 배울 것입니다.

- 연산자의 종류와 연산자가 적용되는 순서인 연산자 우선순위에 대해서 살펴볼 것입니다.
- 증감 연산자, 나머지 연산자와 같이 수학 시간에 배우지 않은 새로운 연산자도 있습니다.
- 연산의 방향이 우리가 알던 "왼쪽 → 오른쪽"이 아니라 "오른쪽 → 왼쪽"일 수도 있습니다.

**프로그램 코드와 연산자**

우리가 연산자를 잘 사용하면 프로그램 코드의 길이를 줄일 수 있습니다.

# 02 산술 연산자

산술은 수에 대하여 계산을 하는 것을 말합니다. 산술에 사용되는 연산자는 대입(=), 더하기(+), 빼기(−), 곱하기(*), 나누기(/, //), 나머지(%) 연산이 대표적입니다. 파이썬의 기본적인 산술 연산자들을 정리하면 다음과 같습니다. 기본적인 산술 연산자 중 어떤 연산자는 우리가 알고 있는 수학 연산자와 비슷한 것 같지만 약간 다르거나 새로운 방법으로 계산을 처리하기도 합니다.

| 연산자 | 기호 | 사용 예 | 결괏값 |
| --- | --- | --- | --- |
| 더하기 | + | 7 + 4 | 11 |
| 빼기 | − | 7 − 4 | 3 |
| 곱하기 | * | 7 * 4 | 28 |
| 지수(제곱) | ** | 7 ** 4 | 2401 |
| 나누기 | / | 7 / 4 | 1.75 |
| 나누기(몫) | // | 7 // 4 | 1 |
| 나머지 | % | 7 % 4 | 3 |
| 대입(할당) | = | x = 10 | |

 더하기(+), 빼기(−), 곱하기(*)

파이썬에서의 더하기(+), 빼기(−) 계산은 수학에서의 계산과 동일합니다. 곱하기(*)도 수학에서의 곱하기와 똑같지만, 그 기호가 'x'가 아니라 '*'임을 주의하세요.

<table>
<tr><td>

**코드 및 실행 결과 1**
```
>>> 2+17
19
>>> 2-17
-15
```
</td><td>

**코드 및 실행 결과 2**
```
>>> 2*17
34
```
</td></tr>
</table>

 지수 연산자 (**)

파이썬은 친절하게 다른 프로그래밍 언어에서는 거의 없는 지수(power) 계산을 위해 '**'연산자를 제공합니다.

<table>
<tr><td>

**코드 및 실행 결과 1**
```
>>> 17 ** 2
289
>>> 10*2**7
1280
```
</td><td>

**코드 및 실행 결과 2**
```
>>> 2**2**3
256
```
</td></tr>
</table>

지수 연산자는 오른쪽에서 왼쪽으로 계산됩니다. 수학에서처럼 지수 연산자는 다른 연산자들보다 높은 우선순위를 가집니다. 예를 좀 더 살펴보면 다음과 같습니다.

**예** $17 ** 2 = 17^2$,　　　　$10*2**7 = 10 \times 2^7$,　　　　$2**2**3 = 2**(2**3) = 2**8 = 2^8$

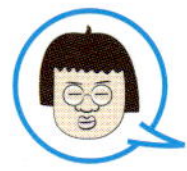 나누기 연산자 : '/'와 '//'

파이썬에서 나누기를 주의 깊게 살펴봐야 합니다. 파이썬에서의 '/'는 항상 실수의 나눗셈으로 계산됩니다. 하지만 프로그램에서는 상황에 따라 나눗셈의 **몫**만 정수로 필요로 하는 경우가 자주 있습니다. 이런 경우에는 **//**을 사용하여 나눗셈을 하면 정수형의 몫 부분만 남습니다.

<table>
<tr><td>

**코드 및 실행 결과 1**
```
>>> 17/5    # 실수 나눗셈
3.4
```
</td><td>

**코드 및 실행 결과 2**
```
>>> 17//5   # 정수 몫
3
```
</td></tr>
</table>

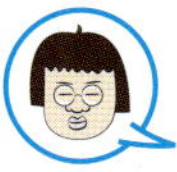 나머지 연산자 '%'

나머지 연산자(%)는 프로그래밍에서 엄청나게 많이 사용하게 되는 연산자입니다. **x % y는 'x를 y로 나누어서 남은 나머지를 결과로 반환한다'입니다.** 예를 들어 17 % 5의 결과는 2입니다. 17을 5로 나누면 몫은 3이고 나머지는 2가 됩니다. 17 ÷ 5 연산에서 몫과 나머지를 계산하는 코드를 살펴보면 다음과 같습니다.

<table>
<tr><td>

**코드**
```
p = int(input("나누어지는 수를 입력하시오: "))
q = int(input("나누는 수를 입력하시오: "))
print("나눗셈의 몫=", p // q)
print("나눗셈의 나머지=", p % q)
```
</td><td>

**실행 결과**
```
나누어지는 수를 입력하시오: 17
나누는 수를 입력하시오: 5
나눗셈의 몫= 3
나눗셈의 나머지= 2
```
</td></tr>
</table>

 그렇다면 이 나머지 연산자를 어디에 이용하면 좋을까요?

나누는 수가 n이라 한다면 나머지는 0, 1, …, n−1입니다. 나머지의 이러한 특성을 기억하면 문제 해결에 많은 도움이 됩니다. 나머지 연산자를 이용하면 어떤 정수를 2로 나누었을 때 나머지가 0 또는 1이냐에 따라 홀수, 짝수를 구분할 수 있습니다. 그리고 초 단위의 시간을 받아서 몇 분 몇 초인지를 알아볼 때도 유용하게 사용할 수 있습니다. 다음은 1,000초를 몇 분 몇 초로 바꾸는 프로그램입니다.

<table>
<tr><td>

**코드**

```python
sec = 1000
min = sec // 60
remainder = sec % 60
print(min, '분', remainder, '초')
```

</td><td>

**실행 결과**

16 분 40 초

</td></tr>
</table>

# 03  대입 연산자 '='

'='는 이미 우리에게 친근합니다. 지금까지 우리는 변수에 값을 저장할 때 대입 연산자인 '='를 사용했습니다. 대입 연산자 '='의 사용 규칙은 '='의 왼쪽에는 반드시 변수가 와야 하고 '='의 오른쪽에는 수식 또는 값이 올 수 있습니다.

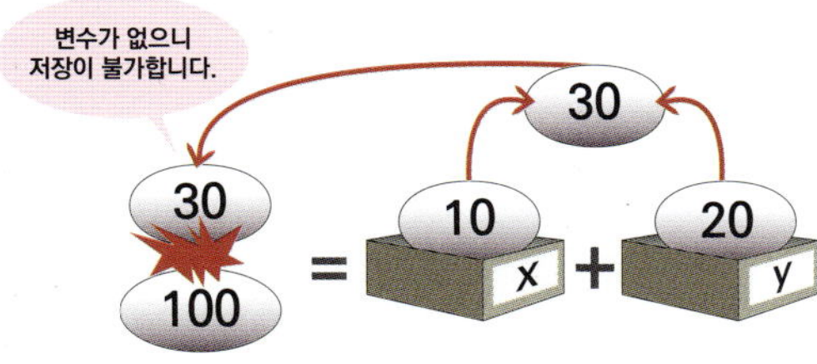


다음과 같은 수식은 잘못된 수식입니다. '='의 왼쪽에는 변수가 없기 때문입니다.

$$100 = x + y$$

여러 개의 변수에 동일한 값을 저장하는 프로그램을 작성해 보겠습니다.

| 코드 | 실행 결과 |
|---|---|
| ```x = y = 100``` <br> ```print(x)``` <br> ```print(y)``` | 100 <br> 100 |

✔ x = y = 100 : 결과적으로는 변수 'x'와 변수 'y'에 값 100이 동시에 저장이 됩니다. 그 과정을 자세히 살펴 보면 변수 'y'에 값 100이 저장되고 변수 'x'에 변수 'y'에 저장된 값이 저장되는 것입니다.

### = : Assignment Operator

영어로는 Assignment Operator인 대입 연산자는 책에 따라서 배정 연산자, 할당 연산자라고도 합니다. 그리고 알고리즘을 표현할 때 많이 사용하는 의사코드(슈도코드, pseudocode)에서는 '='를 '←'로 표시하기도 합니다.

# 04 복합 대입 연산자

복합 대입 연산자(compound assignment operator)란 대입 연산자와 다른 연산자를 합쳐 놓은 것을 말합니다. x += 2는 x = x + 2와 서로 의미가 같습니다. 복합 대입 연산자는 소스 코드를 간결하게 만들 수 있습니다.

서로 의미가 같습니다.

$$x\ +=\ 2 \longleftrightarrow x = x + 2$$

파이썬에서는 대입 연산자에 다양한 연산자를 조합할 수 있습니다. 다음 표에는 가장 많이 사용되는 복합 연산자들을 정리하였습니다.

| 복합 연산자 | 의미 |
|---|---|
| x += y | x = x + y |
| x -= y | x = x - y |
| x *= y | x = x * y |
| x /= y | x = x / y |
| x //= y | x = x // y |
| x %= y | x = x % y |

**주의** 복합 대입 연산자를 다른 연산자와 함께 사용할 때에는 연산자의 우선순위에 신경을 써야 합니다. 예를 들어 x = x * 2+3을 복합 대입 연산자를 이용해서 x *= 2+3처럼 작성하면 잘못된 것입니다.

서로 의미가 다릅니다.

$$x = x * 2 + 3 \longleftrightarrow x\ *=\ 2 + 3$$
$$5$$
$$x\ *=\ 5$$

 다음 예제를 통해 복합 대입 연산자 '+=', '-='를 이해해 보겠습니다.

<table>
<tr><td>

**코드**

```python
x = 1000
print("초깃값 x=", x)
x += 2;
print("x += 2 후의 x=", x)
x -= 2;
print("x -= 2 후의 x=", x)
```

</td><td>

**실행 결과**

```
초깃값 x= 1000
x += 2 후의 x= 1002
x -= 2 후의 x= 1000
```

</td></tr>
</table>

하나의 수식에 여러 연산자가 혼합되어 사용된다면 어떤 연산자부터 먼저 수행해야 할까요? 예를 들면 다음과 같은 수식에서 가장 먼저 수행되는 연산은 무엇일까요?

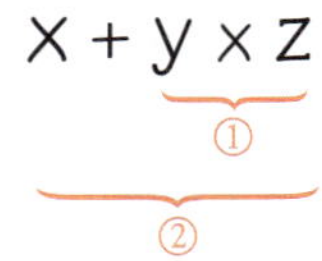

우리가 수학에서 배웠듯이 곱셈과 나눗셈이 덧셈과 뺄셈보다 먼저 수행됩니다. 우선순위(precedence)는 하나의 수식에 있는 여러 연산 중에서 어떤 연산을 먼저 수행할지를 결정하는 규칙입니다. 각 연산자는 함께 있을 때 먼저 수행되어야 할 순서가 미리 약속되어 있습니다. 산술 연산자들의 우선순위를 살펴보면 높은 것부터 나열하면 아래 그림과 같습니다.

파이썬에서 많이 사용되는 연산자에 대한 우선순위를 높은 것부터 표로 정리하였습니다.

| 연산자 | 설명 | |
|---|---|---|
| ** | 지수 연산자 | |
| ~, +, - | 단항 연산자 | |
| *, /, %, // | 곱셈, 나눗셈, 나머지 연산자, 나눗셈(몫) | |
| +, - | 덧셈, 뺄셈 | |
| >>, << | 비트 이동 연산자 | 높음 |
| & | 비트 AND 연산자 | |
| ^, \| | 비트 XOR 연산자, 비트 OR 연산자 | |
| <=, <, >, >= | 비교 연산자 | |
| <>, ==, != | 동등 연산자 | |
| =, %=, /=, //=, -=, +=, *=, **= | 대입 연산자 | |
| is, is not | 아이덴티티 연산자 | |
| in, not in | 소속 연산자 | |
| not, or, and | 논리 연산자 | 낮음 |

위의 표에서 같은 칸에 있는 연산자들의 우선순위는 같습니다. 우선순위가 같은 연산자가 둘 이상 있을 때, 연산자의 결합 방향은 먼저 어느 연산을 수행할 것인가를 결정합니다.

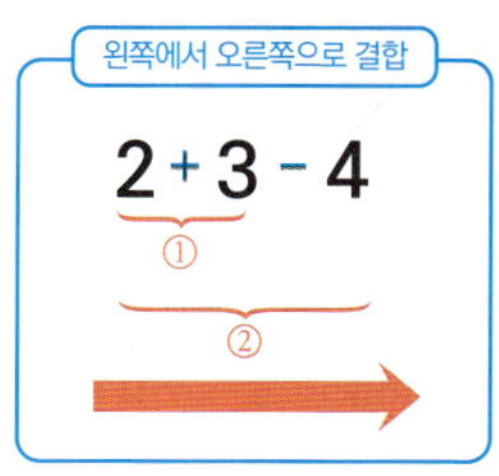


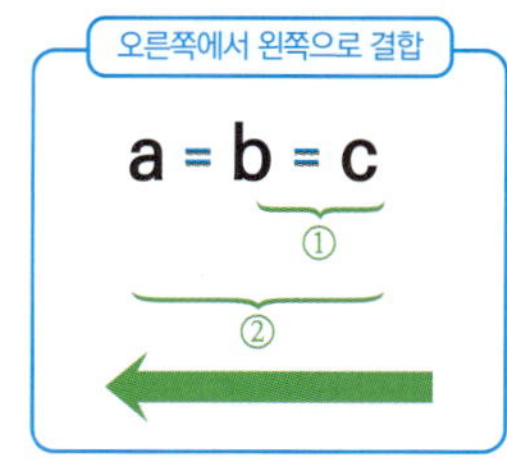


만약 우선순위대로 연산하지 않고 다른 순서로 하고 싶은 경우는 어떻게 할까요? 수학에서도 배웠듯이 이 경우에는 괄호를 사용하면 됩니다. 또한 우선순위를 모두 암기하는 것은 상당히 어렵습니다. 따라서 먼저 계산되어야 하는 부분은 괄호로 감싸는 것도 좋은 방법입니다.

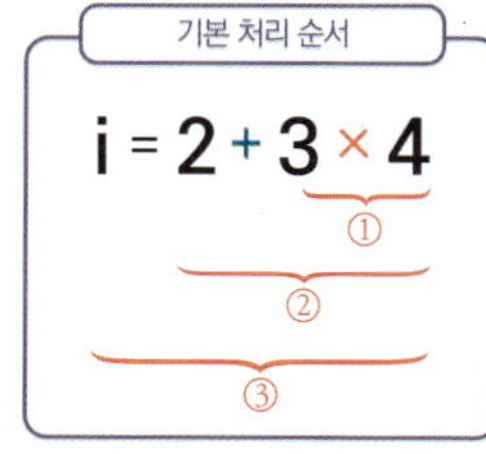


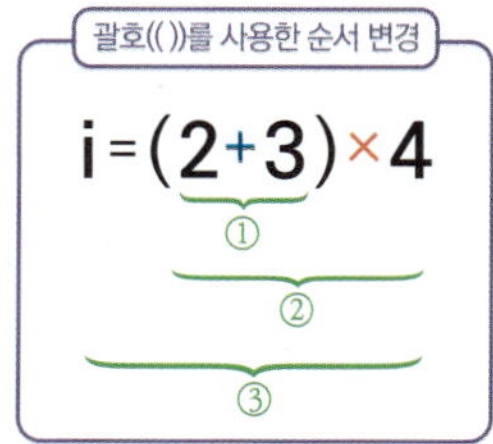

 사용자로부터 3개의 수를 입력받아서 평균을 출력하는 프로그램을 작성해 보겠습니다.

<table>
<tr><td>

**코드**

```python
x = int(input("첫 번째 수: "))
y = int(input("두 번째 수: "))
z = int(input("세 번째 수: "))

avg = (x + y + z) / 3
print("평균 =", avg)
```

</td><td>

**실행 결과**

```
첫 번째 수: 100
두 번째 수: 90
세 번째 수: 80
평균 = 90.0
```

</td></tr>
</table>

✔ avg=(x + y + z) / 3 : 변수 x, y, z에 저장된 세 수의 평균을 구하기 위해서는 세 수의 합 'x+y+z'를 3으로 나누어야 합니다. 하지만 덧셈(+)보다 나눗셈(/)이 우선순위가 높기 때문에 만약 x+y+z / 3이라고 작성을 하면 z / 3이 먼저 수행되어 예상치 못한 결과가 나옵니다. 연산의 우선순위를 고려하여 반드시 괄호를 사용하여 (x+y+z) / 3으로 작성하여 연산의 우선순위를 조절해야 합니다.

$$x + y + z / 3 \qquad (x + y + z) / 3$$

연산의 순서

# 다항식의 계산

$x=-1$, $y=3$일 때, $(-y)^3+2x^2y$의 값을 계산하여 출력하는 프로그램을 작성해 보세요.

**생각 1 : 프로그램의 순서를 생각해봅니다.**

| 변수 x, y에 값 저장 | → | 다항식을 파이썬의 연산자를 이용하여 표현 | → | 계산결과 출력하기 |

**생각 2 : 변수 x에는 −1, y에는 3을 저장합니다.**

**생각 3 : 다항식 $(-y)^3+2x^2y$을 파이썬에서 사용하는 연산자를 이용하여 바꿔줍니다. 연산의 우선순위가 혼동되는 경우 괄호( )를 적절하게 사용하면 식을 작성하기에 편리합니다.**

$$(-y)**3+2*(x**2)*y$$

**생각 4 : 실행 결과는 다음과 같습니다.**

> **실행 결과**
> 다항식의 계산 결과 : −21

**[잠깐!!] 이곳을 가리고 먼저 풀어 보세요!**

**소스코드**

```
x=-1
y=3
print("다항식의 계산 결과:", (-y)**3 + 2*(x**2)*y)
```

x=-1, y=3일 때, 다음 식의 값을 구하는 프로그램을 작성해 보세요.

(1) $x-4y$
(2) $-\dfrac{3}{x}+\dfrac{9}{y}$
(3) $x^2+6xy$
(4) $\dfrac{x+y}{2xy}$

# 화씨온도를 섭씨온도로 변환하기

화씨온도를 입력받아서 섭씨온도로 바꾸는 프로그램을 작성해 보겠습니다.

생각 1 : 프로그램의 순서를 생각해봅니다.

화씨온도 입력받기 → 화씨온도를 섭씨온도로 계산하기 → 계산결과 출력하기

생각 2 : input()을 이용하여 화씨온도를 사용자로부터 입력받습니다. 그리고 입력받은 값을 계산에 사용하기 위하여 정수로 바꿔야 합니다.

```python
ftemp = int(input("화씨온도: "))
```

생각 3 : 화씨온도를 섭씨온도로 바꾸는 수식을 조사하여 파이썬의 연산자를 이용하여 나타냅니다.

$$C = (F - 32) \times \frac{5}{9}$$

**실행 결과**

화씨온도: 100
섭씨온도: 37.77777777777778



**소스코드**

```python
ftemp = int(input("화씨온도: "))      # 화씨온도를 입력받음
ctemp = (ftemp-32)*5/9               # 화씨온도를 섭씨온도로 계산
print("섭씨온도:", ctemp)            # 계산된 섭씨온도 출력
```

**도전과제**

섭씨온도를 입력받아 화씨온도로 변환하는 프로그램도 작성해 보세요.

## 섭씨온도 vs 화씨온도

우리가 일상생활에서 사용하는 온도를 나타내는 단위는 섭씨온도, 화씨온도가 대표적입니다. 우리나라에서 가장 많이 쓰는 섭씨온도는 1기압에서 얼음이 녹는 점(물이 고체에서 액체로 상태변화를 일으키는 점)을 0℃, 끓는점(물이 액체에서 기체로 상변화를 일으키는 점)을 100℃로 정하여 그 사이를 100등분하여 정한 온도단위입니다. 그리고 미국 등에서 주로 쓰는 화씨온도는 1기압에서 물의 녹는점을 32℉, 물의 끓는점을 212℉로 정하여 그 사이 구간을 180등분 한 것입니다.

(출처: 네이버 단위변환)

# 두 지점 사이의 거리 구하기

한 국가나 지역의 위치를 정확하게 표현하기 위해 지구 상에 가상의 가로선(위도)과 세로선(경도)을 그어 수리적 위치로 표현하는 방법을 이용합니다. 지도 검색 서비스를 이용하면 위도와 경도의 좌표를 쉽게 알 수 있으며 이 좌표를 이용하며 두 지점 사이의 단순한 좌표 상의 거리도 계산할 수 있습니다.

위도를 x값, 경도를 y값으로 하여 사용자로부터 두 지점의 좌표 (x1, y1)과 (x2, y2)를 입력받아 두 지점 사이의 거리를 계산하는 프로그램을 작성해 보세요.

**생각 1 : 프로그램의 순서를 생각해봅니다.**

두 점의 좌표를 입력받기 → 두 점 사이의 거리 계산 → 두 점 사이의 거리 출력

**생각 2 :** input()을 이용하여 두 점의 좌표 (x1, y1)과 (x2, y2)를 입력받고 입력받은 값을 계산에 사용하기 위하여 정수로 바꿔야 합니다.

```python
x1 = int(input("x1: "))
```

**생각 3 :** 두 점의 거리는 다음 식을 참고하세요. 제곱근을 계산하려면 0.5제곱을 하면 됩니다. 즉, 파이썬 계산식으로 표현하면 x**0.5하면 x의 제곱근이 계산됩니다.

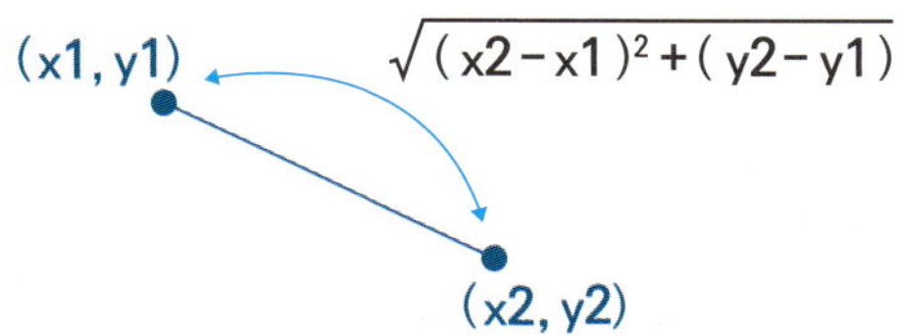


**생각 4 : 실행 결과는 다음과 같습니다.**

**실행 결과**
```
x1: 0
y1: 0
x2: 100
y2: 100
두 점 사이의 거리= 141.4213562373095
```

소스코드

```python
x1 = int(input("x1: "))
y1 = int(input("y1: "))
x2 = int(input("x2: "))
y2 = int(input("y2: "))
print("두 점 사이의 거리=", ((x2-x1)**2 + (y2-y1)**2)**0.5)
```

# Lab 04 두 지점 사이의 거리 확인하기

우리는 앞의 [Lab 두 점 사이의 거리 구하기]를 통해 두 점 사이의 거리를 구하는 프로그램을 작성하였습니다. 앞의 [Lab]에서 (0, 0)과 (100, 100)의 사이의 거리가 약 141.4로 계산되었습니다. 그렇다면 이 프로그램이 계산한 결과가 맞는지 확인하는 시뮬레이션 프로그램을 작성해 보세요.

① 터틀을 좌표 (0, 0)에서 45˚ 회전하여 141.4만큼의 거리를 이동시킴

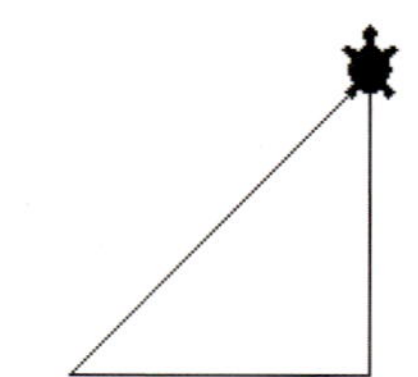

② 터틀을 좌표 (0, 0)에서 x축으로 100, y축으로 100 이동하여 점 (100, 100)으로 이동

터틀이 그린 자취가 ①과 ②에서 만나면 계산 값이 올바르다는 것!!

**생각 1 : 프로그램의 순서를 생각해 봅니다.**

| 터틀 그래픽을 사용할 준비 작업 | → | ① 터틀을 좌표 (0, 0)에서 45˚ 회전하여 141.4의 거리만큼 이동시킴 | → |

| ② 터틀을 좌표 (0,0)에서 x축으로 100, y축으로 100 이동하여 점 (100, 100)으로 이동 | → | ①과 ②가 만나는가, 안 만나는가를 확인 |

**생각 2 : 터틀을 좌표 (0, 0)에서 45˚ 회전하여 점의 거리만큼 이동해 보겠습니다. 터틀을 먼저 (0, 0)으로 이동시킨 후 45˚ 회전하여 141.4 정도의 거리만큼 앞으로 이동합니다.**

- t.goto() : 특정 좌표로 터틀을 이동시킬 때 사용합니다.
  t.goto(0, 0)은 터틀을 (0, 0)으로 이동시킵니다.
- t.setheading() : 터틀을 특정한 각도를 설정합니다.
  t.setheading(45)를 하면 터틀의 머리 방향을 45˚로 설정합니다.
- t.forward() : 터틀을 앞으로 이동시킬 때 사용합니다.
  t.forward(100)은 터틀을 앞으로 100만큼 이동시킵니다.

```
t.goto(0,0)
t.setheading(45)
t.forward(141.4)
```

(1) 터틀이 다시 좌표 (0, 0)으로 흔적 없이 돌아와야 합니다. 터틀이 이동할 때 펜을 올려 선이 그려지지 않게 하려면 **t.up()**을 이용하세요.

(2) 현재 터틀의 머리가 어느 방향으로 되어 있는지 확인하세요. 터틀의 머리는 0°를 가리키게 해야 합니다. **t.setheading()**를 사용하세요.

(3) 터틀은 x축으로 100만큼, y축으로 100만큼 이동해야 합니다. 대신 터틀이 이동할 때 펜을 내려 선이 그려지게 하려면 **t.down()**을 이용하세요.

**[잠깐!!] 이곳을 가리고 먼저 풀어 보세요!**

**소스코드**

```python
import turtle
t = turtle.Turtle()
t.shape("turtle")

t.goto(0,0)          # 터틀을 (0, 0)으로 이동
t.setheading(45)     # 터틀을 시계 반대 방향으로 45°가 되도록 회전
t.forward(141.4)     # 터틀을 앞으로 141.4 만큼 이동

t.up()               # 터틀의 펜을 들어 선이 그려지지 않게 함
t.goto(0,0)          # 터틀을 (0, 0)으로 이동
t.down()             # 터틀이 이동할 때 펜을 내려 선이 그려지게 함
t.setheading(0)      # 터틀의 머리 방향이 0°방향이 되게 함
t.forward(100)       # 터틀을 100만큼 앞으로 이동
t.setheading(90)     # 터틀의 머리 방향이 시계 반대 방향으로 90°방향이 되게 함
t.forward(100)       # 터틀을 100만큼 앞으로 이동
```

 **시뮬레이션(simulation)**

복잡한 문제나 사회 현상 따위를 해석하고 해결하기 위하여 실제와 비슷한 모형을 만들어 모의적으로 실험하여 그 특성을 파악하는 것입니다. 주로 컴퓨터를 이용하여 모의실험을 수행하면 그 결과를 빠르게 알아볼 수도 있고, 여러 요인을 바꾸어서 모의실험을 해볼 수 있어서 유용합니다.

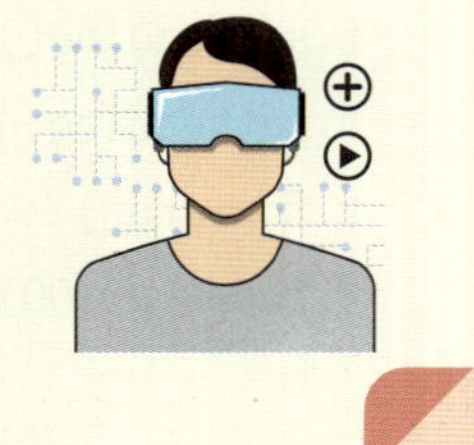

# 그리니치 표준시-세계 시간의 기준점

그리니치 표준시를 아시나요? 그리니치 표준시는 경도 0°인 그리니치 자오선 평균태양시를 말합니다. 그리니치 표준시(GMT; Greenwich Mean Time)는 세계 각 지방시와 표준시의 기준입니다.

ⓘ ☀ 표시된 도시는 서머타임 시행 중이며, 세계시간은 PC환경에 따라 오차가 있을 수 있습니다.

(출처 : 네이버 해외정보)

파이썬의 `time()`을 이용한 그리니치 표준시로 한국의 표준시를 구하는 프로그램을 작성해 보세요.

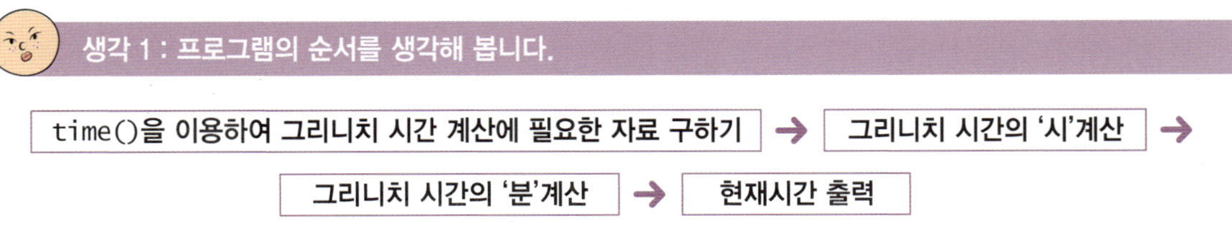

```python
import time

fseconds = time.time()
```



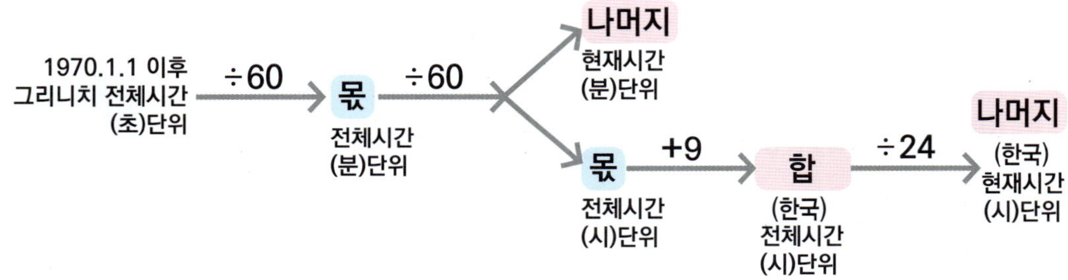




실행 결과
현재 한국 시간: 12시23분

**소스코드**

```
import time

fseconds = time.time()
total_sec = int(fseconds)          # 전체 초를 구합니다.
total_min = total_sec // 60        # 전체 분을 구합니다.
minute = total_min % 60            # 현재 분을 계산합니다.
total_hour = total_min // 60       # 전체 시를 구합니다.
hour = (total_hour + 9) % 24       # 한국 시간을 고려해서 현재 시간을 계산합니다.
print("현재 한국 시간: " + str(hour) + "시"+ str(minute) + "분")
```

## 그리니치 표준시(GMT : Greenwich Mean Time)

그리니치 표준시는 세계 각 지방시와 표준시의 기준입니다. 일반적으로는 어떤 지방의 경도가 그 이웃 지방과 15°의 차이가 날 때마다 1시간씩 다른 표준시를 쓰게 됩니다. 즉, 경도가 15° 동쪽으로 옮겨지면 표준시는 1시간이 빨라지고, 서쪽으로 옮겨지면 1시간이 늦어집니다. 한국표준시는 그리니치 표준시보다 9시간이 빠릅니다.

# Lab 06 계산대 프로그램

물건의 가격과 지불한 금액을 입력하면 거스름돈을 알려주는 계산대 프로그램을 작성해 보겠습니다. 대신 동전의 개수는 최대한 적게 하도록 합니다.(단, 물건가격과 투입한 돈은 100원 단위로 입력되고, 거스름돈은 500원, 100원짜리로만 거슬러 줍니다.)

**생각 1 : 프로그램의 순서를 생각해봅니다.**

투입한 돈 입력 → 물건가격 입력 → 거스름돈이 얼마인지 계산 →

거스름돈에 쓰일 동전의 개수를 최소한이 되도록 문제 해결 → 거스름돈 출력 →

500원, 100원 동전 개수 출력

**생각 2 : 문제를 분석하여 글, 표, 그림 등을 나타내면 문제 해결에 많은 도움이 됩니다.**

① 조건 1 : 물건값은 100원 단위
② 조건 2 : 자판기는 동전 500원, 100원짜리만 가지고 있음

**생각 3 : 계산대 프로그램에 필요한 변수를 생각해 봅니다. 그리고 변수는 너무 많거나 너무 적게 만들어 사용하지 말고 적절하게 만들어 사용하세요.**

① money : 투입한 금액 저장
② price : 물건가격 저장
③ change : 거스름돈 저장
④ coin500s : 500원짜리 동전 개수 저장
⑤ coin100s : 100원짜리 동전 개수 저장

**생각 4 : 최소 동전 수를 찾아보기 위해 욕심내어 가장 큰 액면의 동전부터 사용하여 거스름돈을 거슬러 주겠습니다. 나누기(몫)(//) 연산자와 나머지(%) 연산자를 적극적으로 활용합니다.**

예 500원 동전의 개수 = 거스름돈 // 500

500원 동전을 사용하여 거스름돈을 거슬러 주고 남은 나머지 금액 = 거스름돈 % 500

**실행 결과**

투입한 돈: 5000
물건가격: 2600
거스름돈: 2400
500원 동전의 개수: 4
100원 동전의 개수: 4

[잠깐!!] 이곳을 가리고 먼저 풀어 보세요!

**소스 코드**

```python
money = int(input("투입한 돈: "))
price = int(input("물건가격: "))

change = money - price
print("거스름돈: ", change)
coin500s = change // 500      # 거스름돈을 500으로 나누었을 때의 몫 : 500원 동전의 개수
change = change % 500         # 거스름돈을 500으로 나누었을 때의 나머지
                             # 거스름돈을 500으로 거슬러주고 남은 돈을 다시 change에 저장

coin100s = change // 100      # 거스름돈을 100으로 나누었을 때의 몫 : 100원 동전의 개수

print("500원 동전의 개수: ", coin500s)
print("100원 동전의 개수: ", coin100s)
```

 ## 욕심쟁이 알고리즘(greedy algorithm, 그리디 알고리즘)

문제의 가장 좋은 해결책을 구하는 데에 사용되는 대략적인 방법입니다. 문제해결을 위해 여러 경우 중 하나를 결정해야 할 때마다 그 순간에 최적이라고 생각되는 것을 선택해 가는 방식으로 진행하여 최종적인 결과에 도달합니다. 순간마다 하는 선택은 그 순간에는 최적이지만, 그 선택들을 계속하여 문제를 해결했다고 해서, 그것이 최적이라는 보장은 없습니다.

**1** 사용자로부터 두 개의 정수를 받아서 정수의 합, 정수의 차, 정수의 곱, 정수의 평균, 큰 수, 작은 수를 계산하여 화면에 출력하는 프로그램을 작성해 보세요. 파이썬이 제공하는 내장 함수 max(x, y), min(x, y)을 활용해 보세요.

```
실행 결과
x: 10
y: 20
두 수의 합: 30
두 수의 차: -10
두 수의 곱: 200
두 수의 평균: 15.0
큰 수: 20
작은 수: 10
```

max(x, y)와 같이 호출하면 x와 y 중에서 큰 수가 반환됩니다.

**2** 원기둥의 부피를 계산하는 프로그램을 작성해 보세요. 원기둥의 부피는 다음과 같이 계산합니다.

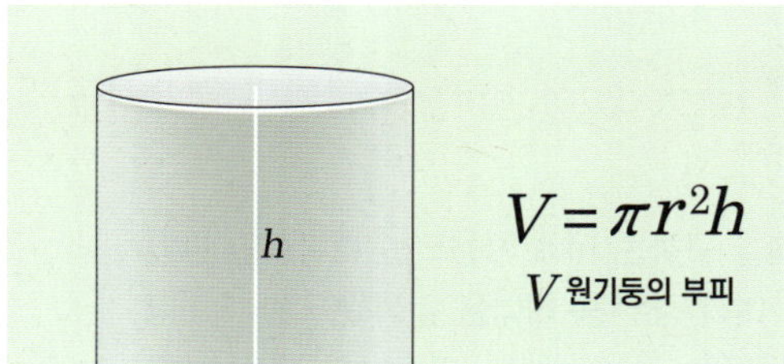


```
실행 결과
r: 10.0
h: 100.0
원기둥의 부피: 31415.92
```

vol = 3.141592*r**2*h와 같은 수식을 사용합니다.

**3** 사용자로부터 정수를 입력받아서 정수의 자릿수의 합을 계산하는 프로그램을 작성해 보세요. 예를 들어서 사용자가 1234를 입력하였다면 1+2+3+4를 계산하면 됩니다. 단, 반복문은 사용하지 않습니다.

> **실행 결과**
> 정수를 입력하시오: 1234
> 자릿수의 합: 10

나머지 연산자와 정수 나눗셈(몫) 연산자 //를 적극적으로 사용해 보세요.

일의 자릿수는 number % 10으로 계산할 수 있습니다. 10의 자릿수는 number = number // 10한 후에 동일한 처리를 되풀이합니다.

**4** 움직이는 물체의 운동에너지를 계산해 봅시다. 물체의 에너지를 계산하는 식은 $0.5 \times$ 무게 $\times$ 속도$^2$입니다.

> **실행 결과**
> 물체의 무게를 입력하시오(킬로그램): 100
> 물체의 속도를 입력하시오(미터/초): 100
> 물체는 500000.0 (줄)의 에너지를 가지고 있습니다.

지수 연산자 **을 사용해 보세요.

**5** 사용자로부터 두 점을 입력받아서 터틀 그래픽을 이용하여 두 점을 연결하는 직선을 그립니다. 직선의 끝점에 직선의 길이를 계산하여 출력해 보세요.

> **실행 결과**
> x1: 0
> y1: 0
> x2: 100
> y2: 100

goto(x1, y1)으로 첫 번째 점으로 이동, goto(x2, y2)로 두 번째 점으로 이동하면 됩니다.

- 수식은 피연산자와 연산자로 이루어집니다.

- 덧셈, 뺄셈, 곱셈, 나눗셈을 위하여 +, -, *, / 기호를 사용합니다.

- 지수 연산자는 **입니다.

- 나눗셈에서 몫을 계산하려면 // 연산자를 사용합니다.

- 나눗셈에서 나머지를 계산하려면 % 연산자를 사용합니다.

- 복합 대입 연산자는 대입 연산자와 각종 산술 연산자를 합쳐 놓은 것입니다.

- 우선순위가 높은 연산자가 먼저 계산됩니다.

- 연산자의 우선순위를 변경하려면 괄호를 사용합니다.

# 제 **4** 장
# 자료의 종류에는 어떤 것들이 있나요?

## 학습 내용

01. 정수, 실수, 문자열을 구별할 수 있습니다.
02. 문자열을 숫자로, 숫자를 문자열로 변환할 수 있습니다.
03. 문자열을 연결하고 반복하는 연산을 살펴봅니다.
04. 필요한 문자열만 뽑아 쓰는 방법에 대해 살펴봅니다.

## LAB

01. 소금물의 농도는?
02. 간단한 챗봇 프로그램
03. 거북이와 인사해봐요
04. 암호프로그램 만들기
05. 2050년에 나는 몇 살?

앞에서 우리는 변수가 무엇인지 학습하였습니다. 이번 장에서는 변수에 저장할 수 있는 자료에는 어떤 종류가 있는지를 살펴보겠습니다. 모든 프로그램은 자료(data)를 처리합니다. 프로그래밍에서 사용되는 숫자와 문자 등의 자료 형태는 자료의 종류에 따라 자료형(data type)으로 구분 지어 났습니다. 그리고 자료형에 따라 알맞게 저장하고 처리하게 됩니다. 자료형은 프로그램의 기본이자 핵심단위입니다.

프로그래밍에서 가장 기본적인 자료형은 정수, 실수, 문자열입니다.

| 자료형 | 예 |
| --- | --- |
| 정수(int) | ..., -2, -1, 0, 1, 2, ... |
| 실수(float) | 3.2, 3.14, 0.12345 |
| 문자열(str) | 'Hello World!', "123" |

### [정수형 & 실수형]

정수(integer)형은 -2, -1, 0, 1, 2와 같이 우리가 수학 시간에 알고 있는 정수입니다. 실수(floating-point)형은 3.2, -3.2와 같은 실수를 말합니다.

### [문자열]

문자열이란 "Hello World!", "a", "123"과 같이 문자들의 집합입니다. 파이썬에서 문자열은 큰따옴표("")  또는 작은따옴표('')를 사용하여 나타냅니다. 그리고 "123"과 같은 것은 언뜻 보기에 숫자처럼 생각될 수도 있지만, 따옴표로 둘러싸여 있으면 모두 문자열입니다.

> 따옴표로 둘러싸여 있으면 무조건!! 문자라고 생각하세요

파이썬에서는 변수에 어떤 종류의 자료도 저장할 수 있습니다.

이것은 프로그래머에게는 축복입니다. 왜냐하면 다른 언어에서는 변수를 선언할 때, 반드시 자료형을 먼저 지정해야 합니다. 하지만 파이썬에서는 자료형을 특별히 지정하지 않고 변수 안에 어떤 종류의 자료를 그냥 저장하면 됩니다.

<table>
<tr><td>



```python
x = 10
print("x =", x)

x = 3.14
print("x =", x)

x = "Hello World!"
print("x =", x)
```

</td><td>



```
x = 10
x = 3.14
x = Hello World!
```

</td></tr>
</table>

우리는 앞에서 수를 처리하는 파이썬 프로그램들을 살펴보았었습니다. 수에는 정수(int), 실수(float), 복소수 (complex)의 3가지 타입이 있습니다. 이러한 수치형 데이터는 더하고, 빼고, 곱하고, 나누는 등의 산술연산을 할 수 있습니다. 우리는 정수형과 실수형에 대해 좀 더 살펴보겠습니다.

| 수치형 데이터 | 예 |
| --- | --- |
| 정수 | ⋯, −2, −1, 0, 1, 2, ⋯ |
| 실수 | 3.2, 3.14, 0.12345 |
| 복소수 | 1 + 2j, −3j |

 정수를 어떻게 만들고 사용할까요?

다음은 양의 정수와 음의 정수, 숫자 0을 변수 x에 대입하고 출력하는 예입니다. 파이썬에서 어떤 값에 대한 자료형을 확인하려면 type()이라는 내장 함수를 사용하면 됩니다.

```
코드 및 실행 결과
>>> x = 123
>>> print(x)
123
>>> type(x)
<class 'int'>
```

```
코드 및 실행 결과
>>> x = -123
>>> print(x)
-123
>>> type(x)
<class 'int'>
```

```
코드 및 실행 결과
>>> x = 0
>>> print(x)
0
>>> type(x)
<class 'int'>
```

 실수를 어떻게 만들고 사용할까요?

파이썬에서 실수는 소수점이 포함된 숫자를 말합니다. 다음은 실수를 변수 x에 대입하고 출력하는 예입니다.

```
코드 및 실행 결과
>>> x = 3.14
>>> print(x)
3.14
>>> type(x)
<class 'float'>
```

```
코드 및 실행 결과
>>> x = -3.14
>>> print(x)
-3.14
>>> type(x)
<class 'float'>
```

```
코드 및 실행 결과
>>> x=0.0
>>> print(x)
0.0
>>> type(x)
<class 'float'>
```

 **복소수를 어떻게 만들고 사용할까요?**

우리가 수학 시간에 복소수를 배울 때는 허수 부분의 표현은 j 대신 i를 사용하였습니다. 하지만 파이썬은 i 대신 j를 사용합니다. 소문자 j, 대문자 J 모두 사용 가능합니다. 다음은 복소수를 변수 x에 대입하고 출력하는 예입니다.

```
>>> x = 1+2j
>>> print(x)
(1+2j)
>>> type(x)
<class 'complex'>
```

# 문자열이란?

우리는 앞에서 숫자를 처리하는 파이썬 프로그램을 살펴보았습니다. 컴퓨터의 모든 처리는 계산을 기본으로 합니다. 하지만 인간은 숫자보다는 주로 문자열, 즉 텍스트(text)를 사용하여 정보를 표현하고 저장합니다. 그래서 인간의 편리를 위해 만들어진 프로그램에서는 텍스트의 처리가 매우 중요합니다.

문자열(string)은 문자들의 나열(sequence of characters)입니다. string은 끈이라는 뜻입니다. 글자들이 끈으로 묶여 연결된 모습을 상상해 보세요.

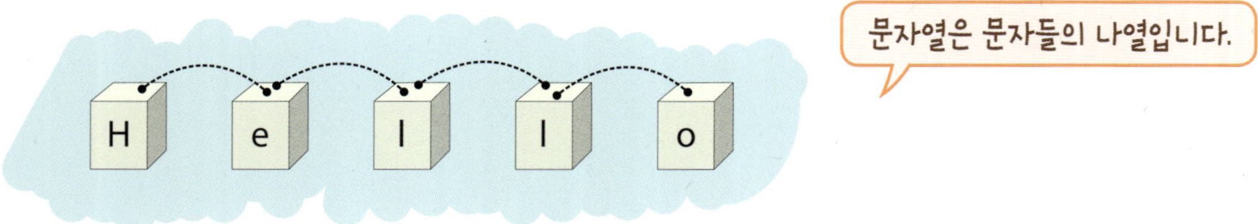


이 책에 있는 모든 글자도 문자열이 될 수 있습니다. 우리가 일상적으로 사용하는 단어, 문장들도 문자열입니다. 파이썬에서 문자열 데이터를 표기하는 방법은 꽤 여러 가지가 있습니다. 그중 기본이 되는 것이 다음과 같이 따옴표를 사용하는 방법입니다.

$$"Hello\ World" = 'Hello\ World'$$

같은 표현

# 04 문자열을 만드는 방법

우리는 작은따옴표('')와 큰따옴표("")를 사용하여 문자열을 만들 수 있습니다. "Hello"로 입력하면 'Hello'로 출력합니다. 문자열을 작은따옴표로 묶어도, 큰따옴표로 묶어도 동일한 의미입니다.



```
>>> "Hello"
'Hello'
```

문자열은 변수에 저장될 수 있습니다. 변수에 문자열 을 저장하고 변수 이름만 입력하고 Enter↵ 키를 누르 면 변수에 저장된 문자열이 출력됩니다. 또는 print() 함수를 이용하여 출력할 수 있습니다.



```
>>> msg = "Hello"
>>> msg
'Hello'
>>> print(msg)
Hello
```

큰따옴표(")로 문자열을 만들기 시작했으면 반드시 큰따옴표(")로 닫아줘야 합니다. 마찬가지로 작은따옴표(')로 문자열을 만들기 시작했으면 반드시 작은따옴표(')로 닫아줘야 합니다. 문자열을 묶어줄 때 큰따옴표와 작은따옴표를 혼용해서 함께 사용하면 안 됩니다.



```
>>> msg = "Hello'
SyntaxError: EOL while scanning string literal
```

> EOL(End Of Line)은 줄의 끝을 만났다는 의미입니다. 큰따옴표가 있을 것을 기대했는데 줄의 끝을 만날 때까지 발견하지 못했다는 의미입니다.

그런데 말입니다. 왜 파이썬에서는 문자열을 나타내는데 큰따옴표와 작은따옴표 둘 다 사용할까요?

이유 : 문자열 안에 따옴표가 들어가는 경우를 처리하기 위해서입니다.



```
>>> msg = 'She said 'Hi' '
SyntaxError: invalid syntax
```



```
>>> msg = "She said 'Hi' "
>>> print(msg)
She said 'Hi'
```

이렇게 작은따옴표가 문장 안에 있는 문자열은 작은따옴표로 감싸면 오류가 발생합니다. 'said'에서 이미 문자열이 끝났다고 인식하기 때문입니다. 그렇다면 이런 문장을 문자열로 어떻게 저장할 수 있을까요? 이 문제를 해결하려면 큰따옴표로 묶은 문자열 안에 작은따옴표로 묶은 형태의 문자열을 넣어주면 됩니다.

# 05 100과 "100"을 구별해요

파이썬의 변수에는 어떤 자료형의 데이터든지 저장할 수 있습니다. 그래서 프로그래밍을 할 때 대부분 자료형에 크게 신경 쓰지 않아도 됩니다. 하지만 특별히 구별해야 하는 경우가 있습니다. 다음과 같은 수치형 데이터(정수, 실수)와 문자열은 구분해야 합니다.

$$100 \qquad\qquad "100" \text{ 또는 } '100'$$

정수 수치형 데이터 　　　　　　　　　　　　문자열

**문자열 "100"과 숫자 100은 컴퓨터에서는 아주 다르게 취급됩니다.**

| 코드 및 실행 결과 | | 코드 및 실행 결과 |
| --- | --- | --- |
| `>>> print(100+200)`<br>`300` | VS | `>>> print("100"+"200")`<br>`100200` |

- `print(100+200)` : 100+200을 하면 (정수 + 정수) 형태가 되어서 덧셈이 됩니다.
- `print("100"+"200")` : "100"+"200"은 문자열과 문자열을 합하는 것으로 2개의 문자열을 연결하게 됩니다.

사용자로부터 2개의 정수를 입력받아 덧셈을 수행하는 프로그램을 작성해 봅시다.

**사용자로부터 입력을 받기 위해 우리가 많이 사용하는 함수로 input()이 있습니다.** input()은 사용자로부터 받은 데이터를 텍스트 형태로 반환하는 함수입니다.

| 코드 | 실행 결과 |
| --- | --- |
| `x = input("정수를 입력하시오: ")`<br>`y = input("정수를 입력하시오: ")`<br>`print(x+y)` | 정수를 입력하시오: 100<br>정수를 입력하시오: 200<br>100200 |

원하는 결과가 나왔나요? 변수 x, y에 저장된 "100"과 "200"은 문자열이기 때문에 x+y의 결과가 100200 으로 나옵니다. 따라서 그냥 더하면 문자열이 연결만 됩니다.

덧셈이 제대로 이루어지지 않았습니다. 어떻게 이 문제를 해결해야 할까요?

**input() 함수를 통해 입력된 값의 자료형이 무엇인지 확인해 보겠습니다.**

파이썬에서 지금 변수의 자료형이 무엇인지 알고 싶을 때는 type() 함수를 사용합니다.

코드
```python
x = input("정수를 입력하시오: ")
y = input("정수를 입력하시오: ")
print(type(x))
print(type(y))
```

실행 결과
```
정수를 입력하시오: 100
정수를 입력하시오: 200
<class 'str'>
<class 'str'>
```

# 06 문자열을 숫자로 변환

앞 장에서 살펴보았듯이 input()은 사용자가 입력한 데이터를 문자열 형태로 돌려줍니다. 정수형, 실수형 같은 자료는 입력을 받은 후 바로 사용할 수 없는 경우가 많습니다.

 **문자열을 숫자로 바꿀 수 없나요?**

사용자로부터 받은 문자열을 숫자로 바꾸려고 합니다. 파이썬에는 이런 경우를 대비하여서 문자열을 숫자로 변환해주는 함수가 있습니다. 바로 int()와 float()입니다. 사용자로부터 2개의 정수를 받아서 합하는 코드는 다음과 같이 작성하면 됩니다.

| 코드 | 실행 결과 |
|---|---|
| `t = input("정수를 입력하시오: ")`<br>`x = int(t)`<br><br>`t = input("정수를 입력하시오: ")`<br>`y = int(t)`<br><br>`print(x + y)` | 정수를 입력하시오: 100<br>정수를 입력하시오: 200<br>300 |

✔ x = int(t) : 변수 t에 저장된 문자열을 정수로 바꾸어 변수 x에 저장합니다.

 위 코드를 줄일 방법은 없나요?

t = input("정수를 입력하시오: ") 와 x = int(t)는 합쳐서 줄여 쓸 수도 있습니다.

```
t = input("정수를 입력하시오: ")     합체 →  x = int(input("정수를 입력하시오: "))
x = int(t)
```

 사용자가 입력한 문자열을 실수로 변환하여 계산하는 프로그램을 작성해 봅시다.

<table>
<tr><td>코드</td><td>실행 결과</td></tr>
</table>

```
x = float(input("실수를 입력하시오: "))
y = float(input("실수를 입력하시오: "))

print(x + y)
```

실수를 입력하시오: 3.14
실수를 입력하시오: 9.87
13.01

✔ x = float(input("실수를 입력하시오: ")) : 사용자가 입력한 문자열을 실수로 변환하려면 float() 를 사용하면 됩니다.

# 07 숫자를 문자열로 변환

나이를 출력하기 위하여 다음과 같이 코드를 작성하고 실행하면 오류가 발생합니다.

**코드 및 실행 결과**

```
>>> print('나는 현재 ' + 17 + '살이다.')
Traceback (most recent call last):
  File "<pyshell#1>", line 1, in <module>
    print('나는 현재 ' + 17 + '살이다.')
TypeError: can only concatenate str (not "int") to str
```

> 문자열과 문자열만 연결할 수 있다는 메시지입니다.

 정수를 문자열로 바꿀 수 없나요?

이런 경우 어떻게 해야 할까요? 이런 경우는 str() 함수를 사용하여 정수를 문자열로 변환하여 합칠 수 있습니다.

| **코드** | **실행 결과** |
| --- | --- |
| `>>> print('나는 현재 ' + str(17) + '살이다.')` | 나는 현재 17살이다. |

 실수를 문자열로 바꿀 수 없나요?

| **코드** | **실행 결과** |
| --- | --- |
| `>>> print('원주율은 ' + str(3.14) + '입니다.')` | 원주율은 3.14입니다. |

문자열을 정수로 변환할 때, int()를 사용하면 된다고 하였는데, 만약 사용자가 잘못하여 정수가 아닌 실수를 입력했다면 올바르게 변환이 될까요? 이때에는 아래와 같이 오류가 발생합니다.

**코드**

```python
x = int(input("정수를 입력하시오: "))
y = int(input("정수를 입력하시오: "))

print(x + y)
```

**실행 결과**

```
정수를 입력하시오: 3.14
Traceback (most recent call last):
... (생략) ...
    x = int(input("정수를 입력하시오: "))
ValueError: invalid literal for int
( ) with base 10: '3.14'
```

문자열 처리가 몹시 어려운 몇몇 프로그래밍 언어에 비하면 파이썬에서는 문자열을 처리하는 것이 매우 쉬운 편입니다. 문자열과 관련된 연산을 몇 가지만 살펴보겠습니다. 이미 알고 있더라도 한 번 더 꼼꼼히 살펴봅시다.

'+' 연산자로 2개의 문자열을 하나의 문자열로 합칠 수 있습니다.

이렇게 문자열을 합치는 것을 문자열 접합(string concatenation)이라고 합니다. 예를 들어서 다음과 같은 문장이 가능합니다.

코드 및 실행 결과

```
>>> 'Hello' + 'World'
'HelloWorld'
```

☑ 'Hello' + 'World' : '+' 연산자는 'Hello'라는 문자열과 'World'라는 문자열을 다음과 같이 접합하여 연결했습니다.

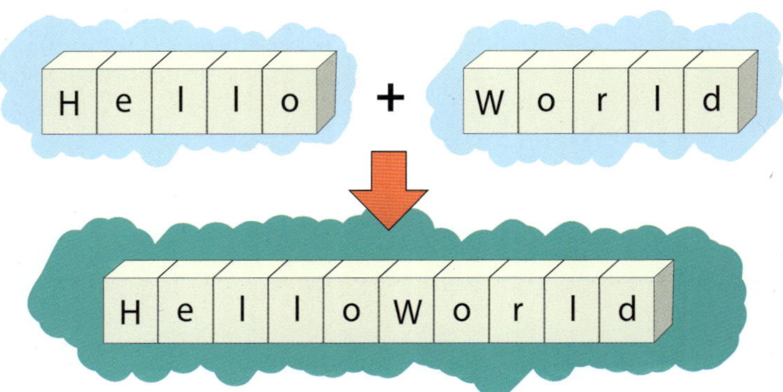

 변수에 저장된 문자열도 '+' 연산자로 합칠 수 있습니다.

```
>>> first_name = "길동"
>>> last_name = "홍"
>>> name = last_name + first_name
>>> print(name)
홍길동
```

 '*' 연산자를 이용하여서 반복시킬 수 있습니다.

```
>>> message = "Congratulations!"
>>> print(message*3)
Congratulations!Congratulations!Congratulations!
```

☑ print(message*3) : 변수 message에 있는 "Congratulations!"를 3번 출력합니다.

```
>>> line = "=" * 30
>>> print(line)
==============================
```

☑ line = '=' * 30 : "="를 30번 반복한 "=============================="가 line에 저장됩니다.

 '%s'를 이용하여 문자열 사이에 변수의 값을 삽입하여 출력할 수도 있습니다.

```
>>> price = 10000
>>> print("상품의 가격은 %s원입니다." % price)
상품의 가격은 10000원입니다.
```

☑ print("상품의 가격은 %s원입니다." % price) : 따옴표 안의 내용을 출력할 때 '%s' 자리에 price의 값을 출력하라는 뜻입니다. 물론 예전처럼 '+'를 사용해도 됩니다.

만약 여러 줄을 한꺼번에 입력하려 할 때는 줄을 바꾸는 개행문자('Wn')를 이용합니다.

| 코드 | 실행 결과 |
|---|---|
| ```python<br>poem = "이렇게 정다운Wn너 하나 나 하나는Wn어디서 무엇이 되어Wn다시 만나랴."<br>print(poem)<br>``` | 이렇게 정다운<br>너 하나 나 하나는<br>어디서 무엇이 되어<br>다시 만나랴. |

줄 바꿈이 여러 번 있을 때 매번 개행문자('\n') 쓰는 것보다 더 편한 방법은 없나요?

앞에서 보았듯이 행 바꿈이 여러 번 일어나는 텍스트를 개행문자('\n')만으로 표현하면 불편하고 눈에 쉽게 읽히지 않습니다. 이때 '세 따옴표 문자열 표기법'을 사용하면 편리합니다. 세 따옴표 문자열 표기법은 문자열을 작은따옴표 세 개(''') 또는 큰따옴표 세 개(""")로 감싸는 것입니다. 세 따옴표를 사용하여 다시 작성하면 다음과 같습니다.

| 코드 | 실행 결과 |
|---|---|
| ```python<br>poem = '''이렇게 정다운<br>너 하나 나 하나는<br>어디서 무엇이 되어<br>다시 만나랴.'''<br>print(poem)<br>``` | 이렇게 정다운<br>너 하나 나 하나는<br>어디서 무엇이 되어<br>다시 만나랴. |

# 09 필요한 문자열은 뽑아서 쓰자

문자열을 가지고 프로그래밍을 하다 보면 문자열에서 필요한 문자들만 추출해야 할 때가 있습니다. 문자열 안에 저장된 문자들은 서로를 구분하기 위해 번호가 매겨져 있습니다. 이것을 인덱스(index)라고 합니다. 우리는 인덱스를 이용하여 필요한 문자들만 추출하여 사용할 수 있습니다. 변수 s에 "Hello Python"이라는 문자열을 저장하면 인덱스가 다음과 같이 붙여집니다.

$$S = \text{"Hello Python"}$$

|   | 0 | 1 | 2 | 3 | 4 | 5 | 6 | 7 | 8 | 9 | 10 | 11 |
|---|---|---|---|---|---|---|---|---|---|---|----|----|
|   | H | e | l | l | o |   | P | y | t | h | o | n |
|   | -12 | -11 | -10 | -9 | -8 | -7 | -6 | -5 | -4 | -3 | -2 | -1 |

 문자열에서 문자를 하나씩 추출하는 프로그램을 작성해 봅시다.

문자열이 저장된 변수 s에서 인덱스 a번인 문자열을 추출하려면 s[a]로 나타내면 됩니다.

| 코드 | 실행 결과 |
|---|---|
| ```python
s = "Hello Python"
print(s[0])
print(s[1])
print(s[-1])
``` | H<br>e<br>n |

✔ print(s[0]) : s[0]은 문자 'H'입니다.

✔ print(s[1]) : s[1]은 문자 'e'입니다.

✔ print(s[-1]) : s[-1]은 문자 'n'입니다.
```

 문자열에서 연속된 문자열 추출하는 프로그램을 작성해 봅시다.

문자열이 저장된 변수 s에서 s[a : b]는 인덱스 a부터 b-1까지의 문자열 (a < b)을 말합니다. 그리고 s[a:b:c]는 a < b이고 c > 0이면 a부터 b-1까지의 c간격의 문자열을, a > b이고 c < 0이면 a부터 b+1까지의 c간격의 문자열을 말합니다. s[0: :1]은 s[0]에서부터 문자열 끝까지 1간격의 문자열, 즉 s 문자열 전체를 의미합니다.

s[-1: :-1]은 s[-1]에서부터 문자열 처음까지 -1간격의 문자열, 즉 s 문자열 거꾸로 전체를 의미합니다. s[:]는 s 문자열 전체를 의미합니다.

<table>
<tr><td>

**코드**
```
s = "Hello Python"
print(s[6:10])
print(s[-6:-2])
print(s[0:10:2])
print(s[-1:-7:-1])
```
</td><td>

**실행 결과**
```
Pyth
Pyth
HloPt
nohtyP
```
</td></tr>
</table>

- print(s[6:10]) : s[6]에서 s[9]까지의 문자들은 'Pyth'입니다.
- print(s[-6:-2]) : s[-6]에서 s[-3]까지의 문자들은 'Pyth'입니다.
- print(s[0:10:2]) : s[0]에서 s[9]까지 간격이 2인 문자들은 'HloPt'입니다.
- print(s[-1:-7:-1]) : s[-1]에서 s[-6]까지 간격이 -1인 문자들은 'nohtyP'입니다.

 **도전과제**

사용자로부터 기호 2개를 입력받고 그 사이에 추가로 입력받은 문자열을 삽입하는 프로그램을 작성해 보세요.

**실행 결과**
```
기호를 입력하시오: []
중간에 삽입할 문자열을 입력하시오: python
[python]
```

**Hint** 첫 글자는 인덱스 [0]과 마지막 문자는 인덱스[-1] 입니다. '+'를 이용해서 "기호 첫 글자 + 삽입할 문자열 + 기호 마지막 글자"로 문자열을 연결할 수 있습니다.

# 소금물의 농도는?



과학 시간과 수학 시간에 소금물의 농도를 구하는 문제를 많이 보셨죠? 용액 속에 녹아 있는 용질의 질량을 백분율(%)로 나타낸 것을 농도라고 합니다. 농도를 구하는 식은 다음과 같습니다.

$$소금물의\ 농도 = \left( \frac{소금의\ 양}{소금물의\ 양} \right) \times 100(\%)$$

그럼, 소금의 양과 물의 양을 입력받아 소금물의 농도를 구하는 프로그램을 작성해 보겠습니다.

**실행 결과**
```
소금물의 농도를 구하는 프로그램입니다
소금의 양은 몇 g입니까? 50
물의 양은 몇 g입니까? 80
소금물의 농도: 38.46153846153847%
```

 **생각 1 : 프로그램의 순서를 생각해 봅니다.**

소금과 물의 양을 입력받음 → 소금물의 농도 계산 → 소금물의 농도 출력

 **생각 2 : input()를 이용하여 변수에 소금과 물의 양을 입력받아 저장합니다. 입력된 값은 문자열 형태로 저장되니 정수형이나 실수형으로 바꿔줘야 합니다.**

 **생각 3 : 정수형, 실수형 변수를 str()로 감싸면 문자열로 바뀝니다.**

**코드**
```python
print("독도의 북위는 "+ str(37) + "도이다.")
```

**실행 결과**
```
독도의 북위는 37도이다.
```

**소스코드**

```python
print("소금물의 농도를 구하는 프로그램입니다")
salt = int(input("소금의 양은 몇 g입니까?"))
water = int(input("물의 양은 몇 g입니까?"))
density = salt / (salt+water) * 100
print("소금물의 농도: " + str(density) + "%")
```

# 간단한 챗봇(ChatBot) 프로그램

챗봇은 음성이나 문자를 통한 인간과의 대화를 통해서 특정한 작업을 수행하도록 제작된 컴퓨터 프로그램입니다. 우리에게 이름과 나이를 물어보면서 다음과 같이 친근하게 대화를 하는 챗봇 프로그램을 작성해 보겠습니다.

**실행 결과**

```
안녕하세요
이름이 뭐예요? 홍길동
만나서 반갑습니다. 홍길동 님
홍길동 님, 이름의 길이는 다음과 같군요: 3
나이가 어떻게 돼요? 20
내년이면 21세가 되시는군요
```

 **생각 1 : 프로그램의 순서를 생각해 봅니다.**

사용자에게 질문할 메시지 출력 → 사용자 정보 입력받기 → 입력된 정보와 함께 적절한 메시지 출력

 **생각 2 : 이름과 나이를 저장할 변수를 생각하세요. 그리고 input()을 이용하여 사용자의 이름과 나이를 입력받아 변수에 저장합니다. 단, 이름과 나이는 문자열 형태로 저장됩니다.**

 **생각 3 : 출력할 문자열에 "홍길동"과 같이 변수의 값을 불러들이는 경우 '+' 또는 콤마 ','를 적절히 사용하세요.**

예 `print('만나서 반갑습니다. ' + name + "씨")`

 **생각 4 : print()에서 end=''를 사용하면 다음 print() 내용이 줄이 바뀌지 않고 한 줄로 출력되게 합니다.**

**코드**

```
print("안녕!", end='')
print("홍길동")
```

**실행 결과**

```
안녕! 홍길동
```

 생각 5 : 문자열의 길이를 계산하려면 len() 함수를 사용합니다. 수치형 변수를 str()로 감싸면 문자열로 바뀝니다.



**소스코드**

```python
print("안녕하세요")
name = input('이름이 뭐예요? ')
print("만나서 반갑습니다. " + name + "님")
print(name + "님 이름의 길이는 다음과 같군요:", end='')
print(len(name))
age = int(input("나이가 어떻게 되요?"))
print("내년이면 "+ str(age+1)+ "세가 되시는 군요")
```

 **도전과제**

사용자에게 다른 정보도 물어보고 친근하게 더 대화를 해보세요.

예 취미가 무엇인가요? 영화 보기
　어머! 저도 영화 보기 좋아합니다.

# 거북이와 인사해봐요



입력창을 아래와 같이 띄어 사용자로부터 이름을 입력받고, 다음과 같이 거북이가 인사 메시지를 보내고 기념으로 사각형을 그려주는 프로그램을 작성해 봅시다.

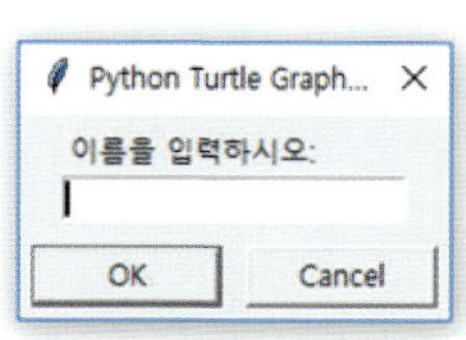


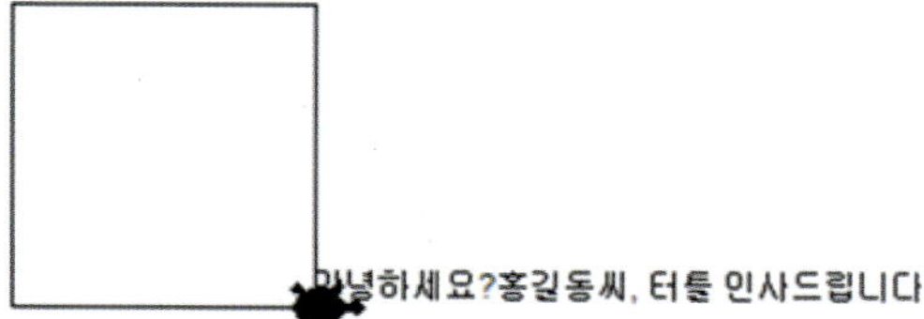


**생각 1 : 프로그램의 순서를 생각해 봅니다.**

터틀 그래픽을 사용할 준비 작업 → 입력창 띄워 사용자 이름 입력받기 →

인사 메시지 출력 → 사각형 그리기

**생각 2 : 터틀 그래픽을 사용할 준비를 합니다. 기억을 더듬어 볼까요?**

```python
import turtle
t = turtle.Turtle()
t.shape("turtle")
```

**생각 3 : 터틀 그래픽에서 입력창을 띄어 문자열을 입력받으려면 textinput()을 다음과 같이 사용하면 변수 s에 사용자가 입력한 문자열이 저장됩니다.**

```python
s = turtle.textinput("", "이름을 입력하시오: ")
```

**생각 4 : 터틀 그래픽에서 화면에 텍스트를 쓰려면 write()를 사용합니다. 변수 s에 저장된 내용을 문자열 사이에 추가하려면 '+'를 사용하여 작성하면 됩니다.**

```python
t.write("안녕하세요?" + s +"씨, 터틀 인사드립니다.")
```

**소스 코드**

```python
import turtle
t = turtle.Turtle()
t.shape("turtle")

s = turtle.textinput("", "이름을 입력하시오: ")
t.write("안녕하세요?" + s +"씨, 터틀 인사드립니다.");

#사각형 그리기
t.left(90)
t.forward(100)
t.left(90)
t.forward(100)
t.left(90)
t.forward(100)
t.left(90)
t.forward(100)
```

# 암호프로그램 만들기

**Lab 04**

암호는 비밀을 유지하기 위하여 당사자끼리만 알 수 있도록 꾸민 약속 기호입니다. 암호에서 사용되는 용어 중 '평문'은 일반인 누구나 읽고 이해할 수 있는 문장을 말하고, '암호문'은 원래의 평문을 암호키 및 암호 알고리즘을 사용하여 암호 처리된 문장을 말합니다.

암호를 만드는 방법은 여러 가지가 있습니다만 우선 우리는 평문을 거꾸로 바꾸어 암호문을 만들어 보겠습니다. '도서관에서 보자'라는 문장을 거꾸로 배열하여 암호로 만들어 주는 프로그램을 만들어 보세요.

 **생각 1 : 프로그램의 순서를 생각해 봅니다.**

평문 문자열을 변수에 저장 → 평문을 거꾸로 한 암호문 출력

**생각 2 : s에 문자열이 저장되어 있고, s[a : b : c] 방식을 이용하면 거꾸로 문자열을 출력할 수 있습니다. 즉, 문자열의 길이를 알고 있으면 s[-1: -9 :-1]처럼 작성하여 s[-1]에서 s[-8]까지 -1 간격(거꾸로)으로 출력합니다. 또는 s[-1: :-1]을 이용하면 s[-1]에서부터 문자열 처음까지 -1 간격으로 출력됩니다.**

**생각 3 : 실행 결과는 다음과 같습니다.**

> **실행 결과**
> 평문: 도서관에서 보자
> 암호문: 자보 서에관서도

[잠깐!!] 이곳을 가리고 먼저 풀어 보세요!

**소스코드**

```python
P = "도서관에서 보자"

print("평문:", P)
print("암호문:", P[-1: -9 :-1])
```

# 2050년에 나는 몇 살?

다음은 time()를 이용하여 현재의 연도를 출력하는 프로그램입니다.

**코드**
```python
import time
now = time.time()
thisYear = int(1970 + now//(365 * 24 * 3600))
print("올해는 " + str(thisYear) + "년입니다.")
```

위의 코드를 적절하게 변경하여 2050년의 우리의 나이를 계산해주는 프로그램을 작성해 보겠습니다. 실행 결과는 다음과 같습니다.

**실행 결과**
올해는 2020년입니다.
당신의 나이를 입력하세요: 17
2050년에는 47살이군요.

생각 1 : 프로그램의 순서를 생각해봅니다.

올해의 연도 계산 → 사용자로부터 나이 입력받기 → 2050년도 나이 계산 및 출력

생각 2 : time()을 호출하면 1970년 1월 1일 이후로 흘러온 초가 반환됩니다. 이것을
(1년 * 하루 24시간 * 1시간 초), 즉 (365 * 24 * 3600)로 나누면 오늘이 몇 년인지 알 수 있습니다.

**소스코드**

```python
import time
now = time.time()
thisYear = int(1970 + now//(365*24*3600))
print("올해는 " + str(thisYear)+"년입니다.")
age = int(input("당신의 나이를 입력하세요: "))
print("2050년에는 "+str(age + 2050-thisYear)+"살이군요.")
```

**도전과제**

print()에서 str()을 사용하지 않고도 print("올해는 ", thisYear, "입니다.")와 같이 쉼표를 사용하여 변수와 문자열을 동시 출력할 수 있습니다. 이러한 방법을 이용하여 프로그램을 수정해 보세요. 어떤 방법이 더 편리한가요?

**1** 다음과 같은 코드는 오류가 발생합니다. 올바르게 수정해 보세요.

코드
```
print('나는 ' + 12 + '개의 사과를 먹었다.')
```

문자열과 숫자는 합칠 수 없습니다. 숫자를 문자열로 변환한 후에 문자열과 합쳐야 합니다.

**2** 다음과 같은 수식을 계산하면 결과는 어떻게 될까요?

수식
```
'apple' + 'grape'
'apple' * 3
```

(문자열+문자열)하면 두 개의 문자열이 합쳐집니다. (문자열*n)하면 문자열이 반복됩니다.

**3** 다음과 같이 사용자가 입력한 문자열 중에서 처음 2글자와 마지막 2글자를 추출한 후에 이들을 합쳐서 출력해 보세요.

실행 결과
```
문자열을 입력하시오: python
pyon
```

처음 2글자는 s[0:2]로 추출할 수 있습니다. 마지막 2글자는 s[-2:]로 추출할 수 있습니다.

**4** 사용자로부터 문자열을 입력받아 거꾸로 암호문을 만드는 프로그램을 작성하세요.

> **실행 결과**
> 평문: 재미있는 파이썬
> 암호문: 썬이파 는있미재

 s[-1: :-1]을 이용하면 s[-1]에서부터 문자열 처음까지 -1 간격(거꾸로)으로 출력됩니다.

- 파이썬에서 **기본적인 자료형은 정수, 실수, 문자열입니다.**

- **문자열은 큰따옴표("…")나 작은따옴표(' … ')를 사용할 수 있습니다.**

- 문자열을 정수로 변경하려면 `int()`를 사용합니다.

- 문자열을 실수로 변경하려면 `float()`를 사용합니다.

- 정수나 실수를 문자열로 변경하려면 `str()`을 사용합니다.

- **문자열과 문자열을 연결하려면 '+' 연산자를 사용합니다.**

- **문자열을 반복하려면 '*' 연산자를 사용합니다.**

- '\n'은 줄바꿈을 나타내는 특수 문자열입니다.

memo

# 제 5 장

# 조건을
# 따져보세요

## 학습 내용

01. 프로그램에서 조건을 따져봐야 하는 이유를 알 수 있습니다.
02. 참과 거짓 그리고 관계 연산자에 대해 학습합니다.
03. if와 if-else를 사용하는 방법에 대해 살펴봅니다.
04. 복잡한 조건을 표현하고 처리하는 것에 대해 학습합니다.
05. if-elif-else를 사용하는 방법에 대해 살펴봅니다.
06. 복잡한 조건의 상황을 이해하고 처리하는 방법에 대해 살펴봅니다.
07. 조건을 중첩하여 사용하는 방법에 대해 살펴봅니다.

## LAB

01. 직각삼각형 판별하기
02. 정수의 종류를 판별하는 스마트 터틀
03. 주민등록번호 뒷자리 의미, 이런 뜻이?!
04. 동전 던지기 게임
05. 찌릿찌릿 전기회로
06. 윤년 판단
07. 이차방정식의 판별식
08. 사용자가 원하는 도형 그리기
09. 두 원의 위치 관계 시뮬레이션

# 왜 조건을 따져봐야 하나요?

컴퓨터 프로그램에서 조건을 따져서 서로 다른 동작을 하도록 하는 것은 아주 중요한 요소입니다. 외부 조건에 따라 적절하게 반응할 수 있기 때문에 컴퓨터가 스마트한 것입니다. 문제해결과정에서 상황에 따라 프로그램은 다음과 같이 3가지의 기본 제어구조에 따라 일을 처리합니다. 레고의 대부분 작품들이 기본 블록 몇 가지만을 이용하여 만들어지는 것처럼 어떠한 프로그램이라도 순차, 선택, 반복 3가지 기본 구조만 있으면 만들 수 있습니다.

– 순차 구조(sequence) : 명령어들이 순차적으로 실행되는 구조
– 선택 구조(selection) : 둘 중의 하나의 명령을 선택하여 실행되는 구조
– 반복 구조(iteration) : 동일한 명령이 반복되면서 실행되는 구조

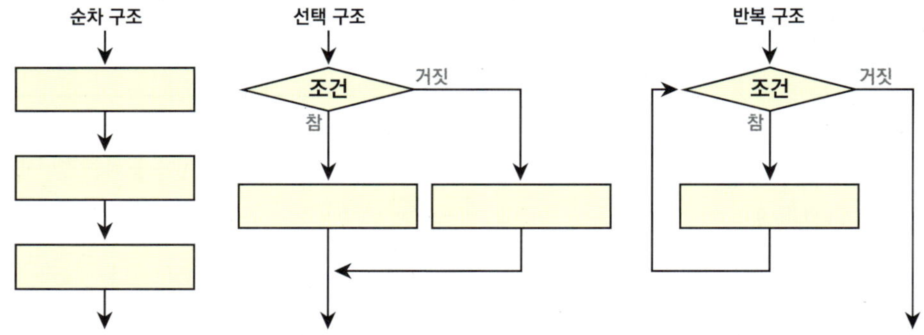


프로그래밍에서 조건을 따지는 방법은 질문(question)한 후에 결정(decision)하는 형태입니다. 만약 조건을 따져서 처리방법을 선택하는 구조가 없다면 프로그램은 항상 동일한 동작만을 되풀이할 것입니다. 자율주행 자동차 프로그램이 신호등이나 장애물 또는 갈림길을 만났을 상황에 따라서 동작을 다르게 하지 않는다면 큰 문제가 발생합니다. 이처럼 조건을 따지는 형태를 프로그램에서는 선택 구조라고 합니다.

프로그램에서 선택 구조가 필요한 예를 살펴보면 다음과 같습니다.
① 게임에서 철수가 정답을 맞혔으면 철수의 점수가 1만큼 증가한다.
② 작성한 파일을 저장하지 않았으면 저장할 것인지를 물어보는 메시지를 출력한다.
③ 파일이 하드 디스크에 없으면 오류 메시지를 출력한다.

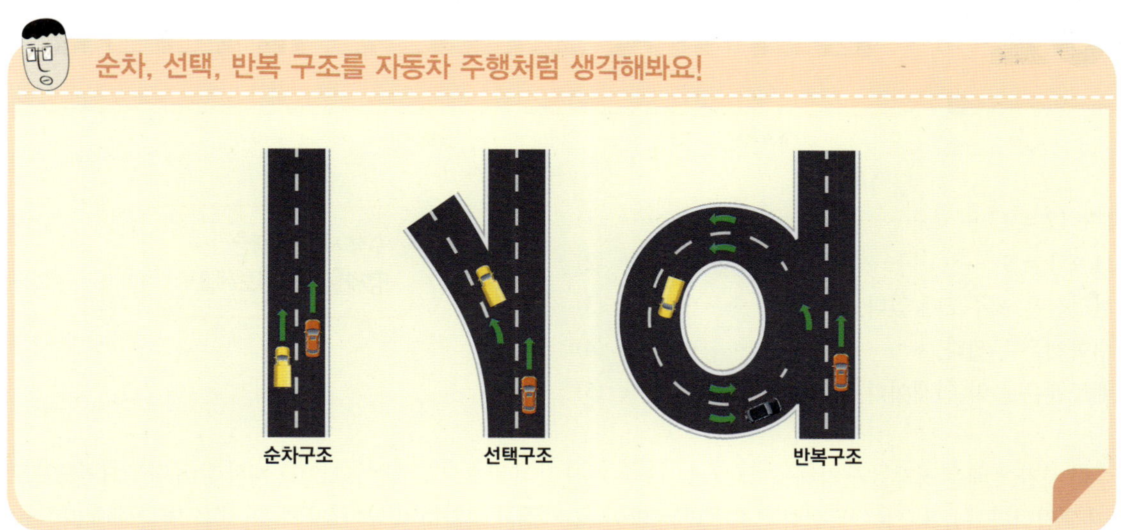
순차구조
선택구조
반복구조

# 참과 거짓 그리고 관계 연산자

1 + 12 = 13 ·································· (1)
11 − 1 = 9 ·································· (2)
한라산은 제주도에 있다. ····················· (3)
수학책은 두껍다. ·························· (4)
베토벤은 음악 천재이다. ···················· (5)



수학 시간에 배운 명제를 생각해볼까요? (1), (3)은 계산 값이 맞으므로 '참'이고 (2)는 계산 값이 잘못되었으므로 '거짓'입니다. (4)와 (5)는 '두껍다', '천재'라는 말이 그 기준이 명확하지 않아 '참'과 '거짓'을 명확하게 따질 수 없습니다.

컴퓨터는 (1), (2), (3)과 같이 '참', '거짓'을 명확하게 판별할 수 있는 문장 또는 식을 통해서만 조건을 따져 프로그램으로 수행할 수 있습니다. 파이썬에서는 참과 거짓을 'True'와 'False'라는 값으로 나타냅니다.

참 거짓
True False

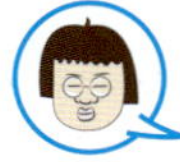

그럼, 파이썬으로 다음과 같은 문장을 어떻게 작성할 것인지 생각해봅시다.

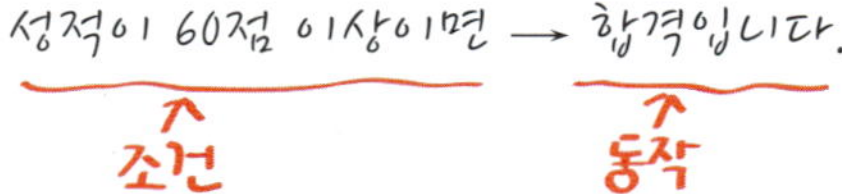


조건에 해당하는 부분은 'score >= 60'과 같은 수식으로 나타내며 이것을 조건식이라고 합니다. 조건식에서 비교를 위해 사용된 '>='와 같은 연산자를 관계 연산자(relational operator)라고 합니다. 관계 연산자의 종류를 살펴보면 아래와 같습니다.

| 연산 | 의미 | 예 | 결괏값 |
|---|---|---|---|
| x == y | x와 y가 같다 | 100 == 1 | False |
| x != y | x와 y가 다르다(같지 않다) | 100 != 1 | True |
| x > y | x가 y보다 크다 | 100 > 1 | True |
| x < y | x가 y보다 작다 | 100 < 1 | False |
| x >= y | x가 y보다 크거나 같다 | 100 >= 1 | True |
| x <= y | x가 y보다 작거나 같다. | 100 <= 1 | False |

간단히 참과 거짓을 파이썬 쉘에서 살펴보겠습니다.

**코드 및 실행 결과**

```
>>> 1 == 1
True
>>> 1 == 2
False
>>> 1 != 1
False
>>> 1 != 2
True
>>> 1 > 2
False
>>> 1 < 2
True
>>> 1 >= 1
True
>>> 1 >= 2
False
>>> "abc" == "abc"
True
>>> "abc" == "def"
False
>>> "python" == "PYTHON"
False
```

◎ 1 != 1 : '!='는 "같지 않다."에 대해 1과 1은 같으므로 거짓인 'False'가 결괏값입니다.

◎ 1 != 2 : '!='는 "같지 않다."에 대해 1과 2는 다르므로 참인 'False'가 결괏값입니다.

◎ "python" == "PYTHON" : 파이썬은 대소문자를 구분하기 때문에 두 문자열은 완전히 다른 값입니다. 그래서 '=='로 "같다"에 대해 'False'가 결괏값이 됩니다.

# 03 조건문(만약에~)

우리는 생활을 하면서 조건을 따져보고 많은 일을 선택하고 결정합니다. 프로그램에서도 조건에 따라 알맞은 명령을 선택하여 수행하는데 이러한 구조를 선택 구조라고 한다는 것을 앞에서 배웠습니다. 선택 구조를 그림으로 살펴보면 다음과 같이 3가지로 나눠볼 수 있습니다.

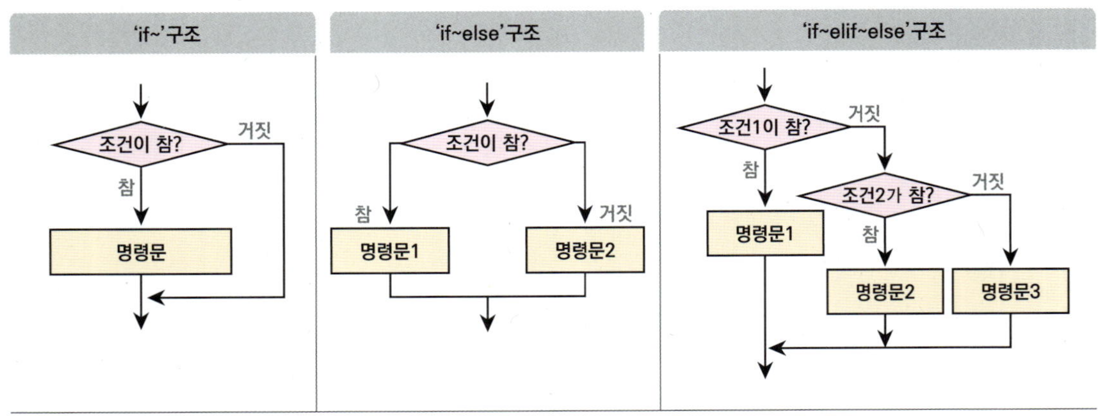


프로그래밍에서 선택 구조를 프로그래밍할 때에는 조건문을 사용합니다. 다른 프로그래밍 언어와 비슷하게 파이썬에서도 조건문에 'if'를 사용합니다. 파이썬에 사용되는 조건문에는 'if~', 'if~else', 'if~elif~else'가 있습니다.

score가 60 이상이면 "합격입니다! / 수고하셨습니다"를 출력하는 프로그램을 작성해 봅시다.

| 코드 | 실행 결과 |
|---|---|
| ```python
score = 90          #score에 90을 저장합니다.
if score >= 60 :    #마지막에 콜론(:)을 잊지 마세요.
    print("합격입니다!")      #반드시 들여 쓰세요.
print("수고하셨습니다.")
``` | 합격입니다!<br>수고하셨습니다. |
```

- ✅ if score > 60 : score의 값이 60보다 큰지 비교합니다.
- ✅ print("합격입니다!") : score의 값이 60보다 크므로 결괏값은 'True'이므로 "합격입니다!"가 출력됩니다. 만약 score의 값이 60보다 작으면 이 부분은 실행되지 않습니다.
- ✅ print("수고하셨습니다.") : 조건과 상관없이 항상 실행되는 부분입니다.

만약 score의 값이 50이면 어떤 결과가 나올까요? 앞의 프로그램을 수정하여 그 결과를 확인해 보세요.

# 04 if와 if-else

 if와 if-else 문장에서의 조건식의 결괏값은 True / False입니다.

 if문을 살펴보겠습니다.

score가 60 이상이면 "합격입니다! / 수고하셨습니다"를 출력하고 score가 60 미만이면 "수고하셨습니다"만 출력되는 프로그램입니다.

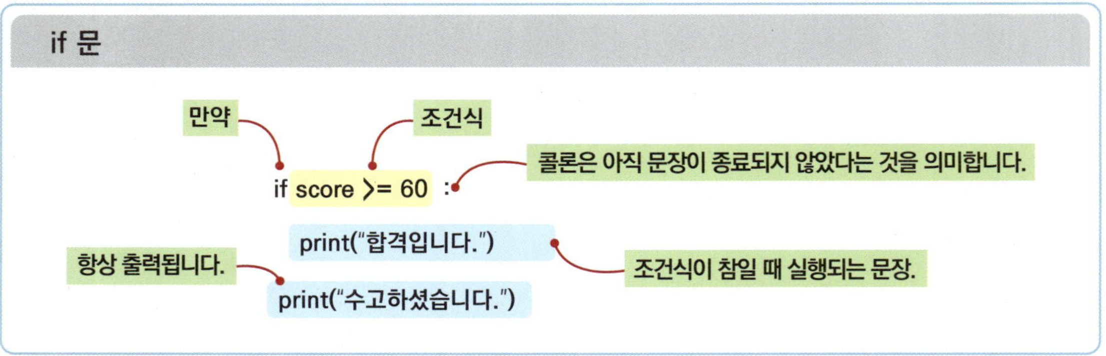


- 파이썬은 줄이 바뀌면 새로운 문장이 시작하는 것으로 생각합니다. 하지만 콜론(:)은 파이썬 인터프리터에게 "아직 전체 문장이 끝나지 않았으니 잠시 해석을 미뤄달라"고 요청하는 기호입니다.
- if-else 문은 주어진 조건식을 계산하여 조건식이 True이면 if 아래에 있는 문장을 실행합니다.
- 조건의 영향을 받는 문장들은 반드시 들여쓰기해야 합니다. 보통 4칸의 들여쓰기를 합니다.

 if-else 문을 살펴보겠습니다.

예를 들어 성적이 60점 이상이면 합격으로, 60점 미만이면 불합격으로 출력하는 프로그램입니다.

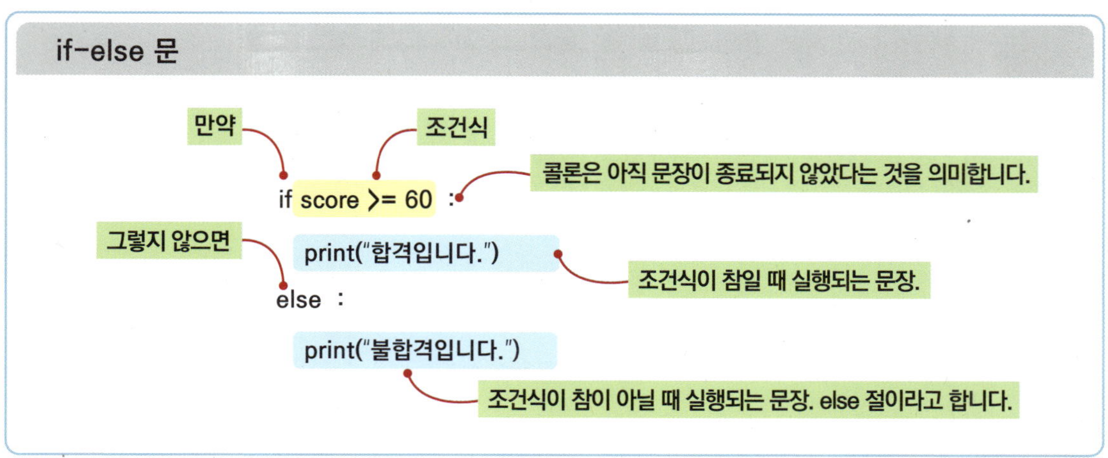


✔ if-else 문은 주어진 조건식을 계산하여 조건식이 True이면 if 아래에 있는 문장을 실행하고, 만약 False이면 else 아래에 있는 문장을 실행합니다.

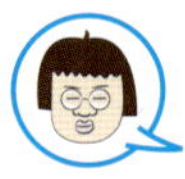


이런 경우에는 다음과 같이 동일한 블록(block)에 속하게 하면 됩니다. 하나의 블록에 속하게 하는 방법은 동일한 개수의 공백으로 들여쓰기를 하면 됩니다.

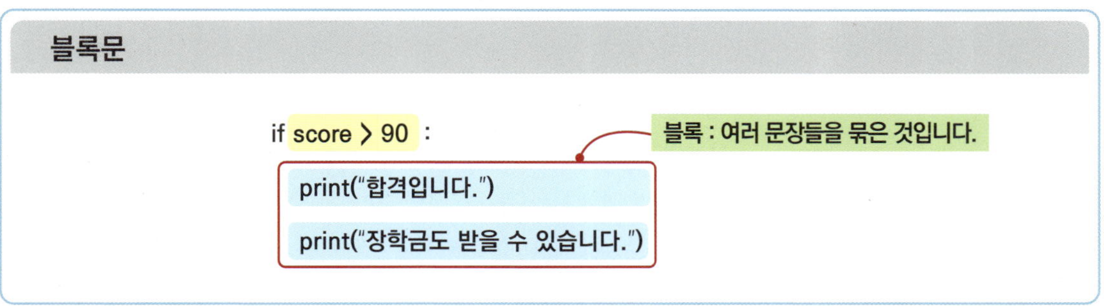

## 블록

파이썬에서 문장 앞에 동일한 개수의 공백이 있으면 이들 문장은 하나의 블록에 속하게 됩니다. 만약 동일한 블록에 속해야 하는데 실수로 서로 다르게 공백을 더 많이 추가하거나 덜 추가하였다면 오류가 발생합니다. 예를 들어서 다음과 같은 코드에서는 오류가 발생합니다.

**코드**

```
score = 90
if score >= 90 :
  print("합격입니다.")
   print("장학금도 받을 수 있습니다.")
```

**실행 결과**

```
SyntaxError: multiple statements
found while compiling a single
statement
```

# if를 좀 더 이해시켜 줄 예제

 우리들의 번역기 "마마고"

우리에게는 강력한 번역기 프로그램인 '마마고'가 있습니다. 이 프로그램은 사용자로부터 1, 2, 3, 4를 입력받아 "안녕"을 한국어, 영어, 프랑스어, 독일어로 번역해 줍니다. 입력 값이 1이면 "안녕", 2이면 "Hello", 3이면 "Bonjour", 4이면 "Guten morgen"을 출력하는 프로그램을 작성해 봅시다.

**코드**

```python
language = int(input("언어를 선택하세요(1=한국어, 2=영어, 3=프랑스어, 4=독일어)"))

if language == 1 :      # 콜론(:)을 잊지 마세요.
    print("안녕")

if language == 2 :
    print("Hello")

if language == 3 :
    print("Bonjour")

if language == 4 :
    print("Guten morgen")
```

**실행 결과 1**

```
언어를 선택하세요(1=한국어, 2=영어, 3=프랑스어, 4=독일어)1
안녕
```

**실행 결과 2**

```
언어를 선택하세요(1=한국어, 2=영어, 3=프랑스어, 4=독일어)4
Guten morgen
```

✅ language = int(input("언어를 선택하세요(1=한국어, 2=영어, 3=프랑스어, 4=독일어)")) : 변수 language에 사용자 입력 값을 정수형태로 저장합니다.

✅ if(language == 1) : 변수 language에 저장된 값이 1이면 'True'이므로 다음 명령인 print("안녕")이 수행되고 만약 다른 값으로 'False'면 다음 if문으로 프로그램 제어의 흐름이 넘어갑니다.

 도전과제

여러분은 위의 프로그램을 if-else를 사용하여 동일한 프로그램으로 만들 수 있습니다. 코드를 수정해 보세요.

# 06 if-else를 좀 더 이해시켜 줄 예제

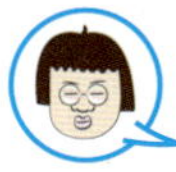 영화 관람 나이 제한 검사

"시간순삭 파이썬"은 15세 이상만 볼 수 있는 엄청나게 재미있는 영화입니다. 사용자의 나이를 입력하면 영화의 관람 여부를 화면에 출력하는 프로그램을 작성해 봅시다.

| 코드 | 실행 결과 1 |
|---|---|
| ```python<br>age = int(input("나이를 입력하시오: "))<br><br>if age >= 15:<br>    print("영화를 관람할 수 있습니다.")<br>else:<br>    print("영화를 관람할 수 없습니다.")<br>``` | 나이를 입력하시오: 19<br>영화를 관람할 수 있습니다.<br><br>**실행 결과 2**<br>나이를 입력하시오: 14<br>영화를 관람할 수 없습니다. |

- ✔ `age = int(input("나이를 입력하시오: "))` : 사용자로부터 나이 정보를 입력받습니다.
- ✔ `if age >= 15` : age에 저장된 값이 15 이상이면 'True'여서 "영화를 관람할 수 있습니다"가 출력되고 15 미만이면 'False'이므로 프로그램의 흐름이 else로 넘어갑니다.
- ✔ `else` : age에 저장된 값이 15 미만인 경우 실행이 됩니다.

 홀수–짝수 판별 프로그램

사용자로부터 정수를 입력받아서 짝수인지 홀수인지를 판별하는 프로그램을 작성해 봅시다.

| 코드 | 실행 결과 1 |
|---|---|
| ```python<br>num = int(input("정수를 입력하시오: "))<br>if num % 2 == 0 :<br>    print("짝수입니다.")<br>else:<br>    print("홀수입니다.")<br>``` | 정수를 입력하시오: 10<br>짝수입니다.<br>**실행 결과 2**<br>정수를 입력하시오: 23<br>홀수입니다. |

- ✔ `if num % 2 == 0` : '%'는 나머지 연산자입니다. 조건식은 num에 저장된 값을 2로 나누었을 때의 나머지가 0과 같은지를 확인합니다. 2의 나머지로는 0과 1만 있습니다. 그리고 나머지가 0이면 이 조건식은 'True'가 되어 아래 문장인 "짝수입니다"를 출력합니다.
- ✔ `else` : 조건식에서 나머지가 1이 나오면 'False'가 되어 else로 프로그램의 흐름이 넘어와서 아래 문장인 "홀수입니다."를 출력합니다.

# 07 복잡한 조건의 표현-논리 연산자

다음과 같은 상황을 한 번 생각해보겠습니다. 제1종 대형면허를 딸 수 있는 조건이 다음과 같습니다.

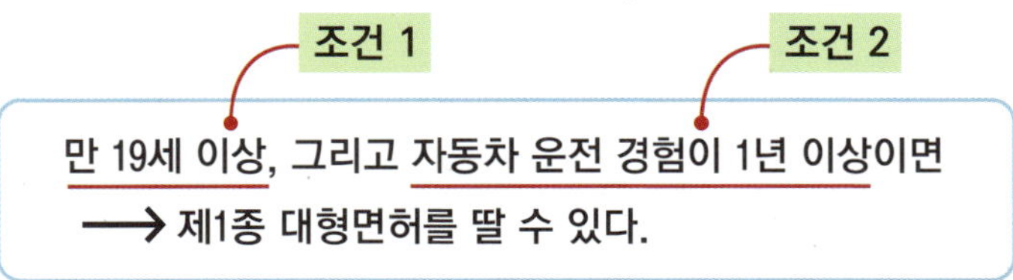


나이가 19살 이상, 자동차 운전 경험 1년 이상은 각각 관계 연산자로 표현할 수 있습니다. 하지만 두 조건을 모두 만족시켜야만 참이 되는 '그리고'의 경우는 논리 연산자를 사용해야 합니다. 논리 연산자(logical operator)는 여러 개의 조건을 조합하여 참인지 거짓인지를 따질 때 사용합니다. 파이썬에서 사용하는 논리 연산자의 종류는 다음과 같습니다.

| 연산 | 의미 |
|---|---|
| x and y | x와 y가 모두 참이면 참, 하나라도 거짓이면 거짓 |
| x or y | x나 y 중에서 하나만 참이면 참, 모두 거짓이면 거짓 |
| not x | x가 참이면 거짓, x가 거짓이면 참 |

제1종 대형면허를 딸 수 있는 조건을 논리 연산자를 이용하여 표현하면 다음과 같습니다.

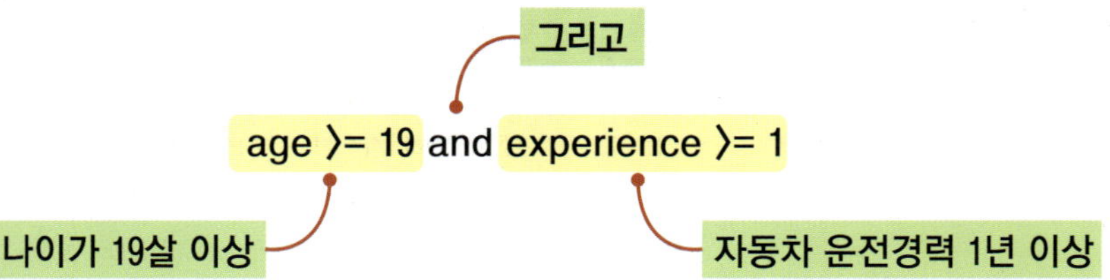

간단히 논리 연산자 수식을 파이썬 쉘에서 살펴보겠습니다.



```
>>> 1 == 1 and 2 == 2
True
>>> 1 == 1 and 1 == 2
False
>>> 1 == 2 and 2 == 3
False
>>> 1 == 1 or 2 == 2
True
>>> 1 == 1 or 1 == 2
True
>>> 1 == 2 or 2 == 3
False
>>> not 1 == 1
False
>>> not 1 == 2
True
```

- 1 == 1 and 2 == 2 : 1 == 1은 'True'이고 2 == 2도 'True'입니다. and 연산의 결괏값은 'True'입니다.

- 1 == 1 and 1 == 2 : 1 == 1은 'True'이고 1 == 2는 'False'입니다. and 연산의 결괏값은 'False'입니다. x and y에서 x와 y가 모두 'True'인 경우에만 and 연산의 결과가 'True'가 됩니다.

- 1 == 1 or 1 == 2 : 1 == 1은 'True'이고 1 == 2는 'False'입니다. x or y에서 x 또는 y 한쪽만 'True'이면 or 연산의 결과는 'True'가 됩니다.

- 1 == 2 or 2 == 3 : 1 == 2는 'False'이고 2 == 3도 'False'입니다. x or y에서 x와 y에서 모두 'False'이므로 or 연산의 결과는 'False'가 됩니다.

- not 1 == 1 : 1과 1은 같으므로 1 == 1은 'True'입니다. 하지만 'True'의 not 연산의 결과는 'False'입니다.

# 08 if-elif-else

앞에서 살펴본 선택구조에서 가장 복잡해 보였던 구조가 있었습니다. 기억이 나나요? 하지만 if-elif-else는 복잡하지도 않고 어렵지도 않습니다. 오히려 우리에게 편리함을 주기 위해 만들어진 것입니다. 'elif'는 'else if'를 합쳐져서 만들어진 키워드입니다. if-else문에서 조건이 거짓일 때 다른 조건을 검사하는 경우 'elif'를 사용합니다.

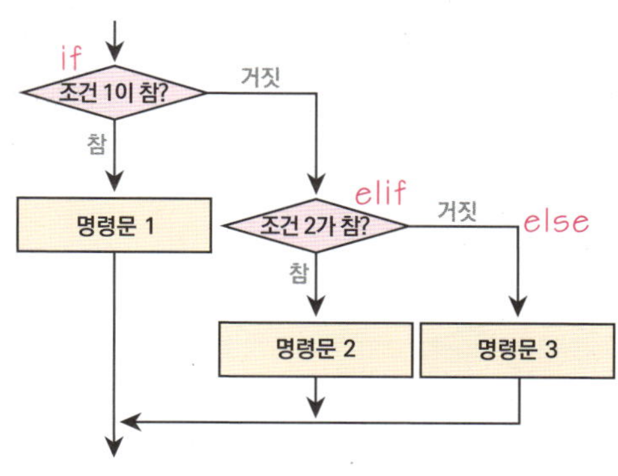

 if-elif-else가 사용되는 예제를 살펴보겠습니다.

정수에는 '양의 정수', '0', '음의 정수'가 있습니다. 사용자에게서 정수를 입력받아 '양수, 0, 음수'를 판별하는 프로그램은 다음과 같습니다.

**코드**

```python
num = int(input("정수를 입력하시오: "))
if num > 0 :
    print("양수입니다.")
elif num == 0 :
    print("0입니다.")
else :
    print("음수입니다.")
```

**실행 결과 1**

정수를 입력하시오: 10
양수입니다.

**실행 결과 2**

정수를 입력하시오: 0
0입니다.

**실행 결과 3**

정수를 입력하시오: -10
음수입니다.

프로그램의 논리 구조를 그림으로 살펴보면 다음과 같습니다.

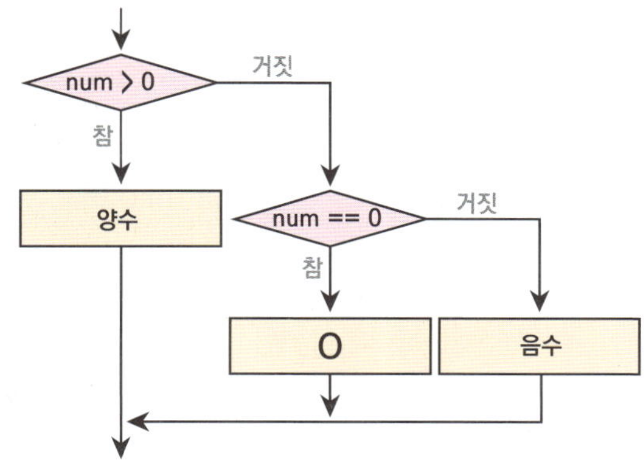

# 09 if의 중첩

프로그래밍에서 복잡한 조건을 표현하기 위해 if문 안에 다른 if문을 중첩하여 사용하는 경우도 있습니다. 이것을 중첩 if문이라고 합니다.

 앞 페이지의 '양수, 0, 음수'를 판별하는 문제는 다음과 같이 생각할 수도 있습니다.

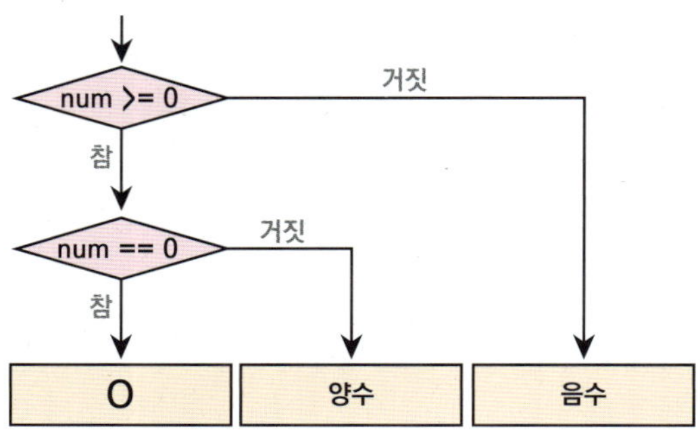




**코드**

```python
num = int(input("정수를 입력하시오: "))
if num >= 0:
    if num == 0:
        print("0입니다.")
    else:
        print("양수입니다.")
else:
    print("음수입니다.")
```

**실행 결과1**

정수를 입력하시오: 10
양수입니다.

**실행 결과2**

정수를 입력하시오: 0
0입니다.

**실행 결과3**

정수를 입력하시오: -10
음수입니다.

**도전과제**

'양수, 0, 음수'를 판별하는 문제를 해결하는 방법에는 여러 가지가 있습니다. 다른 방법으로도 해결해 보세요. 〈빈칸〉을 채워 보세요.

**코드**

```python
if num == 0 :
    print("0입니다.")
# <빈칸>
# 프로그램을 완성해 보세요.
```

# Lab 01 직각삼각형 판별하기

사용자로부터 세 변의 길이 a, b, c를 입력받아 피타고라스의 정리를
이용하여 직각삼각형을 판별하는 프로그램을 작성해 봅시다.
(단, c < a + b입니다.)

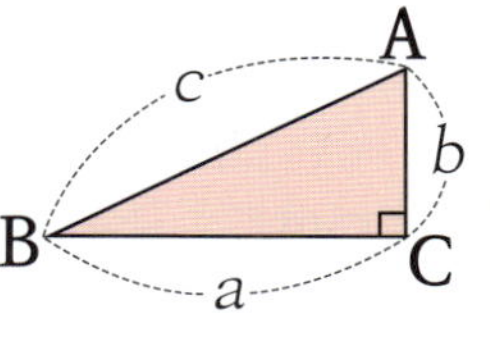


$$a^2 + b^2 = c^2$$

 생각 1 : 프로그램의 순서를 생각해봅니다.

세 변의 길이 입력받기 → 피타고라스의 정리를 이용한 계산
→ 직각삼각형 판별 및 해당하는 결과 출력

 생각 2 : 입력된 세 변 길이의 값은 변수 a, b, c에 저장하며, 가장 긴 변은 c입니다. 세 변의 길이는 정수로 입력받겠습니다.

 생각 3 : 변수 c에 저장된 값이 가장 긴 변이므로 피타고라스의 정리를 식으로 표현하면 c * c == a * a + b * b의 값이 'True'일 때 직각삼각형입니다. 또는 c**2 == a**2 + b**2의 값이 'True'일 때 직각삼각형입니다.

 생각 4 : 실행 결과는 다음과 같습니다.

**실행 결과1**
변a의 길이: 3
변b의 길이: 5
변c의 길이: 6
직각삼각형이 아닙니다.

**실행 결과2**
변a의 길이: 3
변b의 길이: 4
변c의 길이: 5
직각삼각형입니다.

소스코드

```python
a = int(input("변a의 길이: "))
b = int(input("변b의 길이: "))
c = int(input("변c의 길이: "))

if c * c == a * a + b * b:
    print("직각삼각형입니다.")
else:
    print("직각삼각형이 아닙니다.")
```

# 정수의 종류를 판별하는 스마트 터틀

사용자로부터 정수를 받아서 정수의 종류에 따라서 거북이가 양의 정수, 0, 음의 정수 메시지가 있는 위치로 이동하는 프로그램을 작성해 보겠습니다. 단, 각 메시지의 위치는 양의 정수는 (100, 100), 0은 (100, 0), 음의 정수는 (100, −100)의 위치입니다.

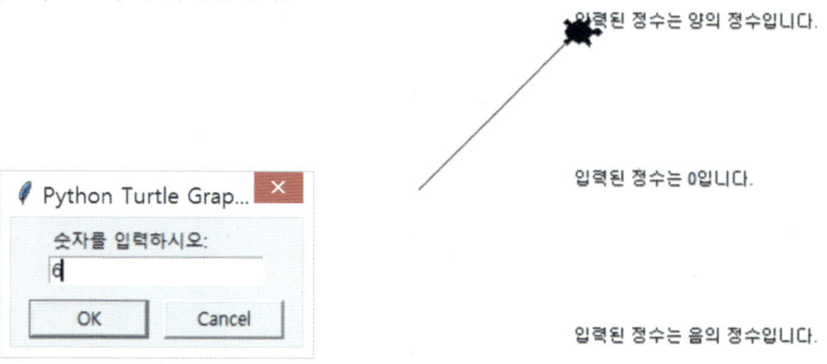


---

**생각 1 : 프로그램의 순서를 생각해봅니다.**

터틀 그래픽 사용할 준비 작업 → (100, 100), (100, 0) (100, −100) 위치에 양의 정수, 0, 음의 정수 메시지 출력

→ 터틀 그래픽의 입력창 띄우기 및 값 저장 → 터틀 원래 위치로 복귀 →

정수 판별 → 해당 위치로 터틀이 그림을 그리며 이동

---

**생각 2 : 터틀 그래픽에서 penup()을 호출하고 거북이를 움직이면 거북이의 자취가 그려지지 않습니다. 동일한 기능을 하는 함수에는 up()이 있습니다. 거북이를 특정한 좌표로 움직이는 함수는 goto()입니다.**

```python
t.goto(100, 100)        #(100, 100) 좌표로 터틀 이동
```

---

**생각 3 : 터틀 그래픽에서 글씨를 출력하게 하는 함수는 write()입니다.**

```python
t.write("입력된 정수는 양의 정수입니다")
```

 생각 4 : 입력창을 띄워 숫자를 입력받을 때는 다음과 같은 문장을 사용합니다. 즉, 입력창을 통해 입력된 값의 자료형은 문자열이므로 '정수형'으로 자료형을 바꿔줍니다.

```python
s = turtle.textinput("", "숫자를 입력하시오: ")
n = int(s)
```

 생각 5 : 양의 정수, 0, 음의 정수를 판별하는 방법은 여러 가지가 있었습니다. if를 이용하여 작성해 보세요. 그리고 조건에 따라 터틀을 이동시킬 때에는 앞의 "생각 2"를 참고하세요.

[잠깐!!] 이곳을 가리고 먼저 풀어 보세요!

**소스코드**

```python
import turtle
t = turtle.Turtle()
t.shape("turtle")

t.penup()                          # 펜을 올려서 그림이 그려지지 않게 합니다.
t.goto(100, 100)                   # 터틀을 (100, 100)으로 이동시킵니다.
t.write("입력된 정수는 양의 정수입니다.")
t.goto(100, 0)
t.write("입력된 정수는 0입니다.")
t.goto(100, -100)
t.write("입력된 정수는 음의 정수입니다.")

t.goto(0, 0)                       # (0, 0) 위치로 터틀을 이동시킵니다.
t.pendown()                        # 펜을 내려서 그림이 그려지게 합니다. down()도 있습니다.
s = turtle.textinput("", "숫자를 입력하시오: ")
n = int(s)

if n > 0 :
    t.goto(100, 100)
if n == 0 :
    t.goto(100, 0)
if n < 0 :
    t.goto(100, -100)
```

 **도전과제**

위 문제를 if-else 또는 if-elif-else 조건문을 이용하여 다시 작성해 보세요. 여러분은 어떤 방법이 편리한가요?

# 주민등록번호 뒷자리 의미, 이런 뜻이?!

대한민국 국민은 13자리 숫자로 구성된 주민등록번호를 부여받습니다. 주민등록번호는 '요람에서 무덤까지' 대한민국 국민의 일상과 함께하고 있습니다. 그중 뒷자리 7자리 중 첫 번째 자리의 숫자는 남녀, 즉 성별을 표시합니다. 각 숫자가 의미하는 정보는 다음과 같습니다.

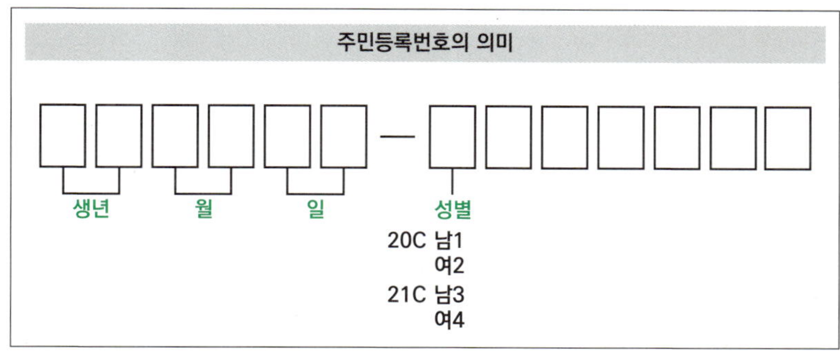


랜덤으로 나오는 값을 주민등록번호 뒷자리 중 첫 번째 숫자로 보고 남, 여를 판별하는 프로그램을 작성해 보세요.

| 실행 결과 1 | 실행 결과 2 |
|---|---|
| 주민등록번호의 성별 정보 번호를 생성합니다.<br>생성번호: 1<br>남성입니다.<br>프로그램을 종료합니다. | 주민등록번호의 성별 정보 번호를 생성합니다.<br>생성번호: 4<br>여성입니다.<br>프로그램을 종료합니다. |

**생각 1 : 프로그램의 순서를 생각해봅니다.**

랜덤으로 나오는 값을 만들어 저장 → 생성번호 출력 → 성별 판별 및 출력

**생각 2 : 랜덤으로 값을 만드는 것은 난수 함수를 이용합니다. 난수 함수는 다음과 같이 사용합니다. randrange(4)를 사용하면 0~3을 랜덤하게 생성합니다. 그래서 gender에 1을 더해서 1~4의 값이 되도록 합니다.**

```python
import random
gender = random.randrange(4)
gender = gender + 1
```

**소스코드**

```python
import random                          # 난수 모듈을 불러옴

print("주민등록번호의 성별 정보 번호를 생성합니다.")
gender = random.randrange(4)
gender = gender + 1

print("생성번호: " + str(gender))      # 문자와 숫자 연결하여 출력할 때를 주의

if gender == 1 or gender == 3:          # gender가 1 또는 3이면 남성
    print("남성입니다")
else:                                   # gender가 2 또는 4이면 여성
    print("여성입니다")
print("프로그램을 종료합니다.")
```

 **도전과제**

위 문제의 조건식을 논리 연산자 없이 간단한 수식으로도 해결할 수 있습니다. 숫자가 1, 3의 경우는 '남성'이고 2, 4의 경우는 '여성'입니다. 수의 특징으로 살펴보면 홀수와 짝수입니다. 나머지 연산자 '%'를 이용하여 동일한 프로그램을 작성해 보세요.

# 동전 던지기 게임

동전을 공중에서 떨어뜨릴 때 동전의 두 면 중 어느 특정한 면이 나올 확률은 1/2입니다. 따라서 양면이 똑같은 가짜 동전을 사용하지 않는 한 속임수나 술수를 부려 어느 쪽이 더 많이 나오게 할 수 없습니다. 그래서 축구나 야구 같은 경기에서 공격 순서를 정할 때 동전 던지기를 활용합니다.

랜덤으로 동전을 던져 결과를 확인하는 동전 던지기 게임을 그래픽 버전으로 제작해 보겠습니다.

 또는 

 **생각 1 : 프로그램의 순서를 생각해봅니다.**

동전 앞뒤 이미지 준비 → 터틀 그래픽에 동전 이미지 불러오기
→ 랜덤으로 동전 던지고 앞 또는 뒤 동전 이미지 보이기

 **생각 2 : 동전 이미지를 준비합니다. 터틀 그래픽에는 그림 파일을 읽어와서 거북이 그림 대신 사용할 수 있습니다. 단, 그림 파일은 gif 형식이어야 합니다. 동전의 앞면과 뒷면을 보여주는 그림 파일을 gif로 작성합니다.**

 **생각 3 : 이미지를 불러오는 코드는 다음과 같습니다.**

```python
import turtle

screen = turtle.Screen()
image1 = "d:\\front.gif"
image2 = "d:\\back.gif"
screen.addshape(image1)          # 이미지를 추가
screen.addshape(image2)          # 이미지를 추가
t1 = turtle.Turtle()
t1.shape(image1)                 # 터틀의 모양을 설정
t1.stamp()                       # 현재 위치에 터틀을 찍음
```

"d:\front.gif"와 "d:\back.gif"를 통해 D드라이브에 저장된 front.gif 파일과 back.gif 파일을 불러와야 하므로 실행 전에 이 파일이 D드라이브에 먼저 준비되어 있어야 합니다. 이 파일은 예제 소스 파일과 함께 제공하고 있습니다. 만약 PC에 D드라이브가 없다면 (1) 예제 소스 파일이 위치한 폴더에 이미지 파일을 저장한 후 코드를 "front.gif"와 "back.gif"로 수정하는 방법, (2) 파일을 C드라이브의 특정 디렉터리에 저장한 후 디렉터리 경로에 맞게 코드를 수정하는 방법이 있습니다.

```python
import random
coin = random.randint(0, 1)
```

**[잠깐!!] 이곳을 가리고 먼저 풀어 보세요!**

**소스코드**

```python
import turtle                        # 터틀 그래픽 모듈을 불러옴
import random                        # 난수 모듈을 불러옴

screen = turtle.Screen()
image1 = "d:\\front.gif"
image2 = "d:\\back.gif"

screen.addshape(image1)
screen.addshape(image2)

t1 = turtle.Turtle()                 # 터틀 생성
coin = random.randint(0, 1)          # 동전의 앞, 뒤 정보 만들기

if coin == 0:
    t1.shape(image1)
    t1.stamp()
else:
    t1.shape(image2)
    t1.stamp()
```

# 찌릿찌릿 전기회로

전지의 연결방법에는 직렬연결과 병렬연결이 있습니다. 전지의 직렬연결과 병렬연결은 다음과 같은 특징이 있습니다.

| 구분 | 전지의 직렬연결 | 전지의 병렬연결 |
|---|---|---|
| 전기회로 | | |
| 연결 방법 | 전지 여러 개를 서로 다른 극끼리 한 길로 연결합니다. | 전지 여러 개를 두 개 이상의 길로 연결합니다. |
| 전지 1개를 뺐을 때 | 전구의 불이 꺼집니다. | 전구의 불이 꺼지지 않습니다. |

전지가 2개일 때 각 전지의 유무에 따라 직렬연결, 병렬연결 시 전구의 불이 켜지는 여부를 판단하는 프로그램을 작성해 보겠습니다.

**실행 결과 1**

1번 전지가 있습니까?  (Y/N)  y
2번 전지가 있습니까?  (Y/N)  n
직렬연결 : 전구에 불이 꺼집니다.
병렬연결 : 전구에 불이 켜집니다.

**실행 결과 2**

1번 전지가 있습니까?  (Y/N)  y
2번 전지가 있습니까?  (Y/N)  y
직렬연결 : 전구에 불이 켜집니다.
병렬연결 : 전구에 불이 켜집니다.

 **생각 1 : 프로그램의 순서를 생각해봅니다.**

전지 2개의 유무를 입력 받기(Y/N) → 직렬연결 판단하여 결과 출력
→ 병렬연결 판단하여 결과 출력

생각 2 : 입력되는 문자가 사용자에 따라 영문자가 소문자, 대문자일 수 있습니다. 이때 'y' 또는 'n'과 같은 영문자를 대소문자 상관하지 않고 비교하고 싶을 때는 문자열을 대문자로 만들어 주는 upper() 또는 문자열을 소문자로 만들어 주는 lower() 함수를 이용하면 됩니다.

코드 및 실행 결과

```
>>> a = 'y'
>>> print(a.upper())
Y
```

생각 3 : 직렬연결의 경우에는 1번, 2번 전지가 있는지 여부를 조건을 따져 확인합니다. 1번 전지와 2번 전지가 모두 있는 경우에만 불이 켜집니다. (AND)

생각 4 : 병렬연결의 경우에는 1번, 2번 전지가 있는지 여부를 조건을 따져 확인합니다. 1번 전지와 2번 전지 둘 중 하나 이상만 있다면 불이 켜집니다. (OR)

[잠깐!!] 이곳을 가리고 먼저 풀어 보세요!

소스코드

```python
a = input("1번 전지가 있습니까? (Y/N) ")
b = input("2번 전지가 있습니까? (Y/N) ")

if a.upper() == 'Y' and b.upper() == 'Y':
    print("직렬연결 : 전구에 불이 켜집니다.")
else :
    print("직렬연결 : 전구에 불이 꺼집니다.")

if a.upper() == 'Y' or b.upper() == 'Y':
    print("병렬연결 : 전구에 불이 켜집니다.")
else :
    print("병렬연결 : 전구에 불이 꺼집니다.")
```

# Lab 06 윤년 판단

달력은 기본적으로 지구가 태양을 공전하는 시간을 기준으로 작성됩니다. 하지만 실제로 측정하면 4년마다 하루 정도 오차가 생긴다는 것을 알 수 있습니다. 이것을 조정하기 위하여 윤년이 생겼습니다. 윤년은 특별한 조건이 있습니다. 이 조건을 따져보면 우리는 특정 연도가 윤년인지 아닌지를 판단할 수 있습니다. 사용자로부터 입력받은 연도가 윤년인지 아닌지를 판단하는 프로그램을 작성해 보겠습니다.

**생각 1 : 프로그램의 순서를 생각해봅니다.**

| 사용자로부터 년도 입력받기 | → | 윤년 판단 | → | 윤년인지 아닌지 출력하기 |

**생각 2 : 사용자로부터 연도를 입력받아서 윤년을 판단합니다. 윤년은 다음 중에서 하나의 조건을 만족합니다.**

① 연도가 4로 나누어떨어지고 100으로 나누어떨어지지 않는 연도는 윤년이다.
② 400으로 나누어떨어지는 연도는 윤년이다.

$$( ( year \% 4 == 0 ) \ and \ ( year \% 100 \mathrel{!}= 0 ) ) \ or \ ( year \% 400 == 0 )$$

연도가 4로 나누어떨어집니다.

100으로 나누어떨어지지 않습니다.

400으로 나누어떨어지는 연도는 윤년입니다.

**생각 3 : 실행 결과는 다음과 같습니다.**

| 실행 결과 1 | 실행 결과 2 |
|---|---|
| 연도를 입력하시오: 2012<br>2012 년은 윤년입니다. | 연도를 입력하시오: 2013<br>2013 년은 윤년이 아닙니다. |

소스코드

```python
year = int(input("연도를 입력하시오: "))
if ((year % 4 == 0 and year % 100 != 0) or year % 400 == 0):
    print(year, "년은 윤년입니다.")
else:
    print(year, "년은 윤년이 아닙니다.")
```

# 이차방정식의 판별식

사용자로부터 a, b, c의 값을 입력받아 2차 방정식 $ax^2+bx+c=0$ (단, $a \neq 0$)에서 근의 종류를 구하는 프로그램을 작성해 보겠습니다.

a, b, c가 실수일 때, 이차방정식 $ax^2+bx+c=0$에서

$$D=b^2-4ac$$

로 놓으면,

$D>0 \Leftrightarrow$ 서로 다른 두 실근
$D=0 \Leftrightarrow$ 서로 같은 두 실근(중근) ⎫ 실근
$D<0 \Leftrightarrow$ 서로 다른 두 허근

이때, $b^2-4ac$를 이차방정식 $ax^2+bx+c=0$의 판별식

실행 결과는 다음과 같습니다.

| 실행 결과 1 |
| --- |
| a값 입력: 3 |
| b값 입력: 6 |
| c값 입력: 9 |
| 방정식은 서로 다른 두 허근입니다. |

| 실행 결과 2 |
| --- |
| a값 입력: 1 |
| b값 입력: 4 |
| c값 입력: 4 |
| 방정식은 서로 같은 두 실근(중근)입니다. |

생각 1 : 프로그램의 순서를 생각해 봅니다.

사용자로부터 a, b, c 입력받기 → 판별식의 값 구하기 →
판별식의 값으로 이차방정식의 근의 종류 판별

생각 2 : 판별식을 프로그래밍에서 사용하는 수식으로 바꿉니다.

```
D = b*b - 4*a*c
```
또는
```
D = b**2 - 4*a*c
```

소스코드

```python
a=float(input("a값 입력: "))
b=float(input("b값 입력: "))
c=float(input("c값 입력: "))

D = b*b - 4*a*c

if D > 0:
    print("방정식의 근은 서로 다른 두 실근입니다.")
elif D == 0:
    print("방정식은 서로 같은 두 실근(중근)입니다.")
else:
    print("방정식은 서로 다른 두 허근입니다.")
```

도전과제

위의 문제를 if ~ else로만 해결해 보세요.

# 사용자가 원하는 도형 그리기

터틀 그래픽을 이용하여 사용자가 선택하는 도형을 화면에 그리는 프로그램을 작성해 봅시다. 도형은 '직사각형', '정삼각형', '원' 중의 하나입니다. 각 도형의 변의 길이 또한 사용자로부터 입력받겠습니다.

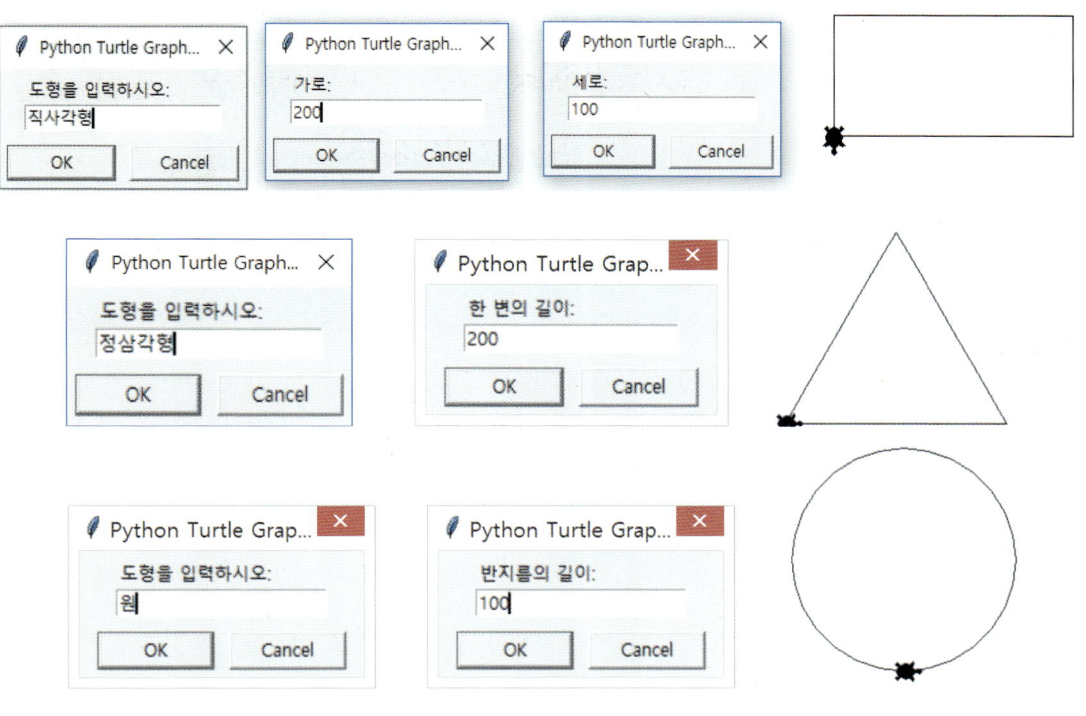


생각 1 : 프로그램의 순서를 생각해 봅니다.

터틀 그래픽을 사용할 준비 작업 → 입력창을 띄워 사용자로부터 도형 정보 입력받기 →

입력된 도형이 '직사각형' 또는 '정삼각형' 또는 '원'인지 판별 →

해당 도형의 길이 정보 입력받기 → 도형 그리기

생각 2 : 터틀 그래픽의 입력창을 띄워 사용자가 그리기 원하는 도형이 무엇인지 입력받고 문자열을 '직사각형', '정삼각형', '원'인지 판별합니다.

```python
s = turtle.textinput("", "도형을 입력하시오: ")
if s == "직사각형" :
    print("직사각형입니다.")
```

**생각 3 :** 터틀 그래픽에서 각각의 도형은 forward(), left(), right(), circle() 등의 함수를 이용하여 그립니다.

**[잠깐!!] 이곳을 가리고 먼저 풀어 보세요!**

---

**소스코드**

```python
import turtle
t = turtle.Turtle()
t.shape("turtle")

s = turtle.textinput("", "도형을 입력하시오: ")
if s == "직사각형" :
    s = turtle.textinput("", "가로: ")
    w = int(s)
    s = turtle.textinput("", "세로: ")
    h = int(s)
    t.forward(w)
    t.left(90)
    t.forward(h)
    t.left(90)
    t.forward(w)
    t.left(90)
    t.forward(h)

elif s == "정삼각형" :
    s = turtle.textinput("","한 변의 길이: ")
    w = int(s)
    t.forward(w)
    t.left(120)
    t.forward(w)
    t.left(120)
    t.forward(w)
    t.left(120)

elif s == "원" :
    s = turtle.textinput("","반지름의 길이: ")
    w = int(s)
    t.circle(w)
```

# 두 원의 위치 관계 시뮬레이션

사용자로부터 2개의 원에 대한 정보를 받아서 화면에 원을 그린 후에 그 관계를 시뮬레이션하는 프로그램을 작성해 보겠습니다.

**실행 결과**

```
큰 원의 중심좌표 x1: 0
큰 원의 중심좌표 y1: 0
큰 원의 반지름: 100
작은 원의 중심좌표 x2: 10
작은 원의 중심좌표 y2: 10
작은 원의 반지름: 50
```

 **생각 1 : 프로그램의 순서를 생각해봅니다.**

| 큰 원과 작은 원의 좌표와 반지름 입력받기 | → | 터틀 그래픽을 사용할 준비 작업 | → |
| 큰 원과 작은 원 그리기 | → | 두 원의 위치 관계 계산 후 메시지 출력 | |

 **생각 2 : 큰 원과 작은 원의 좌표와 반지름을 입력받습니다.**

| 정보 | 변수명 | | 정보 | 변수명 |
|---|---|---|---|---|
| 큰 원 중심 좌표 | (x1, y1) | | 작은 원 중심 좌표 | (x2, y2) |
| 큰 원 반지름 | r1 | | 작은 원 반지름 | r2 |

**생각 3 : 원을 그릴 때 주의할 점!! 터틀 그래픽의 circle() 함수를 이용하여 그릴 수 있습니다. circle(10)은 터틀의 현재 위치에서 반시계 방향으로 360도 회전하여 반지름이 10인 원을 그려줍니다. 따라서 현재 위치 (x, y)가 (1, 1)에서 반지름이 10의 원을 그린다면 (1, 1)에서 360도 반시계 방향으로 반지름 10의 원을 그리는 것이므로 원의 중심 좌표는 (1, 1-10)인 (1, -9)가 됩니다. 따라서 다음과 같은 조정이 필요합니다.**

```python
t.penup()
t.goto(x1, y1)
yy1 = y1 - r1          # circle()의 특성으로 인해 원을 그리는 위치 조정
t.goto(x1, yy1)
t.pendown()
t.circle(r1)
```

 생각 4 : 큰 원의 반지름이 $r$이고, 작은 원의 반지름을 $r'$, 두 원의 중심 사이의 거리를 $d$라 할 때 두 원의 위치 관계는 다음 그림들과 같습니다. 두 원의 관계는 if ~ elif와 논리 연산자를 이용하여 판별할 수 있습니다. 단, 프로그램 코드에서 두 원 중심 사이의 거리는 dist, 큰 원의 반지름은 r1, 작은 원의 반지름은 r2로 하였습니다.

| | |
|---|---|
| `if dist == 0:`<br>    `turtle.write("동심원")` | $d = 0$ |
| `elif dist == r1 - r2:`<br>    `turtle.write("내접")` | $r - r' = d$ |
| `elif r1 - r2 < dist < r1 + r2:`<br>    `turtle.write("두 점에서 만납니다.")` | $r - r' < d < r + r'$ |
| `elif dist > r1 + r2:`<br>    `turtle.write("만나지 않고 외부에 있습니다.")` | $r + r' < d$ |
| `elif dist == r1 + r2:`<br>    `turtle.write("외접")` | $r + r' = d$ |
| `elif dist < r1 - r2:`<br>    `turtle.write("만나지 않고 내부에 있습니다.")` | $r - r' > d$ |

**소스코드**

```python
import turtle
t = turtle.Turtle()
t.shape("turtle")
x1 = int(input("큰 원의 중심좌표 x1: "))
y1 = int(input("큰 원의 중심좌표 y1: "))
r1 = int(input("큰 원의 반지름: "))
x2 = int(input("작은 원의 중심좌표 x2: "))
y2 = int(input("작은 원의 중심좌표 y2: "))
r2 = int(input("작은 원의 반지름: "))

t.penup()
t.goto(x1, y1)
yy1 = y1 - r1           # circle()의 특성으로 인해 원을 그리는 위치 조정
t.goto(x1, yy1)
t.pendown()
t.circle(r1)

t.penup()
t.goto(x2, y2)
yy2 = y2 - r2           # circle()의 특성으로 인해 원을 그리는 위치 조정
t.goto(x2, yy2)
t.pendown()
t.circle(r2)

dist = ((x1 - x2) * (x1 - x2) + (y1 - y2) * (y1 - y2)) ** 0.5    # 두 원의 중심 사이의 거리

if dist == 0:
    turtle.write("동심원")
elif dist == r1 - r2:
    turtle.write("내접")
elif r1 - r2 < dist < r1 + r2:
    turtle.write("두 점에서 만납니다.")
elif dist > r1 + r2:
    turtle.write("만나지 않고 외부에 있습니다.")
elif dist == r1 + r2:
    turtle.write("외접")
elif dist < r1 - r2:
    turtle.write("만나지 않고 내부에 있습니다.")
```

**1** 다음 프로그램의 출력은 무엇일까요?

```python
age = 20
if age < 20:
    print('20살 미만')
else:
    print('20살 이상')
```

age < 20은 변수 age의 값이 20 미만인 경우에만 참이 됩니다.

**2** 1번 문제에서 age가 30 이상이고 50 이하를 체크하려면 코드는 어떻게 해야 할까요?

논리 연산자 and를 사용합니다.

**3** 학생의 시험 점수를 물어보고 시험 점수가 90점 이상이면 A, 80점 이상이면 B, 70점 이상이면 C, 60점 이상이면 D, 그 외의 점수이면 F를 학점으로 주는 프로그램을 작성해 보세요.

> **실행 결과**
> 성적을 입력하시오: 98
> A학점입니다.

if-elif-else 구문을 사용합니다.

**4** 사용자에게 현재 온도를 질문하고 온도가 25도 이상이면 반바지를 추천하고 25도 미만이면 긴바지를 추천하는 프로그램을 작성해 보세요.

> **실행 결과**
> 현재 온도를 입력하세요: 10
> 긴바지를 추천합니다.

**5** 난수를 사용하여 1부터 100 사이의 숫자를 사용하는 뺄셈 문제를 생성하고 사용자에게 물어본 후에 사용자의 답변이 올바른지를 검사하는 프로그램을 작성해 보세요.

> **실행 결과**
> ```
> 46-17 = 29
> 맞았습니다.
> ```

1부터 100 사이의 난수는 다음과 같이 구할 수 있습니다.
```
import random
x = random.randint(1, 100)
```

**6** 사용자로부터 정수를 입력받아서 이 정수가 2와 3으로 나누어떨어질 수 있는지를 출력하도록 프로그램을 작성해 보세요.

> **실행 결과**
> ```
> 점수를 입력하시오: 6
> 2와 3으로 나누어떨어집니다.
> ```

2와 3으로 모두 나누어떨어지는 것은 n%2==0 and n%3==0으로 검사할 수 있습니다.

**7** 2자리 숫자로 이루어진 복권이 있습니다. 사용자가 가지고 있는 복권 번호가 2자리 모두 일치하면 100만 원을 받습니다. 2자리 중에서 하나만 일치하면 50만 원을 받습니다. 하나도 일치하지 않으면 상금이 없습니다. 복권 당첨 번호는 난수로 생성하고 사용자의 입력에 따라서 상금이 얼마인지를 출력하는 프로그램을 작성해 보세요.

> **실행 결과**
> ```
> 복권번호를 입력하세요(0~99 사이) : 87
> 당첨번호는 85입니다.
> 상금은 50만 원입니다.
> ```

각 자릿수는 // 연산자와 % 연산자로 계산할 수 있습니다.
```
digit1 = solution // 10
digit2 = solution % 10
```

◎ 다음과 같은 관계 연산자를 학습하였습니다.

| 연산 | 의미 |
| --- | --- |
| x == y | x와 y가 같은가? |
| x != y | x와 y가 다른가? |
| x > y | x가 y보다 큰가? |
| x < y | x가 y보다 작은가? |
| x >= y | x가 y보다 크거나 같은가? |
| x <= y | x가 y보다 작거나 같은가? |

◎ 다음과 같은 논리 연산자를 학습하였습니다.

| 연산 | 의미 |
| --- | --- |
| x and y | AND 연산, x와 y가 모두 참이면 참, 그렇지 않으면 거짓 |
| x or y | OR 연산, x나 y 중에서 하나만 참이면 참, 모두 거짓이면 거짓 |
| not x | NOT 연산, x가 참이면 거짓, x가 거짓이면 참 |

◎ 조건을 비교할 때는 if, if-else, if-elif-else 문을 사용합니다.

◎ 블록은 조건이 맞았을 때 묶어서 실행되는 코드로, 파이썬에서는 들여쓰기로 블록을 만듭니다.

◎ 조건문 안에 다른 조건문을 포함하여 중첩하여 사용할 수 있습니다.

"변수 x가 10보다 크고 20보다 작다"를 수식으로 표현하면?

"x>10 and x<20"입니다.

"변수 x가 10보다 크거나 20보다 작다"를 수식으로 표현하면?

"x>10 or x<20"입니다.

다른 언어들과 달리 파이썬은 수학처럼 "10<x<20"도 가능합니다.

memo

# 제 6 장

# 반복해 봅시다

## 학습 내용

01. 반복문의 필요성과 특성을 이해합니다.
02. for문을 사용하여 정해진 횟수만큼 반복하는 방법을 학습합니다.
03. while문을 사용하여 조건으로 반복하는 방법을 학습합니다.
04. 반복문의 흐름을 제어하는 방법에 대해 이해합니다.

## LAB

01. 코드를 줄여보아요
02. 도돌이표
03. n각형 그리기
04. 랜덤 워크 시뮬레이션
05. 범인 찾기 게임
06. 몬드리안 터틀
07. 모든 약수 구하기
08. 최대공약수 구하기
09. 별 그리는 터틀
10. 숫자 맞추기 게임

사람은 같은 일을 계속 반복적으로 하면 싫증을 내고 더 새롭고 창의적인 일을 찾으려고 합니다. 그렇다면 반복적인 일은 컴퓨터에 맡기는 것은 어떨까요? 컴퓨터는 실수 없이 빠르게 반복적인 일을 처리할 수 있을 겁니다. 게다가 컴퓨터는 기존의 기계와 달리 다양한 자료를 유연하게 처리할 수 있습니다. 이것이 컴퓨터의 큰 장점입니다. 하지만, 우리가 반드시 반복되는 부분을 잘 정리하여 프로그램으로 작성해야만 컴퓨터에 효과적으로 일을 시킬 수 있습니다.

> 루프는 동그라미 모양의 고리를 의미합니다.

프로그래밍에서 반복은 흔히 루프(loop)라고도 합니다. 동일한 작업을 여러 번 수행하기 위하여 똑같은 문장을 복사하여 붙여넣기를 하는 것보다는 반복 구조를 사용하는 편이 프로그램을 간결하게 만듭니다. 또 프로그래밍에 필요한 시간도 단축할 수 있습니다. 프로그램의 3가지 기본 제어 구조 중에서 반복 구조가 있습니다. 문제 상황을 아래의 그림과 함께 생각하면 이해하기 좋습니다.

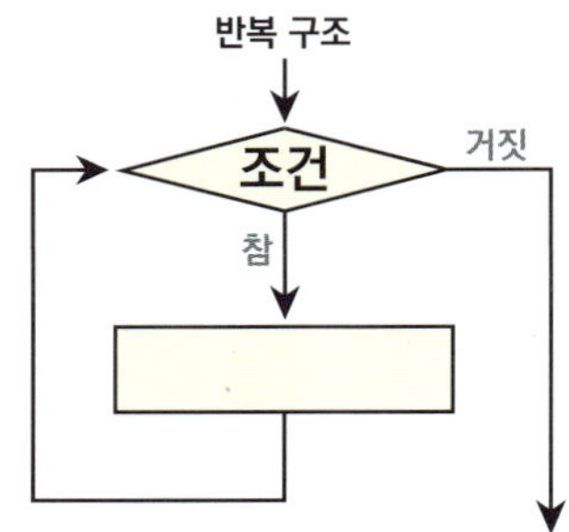

반복 구조를 이용하면 프로그램이 더 간결해집니다.

예를 들어 학교에 중요한 손님이 오셔서 대형 전광판에 "방문을 환영합니다!"를 5번 출력한다고 하겠습니다. 같은 작업을 여러 번 나열하여 작성하는 것과 반복 구조를 이용하는 작성하는 것을 비교해보면, 반복 구조를 이용하여 작성한 프로그램이 더 간결한 것을 알 수 있습니다.

| 같은 작업을 여러 번 나열하여 작성 | 반복 구조를 이용하여 작성한 코드 |
|---|---|
| ```python\nprint("방문을 환영합니다!")\nprint("방문을 환영합니다!")\nprint("방문을 환영합니다!")\nprint("방문을 환영합니다!")\nprint("방문을 환영합니다!")\n``` | ```python\nfor i in range(5):\n    print("방문을 환영합니다!")\n``` |

# 횟수 제어 반복 - for

파이썬의 반복에는 횟수 제어 반복과 조건 제어 반복 2가지 종류가 있습니다.
횟수 제어 반복은 반복을 시작하기 전에 반복의 횟수를 미리 아는 경우에 사용합니다. 특정 횟수만큼 반복한다거나, 목록에서 항목을 하나씩 가져와서 반복할 때 주로 사용합니다. 조건 제어 반복은 특정한 조건이 만족되는 동안에 반복을 처리할 경우에 사용하면 유용합니다. 종종 횟수 제어 반복과 조건 제어 반복을 구분 없이 사용하기도 합니다.
파이썬에서 횟수 제어 반복은 'for' 키워드를 사용해서 'for 루프' 라고도 합니다.

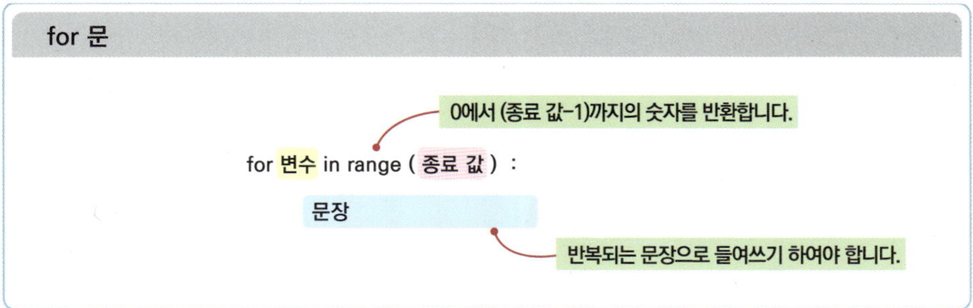


반복하려는 문장들은 들여쓰기를 반드시 해야 합니다. 조건이 만족되면 들여쓰기가 있는 문장들만이 반복하여 실행됩니다. 파이썬에서는 들여쓰기하여서 입력한 문장들을 묶어서 블록(block)이라고 합니다.

예를 들어서 "방문을 환영합니다!" 문장을 5번 반복하여 출력해보겠습니다.

문제의 구조를 살펴보면 다음 그림과 같습니다.

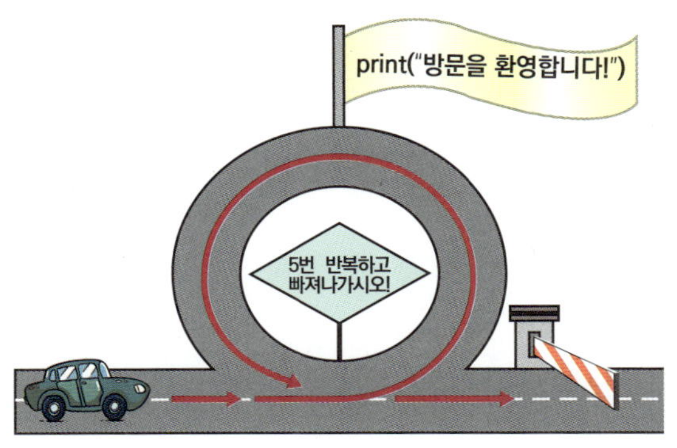

```
for i in range(5):        # 끝에 콜론(:)이 있음
    print("방문을 환영합니다.") # 들여쓰기하세요.
```

방문을 환영합니다.
방문을 환영합니다.
방문을 환영합니다.
방문을 환영합니다.
방문을 환영합니다.

✔ for i in range(5) : range(5)는 0, 1, 2, 3, 4까지의 값을 반환합니다. 반복할 때마다 변수 i에 이 값들을 대입하면서 문장을 반복합니다. 즉, 첫 번째 반복에서는 i는 0이고 되고 두 번째 반복에서 i는 1이 됩니다. 마지막 반복에서 i는 4가 됩니다.

range() 함수는 숫자들을 생산하는 공장으로 생각하면 이해가 쉬울 것입니다. range(5)는 5개의 정수 0, 1, 2, 3, 4를 생성합니다.

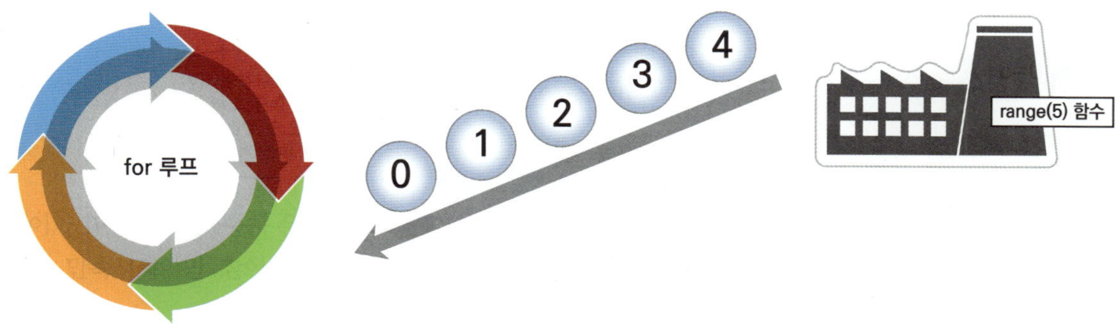


range() 함수의 일반적인 형식은 다음과 같습니다.

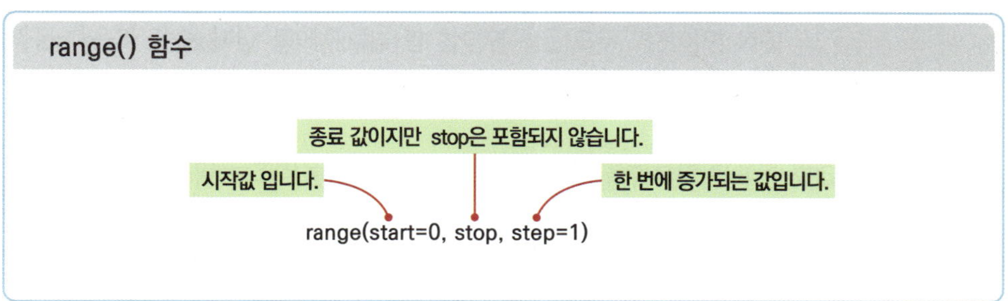


range(start, stop, step)이라고 호출하면 start에서 시작하여 (stop-1)까지 step 간격으로 정수들이 생성됩니다. 여기서 start와 step이 생략되면 start는 0으로, step은 1로 간주됩니다.
예를 들면 range(5)와 range(0, 5, 1)는 같은 것으로 0, 1, 2, 3, 4 까지의 정수가 반환됩니다.

range(5)는 1~5가 아니라 0~4입니다.

| 코드 | 실행 결과 |
| --- | --- |
| ```for i in range(1, 6, 1):```<br>```    print(i, end="")``` | 1 2 3 4 5 |

✔ print(i, end="") : end=""와 같이 지정하면 줄이 바뀌지 않고 한 줄에 전부 출력됩니다.

| 코드 | 실행 결과 |
| --- | --- |
| ```for i in range(10, 0, -1):```<br>```    print(i, end="")``` | 10 9 8 7 6 5 4 3 2 1 |

 1부터 100까지의 합을 구하는 프로그램

1에서 100까지의 자연수의 합을 구하여 출력하는 프로그램을 작성해 봅시다.

| 코드 | 실행 결과 |
|---|---|
| ```python
sum = 0
for i in range(1, 101):
    sum += i
print("1부터 100까지의 합은",sum,"입니다.")
``` | 1부터 100까지의 합은 5050 입니다. |

✅ sum = 0 : 합을 저장하는 변수로 0으로 초기화합니다.

✅ for i in range(1, 101) : 1에서부터 100까지의 수를 1씩 증가하면서 반복을 합니다.

✅ sum += i : 반복의 조건이 맞으면 1, 2, …, 100 범위 동안 매번 변수 'i'의 값을 sum에 더하여 다시 저장합니다. 'sum = sum + i'와 동일한 코드입니다.

 팩토리얼 계산 프로그램

팩토리얼 n!은 1부터 n까지의 정수를 모두 곱한 것을 의미합니다. 즉, 다음과 같습니다.

$$n! = n \times (n-1) \times (n-2) \times \cdots 3 \times 2 \times 1$$

n 값을 입력하면 n!를 계산하는 프로그램을 작성해 보세요.

| 코드 | 실행 결과 |
|---|---|
| ```python
n = int(input("정수를 입력하시오: "))
fact = 1

for a in range(1, n + 1):
    fact = fact * a

print(n, "!은", fact, "이다.")
``` | 정수를 입력하시오: 10<br>10 !은 3628800 이다. |

✅ fact = 1 : fact의 초깃값은 반드시 1이어야 합니다. 만약 초깃값이 0이면 결과는 무조건 0이 됩니다. 팩토리얼은 정수를 전부 곱해서 계산하는 것입니다.

# 05 조건 제어 반복 - while

조건 제어 반복은 어떤 조건이 만족되는 동안 반복하기 때문에 붙여진 이름입니다. 예를 들어서 엄마가 요리하고 있고 아이가 엄마의 요리를 기다리고 있는 상황을 생각해 보겠습니다. 아이는 엄마의 요리가 다 됐는지를 계속 물어봅니다. 만약 엄마의 대답이 "아니"면 아이는 조금 더 기다렸다가 다시 물어봅니다. 엄마의 대답이 "아니"가 아니면 아이는 엄마의 요리를 먹을 수 있을 것입니다. 이런 경우에 조건 제어 반복을 사용합니다. 파이썬에서는 조건 제어 반복에 'while' 키워드를 사용합니다. 따라서 while 루프라고도 합니다.

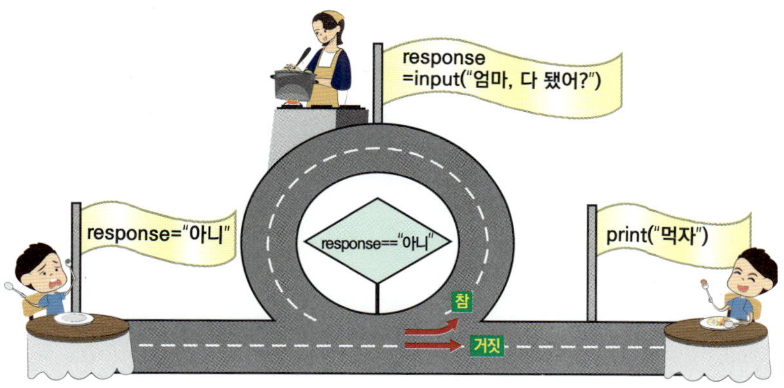


while 루프는 위의 상황과 같이 반복의 횟수는 모르지만, 반복의 조건은 알고 있는 경우에 주로 사용하는 반복 구조입니다.

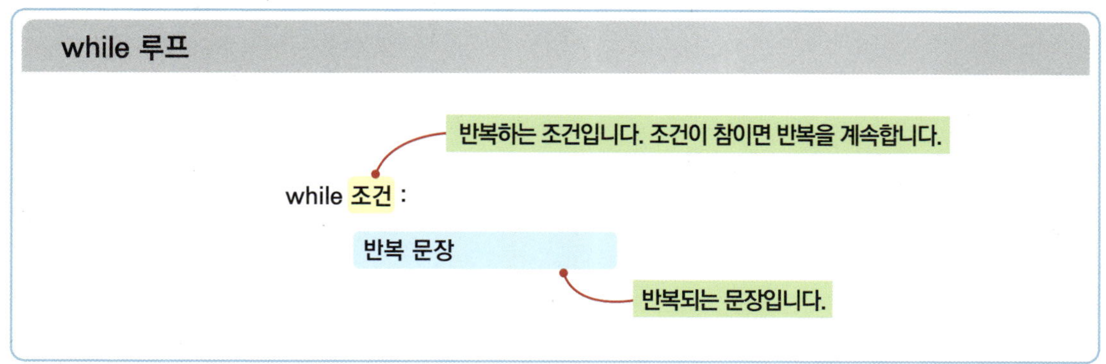

위의 상황을 프로그램으로 작성해 보면 다음과 같습니다.

<table>
<tr><td>

**코드**

```python
response = "아니"
while response == "아니":
    response = input("엄마, 다됐어? ");
print("먹자")
```

</td><td>

**실행 결과**

```
엄마, 다됐어? 아니
엄마, 다됐어? 아니
엄마, 다됐어? 그래
먹자
```

</td></tr>
</table>

# 06 조건 제어 반복을 좀 더 이해시켜 줄 예제

 1부터 100까지의 합을 구하는 프로그램

1에서 100까지의 자연수의 합을 구하여 출력하는 프로그램을 작성해 봅시다.

<table>
<tr><td>

**코드**
```
count = 1
sum = 0
while count <= 100 :
    sum = sum + count
    count = count + 1
print("1부터 100까지의 합은",sum,"입니다.")
```
</td><td>

**실행 결과**
```
1부터 100까지의 합은 5050 입니다.
```
</td></tr>
</table>

- ✔ count = 1 : count 변수는 1부터 시작하여 100까지의 숫자 정보를 가지고 있습니다. 시작은 1부터이므로 count 변수를 1로 초기화합니다.
- ✔ while count <= 100 : count 변수의 값이 100보다 작을 때만 반복을 수행하도록 합니다.
- ✔ sum = sum + count : 반복의 조건이 맞으면 현재의 sum에 저장된 값과 count의 값을 더하여 다시 sum에 저장합니다. 'sum += count'와 동일한 코드입니다.
- ✔ count = count + 1 : 현재 count 값을 1 증가하여 다시 count에 저장합니다. 'count += 1'과 동일한 코드입니다.

 로그인 프로그램

로그인 프로그램은 사용자로부터 암호를 입력받고 프로그램에서 암호가 맞는지를 체크합니다. 사용자가 올바른 암호를 입력하면 프로그램은 종료되지만, 사용자가 잘못된 암호를 넣으면 다시 암호를 물어봐야 합니다. 사용자가 몇 번 만에 올바른 암호를 입력할지는 미리 알 수 없기 때문에 조건 제어 루프(while 루프)를 사용합니다.

<table>
<tr><td>

**코드**
```
password = ""
while password != "pythonisfun":
    password = input("암호를 입력하시오: ")
print("로그인 성공")
```
</td><td>

**실행 결과**
```
암호를 입력하시오: idontknow
암호를 입력하시오: 12345678
암호를 입력하시오: pythonisfun
로그인 성공
```
</td></tr>
</table>

- ✅ password = "" : 처음 password 변수에는 아무 문자로 저장되어 있지 않도록 합니다. 그러면 다음 조건 검사에서 암호와 맞지 않아 바로 "암호를 입력하시오"를 출력하며 사용자 입력을 받을 준비를 합니다.
- ✅ while password != "pythonisfun" : 이 문제에서 반복의 조건은 입력된 암호가 "pythonisfun"인지 여부입니다. 조건을 검사하여 만약 참이면 "로그인 성공"이라는 메시지를 출력하고 종료합니다. 만약 거짓이면 루프의 처음으로 돌아가서 조건이 참이 될 때까지 실행을 계속합니다.

# 07 중첩 반복문

프로그래밍에서 복잡한 조건을 표현하고 처리하기 위해 조건문을 중첩하여 사용한 경우가 있었습니다. 반복문 또한 조건문처럼 겹쳐서 사용할 수 있습니다. 반복이 중첩되어 있다는 것은 반복 안에 또 다른 반복이 있다는 말입니다. for 루프와 while 루프는 중첩하여 사용할 수 있습니다.

 다음과 같이 '*'을 이용하여 사각형을 출력하는 프로그램을 작성해 봅시다.

한 줄에 '*'이 10개씩 총 5줄을 출력하여 사각형을 만들겠습니다.

| 코드 | 실행 결과 |
| --- | --- |
| <pre>for i in range(5):<br>    for j in range(10):<br>        print("*", end=" ")<br>    print("")</pre> | <pre>* * * * * * * * * *<br>* * * * * * * * * *<br>* * * * * * * * * *<br>* * * * * * * * * *<br>* * * * * * * * * *</pre> |

- ✔ for i in range(5) : 사각형은 총 5줄이므로 range(5)를 이용하여 변수 i의 값이 0부터 시작해서 4까지 반복합니다.
- ✔ for j in range(10) : 한 줄에 '*'이 10개이므로 range(10)을 이용하여 변수 j의 값이 0부터 시작해서 9까지 반복합니다.
- ✔ print("*", end=" ") : '*'을 1개 출력하고 end=" "를 이용하여 다음 출력에서 줄 바꿈을 방지합니다.
- ✔ print("") : '*'을 10번 출력하면 새로운 줄로 줄 바꿈을 해야 합니다.

 다음과 같이 '*'을 이용하여 직각삼각형을 출력하는 프로그램을 작성해 봅시다.

| 코드 | 실행 결과 |
| --- | --- |
| <pre>for i in range(1, 6) :<br>    for j in range(1, i+1) :<br>        print("*", end=" ")<br>    print("")</pre> | <pre>*<br>* *<br>* * *<br>* * * *<br>* * * * *</pre> |

- ✅ for i in range(1, 6) : 직각삼각형 모양의 출력은 총 5줄이므로 range(1, 6)을 이용하여 변수 i의 값이 1부터 시작해서 5까지 반복합니다.

- ✅ for j in range(1, i+1) : '*'가 한 개인 줄부터 번호를 1 ~ 5로 붙인다면 줄의 번호와 '*'의 개수가 같습니다. 변수 'i'의 값이 1일 때 '*'는 1개 출력됩니다. 변수 'i'의 값이 2일 때 '*'는 2개 출력됩니다. 즉, 반복은 range(1, i+1)의 범위에서 수행해야 합니다.

- ✅ print(" ") : '*'을 해당 줄에 알맞게 출력하면 새로운 줄로 줄 바꿈을 해야 합니다.

# 08 무한 반복



조건 제어 루프를 사용하다 보면 무한히 반복하는 일이 발생합니다. 이것을 무한 루프(infinite loop)라고도 합니다. 무한 반복이 발생하면 프로그램은 끝나지 않기 때문에 사용자가 강제로 종료해야 하는 문제가 발생합니다.

다음과 같은 경우 무한 반복이 됩니다.

> **무한 반복**
>
> while True:
>     반복 문장
>     반복 문장

while 루프의 조건은 'True'이기 때문에, 즉 조건이 항상 참이므로 무한히 반복됩니다. 무한 루프는 프로그램에서 자주 필요한 요소입니다. 우리는 조건 제어 루프에서 무한 루프를 작성하여 사용하는 경우에는 그 무한 루프를 멈추는 경우도 반드시 고민해야 합니다. 비록 무한히 반복하는 것이라도 특정 조건에서는 그 무한 반복을 멈출 수 있는 경우도 생각해 둬야 한다는 것입니다.

> 무한 루프에서 무한 루프를 벗어나기 위해 조건문과 증감식, break가 자주 사용됩니다.

무한 반복을 이용하여 신호등 프로그램을 작성해 보겠습니다.

```
코드
sign = True

while sign:
    light = input('신호등 색상을 입력하시오: ')
    if light == 'blue':
        sign = False

print('전진!!')
```

```
실행 결과
신호등 색상을 입력하시오: red
신호등 색상을 입력하시오: red
신호등 색상을 입력하시오: blue
전진!!
```

- ✅ sign = True : 참과 거짓을 나타내는 값은 반드시 'True', 'False'로 첫 글자가 대문자임을 기억하세요.
- ✅ while sign : sign의 값이 'True'이기 때문에 'False'로 바뀌기 전까지 무한 반복을 합니다.
- ✅ if light == 'blue' : 사용자가 'blue'를 입력하면, 즉 light 변수에 'blue'가 저장되면 다음 sign에 'False'가 저장되면서 무한 루프를 빠져나갑니다. 'blue'가 아니면 계속 반복하게 됩니다.

# 09 break와 continue

프로그램에서 반복문을 사용하다 보면, 특정 조건에서 반복을 끝내거나 해당 차례는 건너뛰고 다음 차례로 반복을 수행해야 하는 경우가 발생합니다. 이것을 반복문의 제어라고 하는데, 이때 사용하는 것이 break와 continue입니다.

 break

무한 반복을 이용하여 프로그램을 작성할 때 반복을 탈출하는 상황을 고려해야 합니다. 이런 경우는 if 문장과 break 문장을 사용하여 루프를 강제적으로 빠져나올 수 있습니다.

| 코드 | 실행 결과 |
| --- | --- |
| <pre>while True:<br>    light = input('신호등 색상을 입력하시오: ')<br>    if light == 'blue':<br>        break<br>print('전진!!')</pre> | 신호등 색상을 입력하시오: red<br>신호등 색상을 입력하시오: red<br>신호등 색상을 입력하시오: blue<br>전진!! |

✔ while True : 무한 루프입니다. 화면에 '신호등 색상을 입력하시오'를 출력하고 사용자의 입력을 기다립니다.

✔ if light == 'blue' : 사용자가 'blue'를 입력하면, 즉 light 변수에 'blue'가 저장되면 다음 break 문장이 실행되면서 무한 루프를 빠져나갑니다. 'blue'가 아니면 계속 반복하게 됩니다.

 continue

break의 경우는 특정 조건에서 반복문을 벗어나기 위해 사용하지만, 특정 조건에서 반복의 나머지 부분은 건너뛰고 새롭게 다음 차례의 반복을 수행하고 싶을 때는 continue를 사용합니다.

| 코드 | 실행 결과 |
| --- | --- |
| <pre>for n in range(10) :<br>    if n % 2 == 0 :<br>        continue<br>    print(n)</pre> | 1<br>3<br>5<br>7<br>9 |

- for n in range(10) : 변수 n에 0부터 9까지의 값을 순차적으로 저장하면서 반복합니다.
- if n % 2 == 0 : n을 2로 나누었을 때 나머지가 0인 경우, 즉 짝수인 경우는 continue가 수행되어 이후의 문장을 수행하지 않고 바로 다음 차례의 반복으로 넘어갑니다.

1부터 100까지 홀수만 출력하는 프로그램을 continue를 이용하여 작성해 보세요.

# 코드를 줄여보아요

터틀 그래픽을 이용하여 6개의 원을 그려 보겠습니다. 아래의 코드는 6개의 원을 그리는 코드를 일일이 작성하였습니다. 물론 이렇게 그려도 되지만 동일한 코드가 여러 번 반복되어 있습니다. 좀 더 코드를 줄일 수 없을까요? 코드를 분석하여 반복되는 패턴을 찾아 좀 더 간결한 프로그램을 작성해 보세요.

**코드**

```python
import turtle
t = turtle.Turtle()
t.circle(100)    # 반지름이 100인 원을 그림
t.left(60)       # 60도만큼 터틀을 왼쪽으로 회전
t.circle(100)
t.left(60)
t.circle(100)
t.left(60)
t.circle(100)
t.left(60)
t.circle(100)
t.left(60)
t.circle(100)
```

**실행 결과**

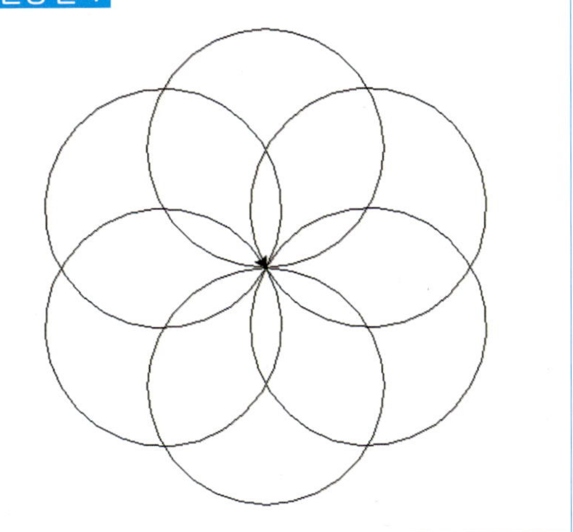

**생각 1 : 프로그램의 순서를 생각해 봅니다.**

코드를 분석하여 패턴을 찾음 → 반복되는 부분 구조화

→ 반복되는 부분 for 또는 while 루프로 작성하기

**생각 2 : 코드와 그림을 살펴보면 터틀이 60도 회전하고 원을 그리는 문장이 6번 반복됩니다.**

```python
t.circle(100)   #원 그리기
t.left(60)      #회전하기
```

소스코드

```python
import turtle
t = turtle.Turtle()
for count in range(6):
    t.circle(100)
    t.left(360/6)
```

# 도돌이표

악보에서 반복을 표현할 때 사용하는 기호가 도돌이표입니다. 다음 악보를 연주하는 순서를 출력하는 프로그램을 반복문을 이용하여 작성해 봅시다.

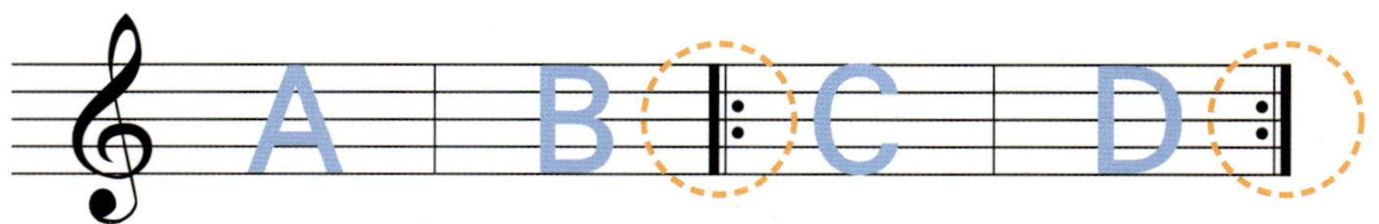

연주 순서: A – B – C – D – C – D

**생각 1 :** 프로그램의 순서를 생각해 봅니다.

| A마디와 B마디는 순서대로 출력 | → | C마디와 D마디 반복을 이용하여 출력 |
| --- | --- | --- |

**생각 2 :** 출력은 print()를 이용합니다.

**생각 3 :** for 루프와 range(2)를 이용하여 C와 D를 2번 반복하여 출력합니다.

**[잠깐!!] 이곳을 가리고 먼저 풀어 보세요!**

**소스코드**

```python
print("연주 순서")
print("A", end="")
print("B", end="")

for i in range(2):
    print("C", end="")
    print("D", end="")
```

**도전과제**

위 프로그램을 조건 제어 반복인 while 루프를 이용하여 해결해 보세요.

# n각형 그리기

사용자로부터 정수 n을 받아서 한 변의 길이가 100인 정 n각형을 그리는 프로그램을 작성해 보세요.

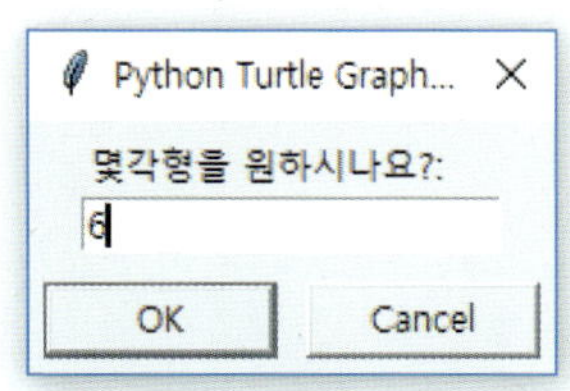


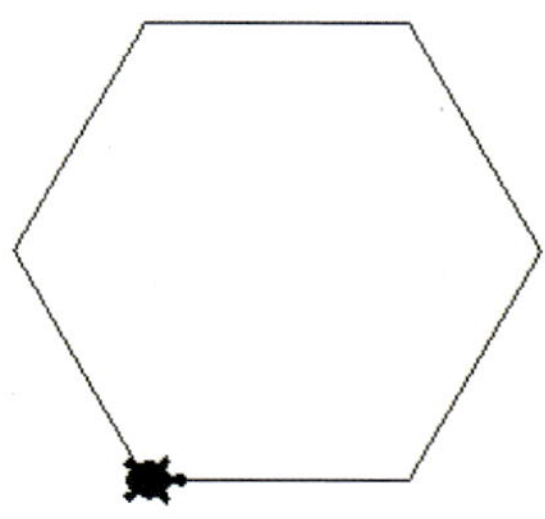

**생각 1 : 프로그램의 순서를 생각해 봅니다.**

| 터틀 그래픽을 사용할 준비 작업 | → | 사용자로부터 원하는 도형 입력받기 | → | n각형 그리기 |

**생각 2 : text_input()을 이용하면 입력창을 띄워 사용자로부터 입력을 받을 수 있습니다. 단, 입력된 값은 정수로 바뀌어야 합니다.**

```python
s = turtle.textinput("", "몇 각형을 원하시나요?:")
n = int(s)
```

**생각 3 : n각형을 그리기 위한 규칙을 찾아봅니다.**

(step1) 한 변을 그린다.
(step2) 터틀이 n각형의 외각 크기만큼 회전한다.

　　　　n각형의 외각의 크기는 $\dfrac{360}{n}$ 입니다.

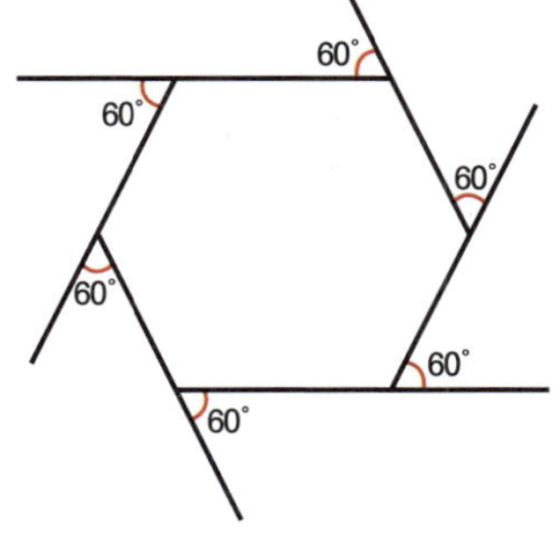

```
소스코드
import turtle
t = turtle.Turtle()
t.shape("turtle")

s = turtle.textinput("", "몇 각형을 원하시나요?:")
n = int(s)

for i in range(n):
    t.forward(100)
    t.left(360/n)
```

# 랜덤 워크 시뮬레이션

**Lab 04**

랜덤 워크(random walk)는 수학, 컴퓨터 과학, 물리학 분야에서 임의 방향으로 향하는 연속적인 걸음을 나타내는 수학적 개념입니다. 랜덤 워크는 물에 떠 있는 꽃가루의 운동이나 냄새가 퍼져나가는 현상, 금융공학 같은 우리 일상에서 살펴볼 수 있습니다. 랜덤 워크는 시작 지점에서 다음 지점으로 이동하는 방향이 임의로 선택되기 때문에 진행 경로가 불규칙합니다. 이러한 랜덤 워크의 성질을 시뮬레이션하는 프로그램을 작성해 봅시다.

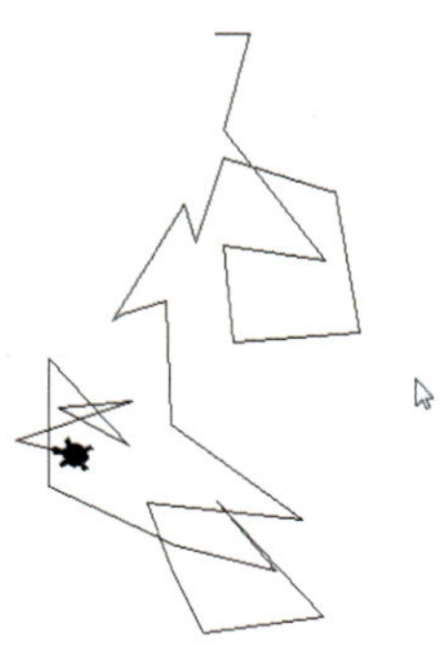

**생각 1 : 프로그램의 순서를 생각해 봅니다.**

> 터틀 그래픽을 사용할 준비 작업
>
> 반복할 부분 구조화(터틀이 이동할 위치를 랜덤 값 받기, 터틀 이동)

**생각 2 : randint(1, 100)이라고 작성하면 1에서 100 사이의 난수가 생성됩니다.**

```python
import random
number = random.randint(1, 100)
```

**생각 3 : 반복할 부분의 구조화가 필요합니다. 터틀이 무작위로 움직인다 해도 움직임에 대한 기본적인 설계는 필요합니다. 터틀은 1~100픽셀 사이에서 값에서 임의로 움직이고 회전 방향은 0°~360° 사이에서 임의로 움직이도록 난수 값의 범위를 −180~180으로 하였습니다.**

30번 반복
　① [1, 100] 사이의 난수를 발생하여 변수 `length`에 저장.
　② 거북이를 `length`만큼 움직임.
　③ [-180, 180] 사이의 난수를 발생하여 변수 `angle`에 저장.
　④ 거북이를 `angle`만큼 회전.

**소스코드**

```python
import turtle
import random
t = turtle.Turtle()
t.shape("turtle")

for i in range(30):
    length = random.randint(1, 100)
    t.forward(length)
    angle = random.randint(-180, 180)
    t.right(angle)
```

# 범인 찾기 게임

경찰에 쫓기던 범인이 3개의 방 중의 한곳에 숨어버렸습니다. 범인은 방문을 열 때마다 무작위로 3개의 방 중 하나의 방으로 이동을 합니다. 3개의 방 중 하나의 방을 선택했을 때, 범인이 없으면 점수가 10점씩 감점되면서 범인은 다른 방으로 이동을 합니다. 범인을 잡으면 기존의 점수에 100점을 추가한 점수를 출력하고 프로그램은 종료됩니다. 범인 찾기 게임을 작성해 봅시다.

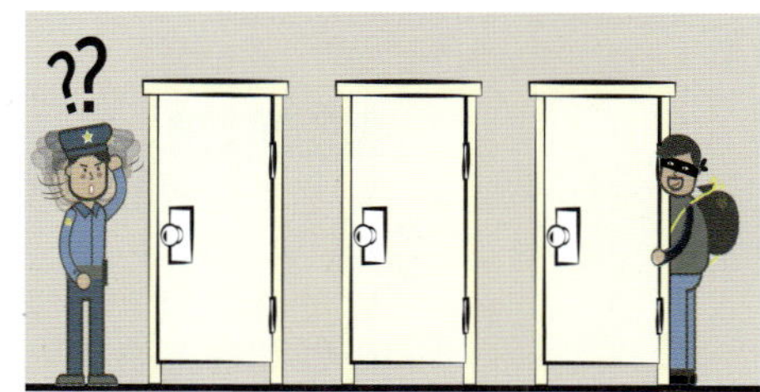

**생각 1 : 프로그램의 순서를 생각해 봅니다.**

범인을 찾기 전까지 무한 반복 시작 → 무작위로 범인 방 배치 →
사용자로부터 방 번호 입력받기 → 범인의 유무 확인 →
범인 찾지 못하면 10점 감점 후 다시 범인 배치 후 게임 진행 →
범인을 찾으면 점수 100점 추가 및 프로그램 종료

**생각 2 : 프로그램이 어느 정도 복잡해지면 먼저 변수에 대한 정리가 필요합니다.**

- score : 게임 점수 저장
- n : 사용자가 입력한 방 번호
- room : 범인이 들어간 방 번호

**생각 3 : randint(1, 3)이라고 작성하면 1에서 3 사이의 난수가 생성됩니다.**

**생각 4 : 무한 반복을 위해 while 루프를 사용합니다. 반복할 내용을 구조화해 봅시다.**

무한 반복
　① 무작위로 범인 방 배치
　② 사용자로부터 방 번호 입력받기
　③ 사용자가 입력한 방 번호와 범인이 있는 방 비교
　④ 범인을 찾지 못하면 "범인을 찾지 못했다"라는 메시지와 점수 출력 후 다시 게임 시작
　⑤ 범인을 찾으면 "범인 체포"라는 메시지와 점수 출력 후 프로그램 종료

**실행 결과**

```
방 번호를 입력하세요: 3
범인이 없습니다.
방 번호를 입력하세요: 4
4 번 방은 없습니다.
방 번호를 입력하세요: 1
범인 체포!
게임 종료
점수: 90 점
```

**[잠깐!!] 이곳을 가리고 먼저 풀어 보세요!**

**소스코드**

```python
import random
score = 0

while True :
    room = random.randint(1, 3)
    n = int(input("방 번호를 입력하세요: "))

    if n == room :
        print("범인 체포!")
        score += 100
        break
    elif n > 3 :
        print(n,"번 방은 없습니다.")
    else:
        print("범인이 없습니다.")
        score -= 10

print("게임 종료")
print("점수:", score,"점")
```

# 몬드리안 터틀





몬드리안은 "현대 추상 미술의 거장", "구성주의 회화의 거장"으로 불리며 순수한 점, 선, 면, 색채를 이용하여 그림을 그린 것으로 유명합니다. 우리도 터틀 그래픽을 이용하여 몬드리안의 그림처럼 선과 면을 사용하여 추상화를 그려보는 프로그램을 작성해 보세요.

**생각 1: 프로그램의 순서를 생각해봅니다.**

> 터틀 그래픽을 사용할 준비 작업 →
> 반복문을 이용하여 사각형의 길이, 위치, 색상 정보를 무작위로 생성
> → 생성된 정보를 이용하여 추상화 그리기 반복

**생각 2 : 터틀 그래픽과 랜덤 모듈을 사용하기 위해 import를 한 번에 해 줄 수 있습니다.**

```
import turtle, random
```

**생각 3 : 사각형은 t.forward()와 t.right(90)를 반복하여 그립니다.**

**생각 4 : 사각형의 위칫값은 (−300, 300) 사이의 무작위 정수로 생성합니다. 사각형 한 변의 길이는 10 ~ 300 사이의 무작위 정수로 생성합니다. 그리고 penup()과 pendwon()을 적절히 이용하여 터틀이 깔끔하게 작품활동을 할 수 있도록 도와줍니다.**

```python
x = random.randint(-300,300)
y = random.randint(-300,300)
length = random.randint(10,300)
```

```python
r = random.random()        # 0.0에서 1.0 사이의 난수 값 생성
g = random.random()
b = random.random()

t.color(r, g, b)
t.begin_fill()
# 사각형 그리기
t.end_fill()
```

**[잠깐!!]** 이곳을 가리고 먼저 풀어 보세요!

**소스코드**

```python
import turtle, random

t = turtle.Turtle()
t.pensize(3)

for i in range(20) :                    # 20개의 도형을 만듭니다.
    r = random.random()                 # 0.0에서 1.0 사이의 난수 값 생성
    g = random.random()
    b = random.random()

    x = random.randint(-300,300)        # -300에서 300 사이의 난수 값 생성
    y = random.randint(-300,300)
    length = random.randint(10,300)

    t.penup()
    t.goto(x,y)
    t.pendown()
    t.color(r, g, b)
    t.begin_fill()
    for j in range(4) :                 # 사각형을 그립니다.
        t.forward(length)
        t.right(90)
    t.end_fill()
```

# 모든 약수 구하기

어떤 수를 나누었을 때 나머지가 '0'인 수를 약수라고 합니다. 사용자로부터 어떤 자연수를 입력받아 약수를 모두 출력하는 프로그램을 작성해 봅시다.

 **생각 1: 프로그램의 순서를 생각해봅니다.**

| 사용자로부터 자연수 입력받기 | → | 입력된 자연수의 약수 구하기 | → | 약수 출력하기 |

 **생각 2 : 어떤 수 n의 약수는 n보다 작거나 같습니다. 따라서 약수의 후보 m이 1부터 시작하여 n까지 1씩 증가하면서 반복을 수행하면 됩니다. 그리고 n을 m으로 나누어 나머지가 0일 때 m은 n의 약수이므로 화면에 출력합니다.**

**생각 3 : 실행 결과는 다음과 같습니다.**

```
실행 결과
자연수 입력: 6
1 2 3 6
```

[잠깐!!] 이곳을 가리고 먼저 풀어 보세요!

소스코드
```python
n = int(input("자연수 입력: "))

for m in range(1, n+1):
    if n % m == 0 :
        print(m, end="")
```

 도전과제

위 프로그램을 조건 제어 반복인 while 루프를 이용하여 해결해 보세요.

# 08 최대공약수 구하기



2개의 자연수의 최대공약수를 구하는 방법으로 유클리드 호제법이 많이 사용됩니다. 유클리드 호제법의 원리를 정리하면 다음과 같습니다.

     ① x와 y의 최대공약수를 (x. y)라고 나타내기로 함

     ② a와 b를 자연수라고 하고 a를 b로 나눈 나머지를 r이라고 하면 → (a, b) = (b, r)

예를 들면 722와 190의 최대공약수를 다음과 같이 구할 수 있습니다.

     722 ÷ 190 = 3         나머지 152

     190 ÷ 152 = 1         나머지 38

     152 ÷ 38 = 4         나머지 0

따라서 722와 190의 최대공약수는 나머지가 0이 될 때의 나눈 수인 38입니다.

유클리드 알고리즘을 이용하여 최대공약수를 구하는 프로그램을 작성해 봅시다.

 **생각 1: 프로그램의 순서를 생각해 봅니다.**

| 사용자로부터 두 수 입력받기 | → | 최대공약수 구하기 | → | 최대공약수 출력하기 |
|---|---|---|---|---|

**생각 2 : 입력된 두 수의 크기 비교를 하여 큰 수로 작은 수를 나누도록 합니다. 두 수를 바꾸어 저장할 때는 다음과 같은 방법을 씁니다.**

```
n, m = m, n
```

**생각 3 : 큰 수를 작은 수로 나누는 것을 반복하다가 나누는 수가 0과 같거나 작아지면 반복을 끝내야 합니다. 특정 조건일 때에만 반복을 수행하기 위해 for 루프와 while 루프 중 무엇을 선택하는 것이 효과적일까요?**

**생각 4 : 실행 결과는 다음과 같습니다.**

[잠깐!!] 이곳을 가리고 먼저 풀어 보세요!

소스코드

```python
n = int(input("정수1 입력: "))
m = int(input("정수2 입력: "))

if n < m :
    n, m = m, n

while m > 0 :
    r = n % m
    n, m = m, r

if n != 1 :
    print("두 수의 최대공약수:", n)
else:
    print("두 수는 서로소이다")
```

## 유클리드를 찾아라

아래의 그림 '아테네 학당'은 르네상스 시대 이탈리아 화가 라파엘로가 그린 프레스코 벽화입니다. 이 그림에는 소크라테스, 플라톤과 아리스토텔레스 등 고대 그리스의 학자들이 총망라되어 있습니다. 유클리드는 기원전 3세기경의 그리스 수학자, 기하학의 창시자로 우리가 학교에서 배우는 기하학의 많은 내용이 『유클리드 원론』에 나오는 내용입니다.

# 09 별 그리는 터틀

여러분이 앞의 예제를 이해하고 실행해 보았다면 아마 이번 Lab도 쉽게 해결할 수 있을 것입니다. 반복문을 사용하여 다음과 같이 거북이가 별을 그리는 프로그램을 작성해 보겠습니다.

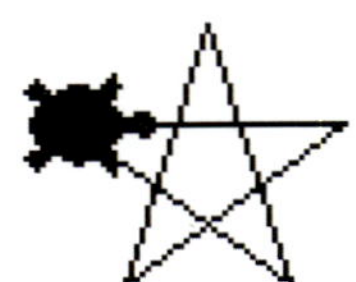

생각 1 : 프로그램의 순서를 생각해 봅니다.

| 터틀 그래픽을 사용할 준비 작업 | → | 별 그리기 반복 패턴을 찾기 | → | 별 그리기 |

생각 2 : 터틀은 50 픽셀만큼 전진하고 오른쪽으로 144° 회전하는 것을 5번 반복하여 별을 그립니다.

[잠깐!!] 이곳을 가리고 먼저 풀어 보세요!

소스코드
```python
import turtle
t = turtle.Turtle()
t.shape("turtle")

i = 0
while i < 5:
    t.forward(50)
    t.right(144)
    i = i + 1
```

도전과제

**무한 루프**

위의 코드에서 마지막 문장 'i = i + 1'을 삭제하고 실행시켜보세요. 어떤 일이 발생하나요? 이것은 앞에서 설명하였던 무한 루프가 됩니다. 거북이가 무척 고생하게 됩니다.

# 숫자 맞추기 게임

컴퓨터가 1에서 100 사이의 숫자를 무작위로 추출하고 사용자가 그 숫자를 맞추는 게임 프로그램을 작성해 보겠습니다. 실행 결과는 다음과 같습니다.

**실행 결과**

```
1부터 100 사이의 숫자를 맞추시오
숫자를 입력하시오: 50
낮음!
숫자를 입력하시오: 86
낮음!
    :
숫자를 입력하시오: 87
축하합니다. 시도횟수= 3
```

**생각 1 : 프로그램의 순서를 생각해 봅니다.**

무작위로 숫자를 추출하여 저장 → 사용자로부터 숫자 입력 →
사용자가 입력한 숫자와 무작위로 추출한 숫자가 같은지 비교 →
만약 같으면 시도횟수 출력 후 프로그램 종료 → 만약 다르면 게임을 계속 반복한다.

**생각 2 : randint(1, 100)을 사용하여 1에서 100 사이의 난수를 생성합니다.**

**생각 3 : 프로그램은 사용자가 정확하게 정수를 알아맞힐 때까지 반복합니다. 반복 루프 중에서 while 루프가 적당합니다. 그 이유는 반복 횟수를 미리 알 수 없기 때문입니다. 반복할 내용을 구조화해 봅시다.**

```
사용자로부터 숫자를 guess로 입력.
while guess != answer
    시도횟수를 증가한다.
    if ( guess < answer )
        숫자가 낮다고 출력.
    elif ( guess > answer )
        숫자가 높다고 출력.
    사용자로부터 숫자를 guess로 입력.
```

**[잠깐!!] 이곳을 가리고 먼저 풀어 보세요!**

**소스코드**

```python
import random

tries = 0                              # 게임 시도횟수를 저장합니다.
guess = 0                              # 사용자가 입력한 수를 저장합니다.
answer = random.randint(1, 100)        # 1~100 사이의 임의의 수를 저장합니다.

print("1부터 100 사이의 숫자를 맞추시오")
guess = int(input("숫자를 입력하시오: "))

while guess != answer:
    tries = tries + 1
    if guess < answer:
        print("낮음!")
    elif guess > answer:
        print("높음!")
    guess = int(input("숫자를 입력하시오: "))

if guess == answer:
    print("축하합니다. 시도횟수=", tries)
```

 **도전과제**

시도횟수를 최대 10번으로 제한하려 합니다. 위의 프로그램을 변경하여 해결해 보세요.

## 최선의 전략

숫자 맞추기 게임에서 사용자가 정답을 알아맞히는 최선의 전략은 무엇일까요? 컴퓨터 분야에서는 '이진 탐색'이라는 전략이 있습니다. 한 번 검색해 보세요.

**1** 2부터 100 사이의 모든 짝수를 출력하는 프로그램을 반복문을 이용하여 작성해 보세요.



```
2  4  6  8  10  12  14  16  18  20  22  24  26  28  30  32  34  36  38  40  42  44  46  48  50  52  54  56
58  60  62  64  66  68  70  72  74  76  78  80  82  84  86  88  90  92  94  96  98  100
```

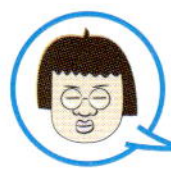
x%2의 결괏값이 0이면 x는 짝수입니다.

**2** 구구단을 출력하는 프로그램을 반복문을 이용하여 작성해 보세요.



```
2 * 1 = 2
2 * 2 = 4
...(생략)...
9 * 8 = 72
9 * 9 = 81
```

반복문을 중첩하여 사용합니다.

**3** 우리는 이번 장에서 터틀 그래픽으로 별을 그려 보았습니다. 이 코드를 응용하여서 다음과 같이 10개의 별을 그리는 프로그램을 작성해 보세요.

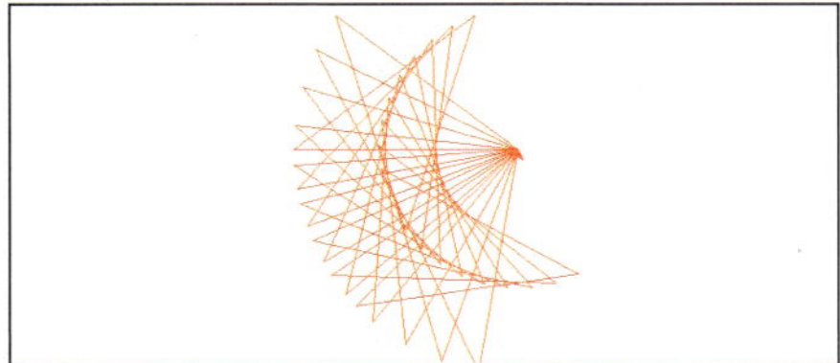

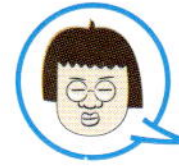
별을 그리는 코드를 반복합니다. 하나의 별을 그리는 반복이 끝나면 left(10)을 실행합니다.

**4** 영감을 받은 화가 터틀이 화면에 10개의 랜덤한 원이 있는 추상화를 그리려고 합니다. 프로그램을 작성해 보세요.

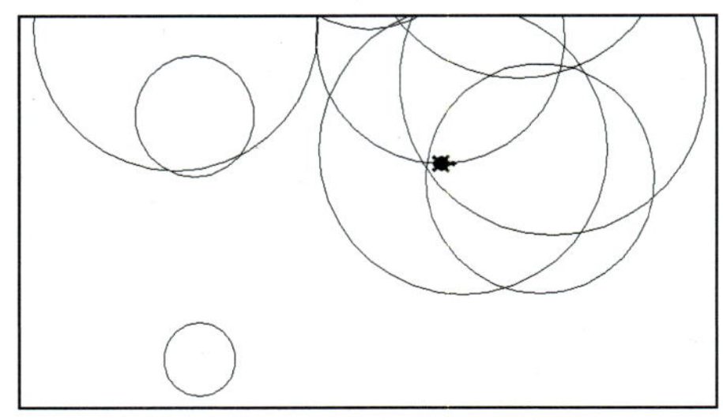

반복과 난수를 함께 사용하면 화면에 랜덤한 원을 그릴 수 있습니다. 원의 중심과 반지름이 모두 난수입니다. 1부터 100 사이의 난수를 발생하려면 r = random.randint(1, 100) 문장을 사용합니다. 프로그램의 첫 부분에 import random 문장을 추가하는 것을 잊지 마세요. 원의 중심, 원의 반지름을 모두 난수로 설정합니다.

**5** 다음 코드의 출력을 예상해 보세요. 그리고 각 단계에서 변수의 값은 어떻게 되는지 예상해 보세요.

코드

```python
n = 1234
sum = 0
while n > 0 :
    digit = n % 10
    sum = sum + digit
    n = n // 10
print(sum)
```

%는 나머지를 계산하는 연산자입니다. //은 나눗셈에서 몫을 계산합니다.

**6** 어떤 사람이 복리 이자율 7%로 1,000만 원을 저금했을 경우 2,000만 원이 되는 데는 11년이 걸립니다. 이를 계산하기 위하여 다음과 같은 코드를 작성하였는데 결과는 "0년이 걸립니다."라고 나왔습니다. 무엇이 잘못되었는지 확인해 보세요.

<table>
<tr><td>

코드
```
year = 0
balance = 1000

while balance >= 2000 :
    year = year + 1
    interest = balance * 0.07
    balance = balance + interest
print(year, "년이 걸립니다.")
```
</td><td>

실행 결과
```
0년이 걸립니다.
```
</td></tr>
</table>

반복 조건을 자세히 살펴보세요.

**7** 다음과 같이 거북이를 왕복 달리기시키는 프로그램을 반복문을 이용하여 작성해 보세요.

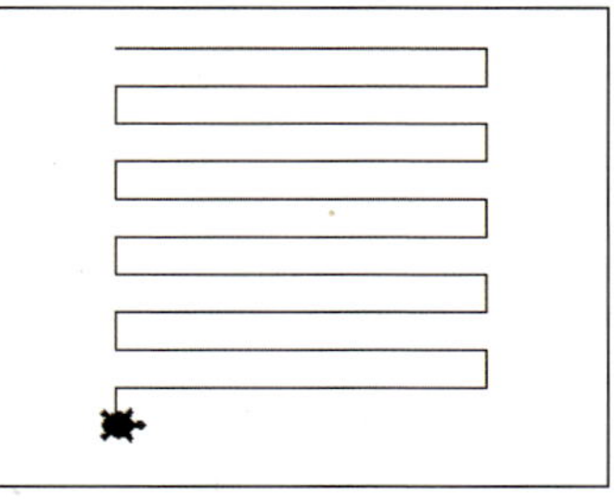

거북이가 현재 바라보고 있는 방향을 잘 설정해야 합니다.

**8** '곱셈의 제왕' 게임을 만들려고 합니다. 이 게임은 컴퓨터가 곱셈 퀴즈를 내고 용자가 올바른 답을 입력할 때까지 반복하는 게임입니다. '곱셈의 제왕' 게임 프로그램을 작성해 보세요.



```
3*9 = 8
3*9 = 9
3*9 = 27
맞았습니다.
```

어떤 조건이 만족될 때까지 반복하는 것은 while 루프입니다.

**9** 다음의 터틀 그래픽 프로그램을 분석해 보세요. 학습하지 않은 함수가 있다면 인터넷에서 조사합니다.



```python
import turtle
t = turtle.Turtle()
t.shape("turtle")
t.color('red', 'yellow')
t.begin_fill()
while True:
    t.forward(200)
    t.left(170)
    if abs(t.pos()) < 1:
        break
t.end_fill()
```

color(c1, c2) 함수는 도형의 선 색상과 채우기 색상을 c1과 c2로 설정합니다. begin_fill()를 호출하면 속이 채워진 도형이 그려집니다. pos() 함수는 거북이의 좌표를 반환합니다. abs()는 절댓값을 계산합니다. break는 반복 루프를 빠져나오는 명령어입니다.

- 문장들을 **반복** 실행하려면 **for나 while**을 사용합니다.

- 반복 실행되는 문장들을 들여쓰기해야 합니다.

- **횟수 제어 반복 for 문**은 반복 횟수가 정해져 있을 때 유용합니다.

- **조건 제어 반복 while 문**은 반복 조건이 정해져 있을 때 유용합니다.

- **range()** 함수를 이용하여 필요한 범위의 수를 생성하였습니다.

- **반복문**은 **중첩**하여 사용할 수 있습니다.

- 프로그램에서 **무한 반복**은 자주 사용하게 되는 중요한 요소입니다.

- 무한 반복은 무한 루프라고도 합니다.

- **무한 루프**를 사용하는 경우에는 **탈출 조건**을 생각해야 합니다.

- **break와 continue**로 반복문의 흐름을 제어할 수 있습니다.

어떤 반복 구조가 편한가요?

100번 반복하는 문장을 for로 만들어 보세요.

100번 반복하는 문장을 while로 만들어 보세요.

약간은 for가 편한 것 같네요. 하지만 반복 횟수를 모를 때는 while을 써야겠죠?

for i in range(100):
    ....

i=0
while i<100:
    ...
    i++;

# 제 **7** 장

## 리스트

### 학습 내용

01. 리스트에 대하여 학습합니다.
02. 리스트를 생성하고 항목을 삽입, 삭제, 변경, 탐색하는 것을 학습합니다.
03. 리스트의 구조를 이해하고 정렬하는 것을 학습합니다.
04. 반복문과 함께 리스트를 사용하는 것을 이해합니다.

### LAB

01. 태정태세문단세
02. 오늘의 명언
03. 스파이럴(spiral) 그리기
04. 오륜기 그리기
05. 습도 구하기

지금까지는 주로 수(정수와 실수)와 문자열을 저장하였습니다. 하지만 프로그램에서 많은 양의 자료를 사용해야 할 경우에는 각각 다른 변수를 일일이 선언해서 저장해 주어야 합니다. 그리고 자료가 많은 경우에는 여러 개의 데이터를 의미 있게 묶어서 저장하는 것이 필요합니다. 파이썬에는 여러 개의 데이터를 한꺼번에 저장하고 처리할 수 있도록 리스트(list)가 가장 널리 사용됩니다.



파이썬의 리스트는 시작과 끝을 표시하기 위하여 대괄호([])를 사용합니다. 리스트를 생성하려면 저장할 숫자나 문자열 같은 데이터들을 쉼표(,)로 분리하여 대괄호 안에 넣으면 됩니다. 리스트 안에 저장된 각각의 데이터를 항목(item)이라고 합니다.

히어로들의 이름 리스트를 생성해 보겠습니다.

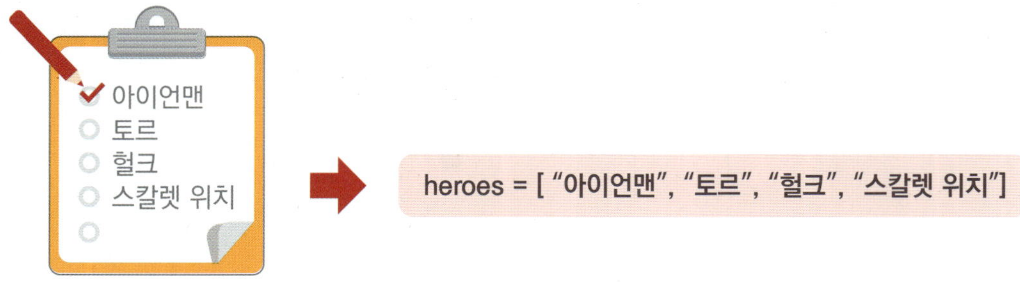

수치형 자료도 목록을 다음과 같이 쓸 수 있습니다. 행운의 수를 리스트로 생성해 보겠습니다.

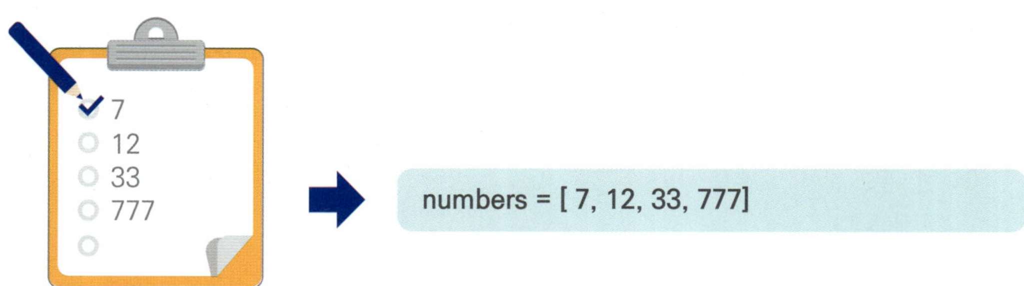

heroes와 numbers는 모두 리스트입니다. 파이썬의 리스트는 여러분들이 일상생활에서 사용하는 목록
(통화 목록이나 스케줄 목록)과 그다지 다르지 않습니다.



리스트는 컴퓨터에서 자료를 구조화하는 가장 보편적이고 단순한 방법의 하나입니다.
예 줄 서기, 기차 등

# 리스트 생성과 추가

앞에서 다루었던 heroes와 numbers는 모두 리스트 변수입니다. 리스트 변수에는 숫자, 문자 등의 여러 자료를 묶어서 한꺼번에 저장할 수 있습니다. 책의 목차 또는 색인을 살펴보면 어떤 주제가 몇 페이지에 있는지 정보의 위치를 알 수 있습니다. 인덱스(index)는 사전적으로 '색인'을 의미합니다. 인덱스(index)란 리스트에서 항목의 위치를 알려주는 번호입니다. 리스트에서는 인덱스가 0번부터 시작하여 그 값이 1씩 증가하면서 순차적으로 해당 정보가 저장된 위치를 나타냅니다.

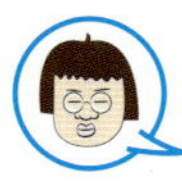

교과목 리스트는 다음과 같이 생성합니다.

| 코드 | 실행 결과 |
|---|---|
| ```slist = ['영어', '수학', '사회', '과학']\nprint(slist)``` | `['영어', '수학', '사회', '과학']` |

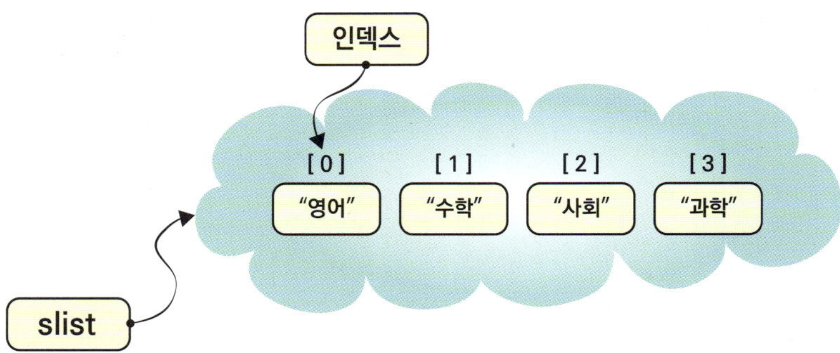

공백 리스트를 생성한 후 값을 추가할 수도 있습니다.

[] 안에는 항목이 없으면 공백 리스트입니다. 리스트에 항목을 추가하려면 리스트가 먼저 생성되어 있어야 합니다. 이것은 마트에서 비어 있는 쇼핑 카트를 가져와야만 구입할 물건들을 카트에 넣을 수 있는 것과 같은 논리입니다.

<table>
<tr><td>

**코드**
```python
cart = []
cart.append("사과")
print(cart)
```

</td><td>

**실행 결과**
```
['사과']
```

</td></tr>
<tr><td>

**코드**
```python
cart = []
cart.append("사과")
cart.append("세제")     #항목 추가
print(cart)
```

</td><td>

**실행 결과**
```
['사과', '세제']
```

</td></tr>
</table>

문제 상황에서 몇 개의 항목이 리스트에 들어갈지를 예측할 수 없는 경우가 종종 있습니다. 이런 경우에 공백 리스트를 선언하여 시작하고 필요한 경우 항목을 추가하면 좋습니다.

# 03 리스트 항목에 접근하기

리스트의 항목에 접근해서 읽어 보려면 어떻게 해야 할까요? 리스트에서 각 항목에 접근할 때는 인덱스를 사용합니다.

리스트 항목을 하나씩 읽어 봅시다.

| 코드 | 실행 결과 |
| --- | --- |
| ```slist = ['영어', '수학', '사회', '과학']print(slist[0])print(slist[1])print(slist[2])``` | 영어<br>수학<br>사회 |

그럼 여러 개의 항목을 추출하는 방법은 무엇이 있을까요? 여러 개의 항목을 추출하는 방법으로 슬라이싱(slicing) 기법이 있습니다.

리스트 항목을 슬라이싱하여 읽어 봅시다.

| 코드 | 실행 결과 |
| --- | --- |
| ```letters = ['A', 'B', 'C', 'D', 'E', 'F']print(letters[0:3])print(letters[:3])print(letters[3:])print(letters[:])``` | ['A', 'B', 'C']<br>['A', 'B', 'C']<br>['D', 'E', 'F']<br>['A', 'B', 'C', 'D', 'E', 'F'] |

- `print(letters[0:3])` : 인덱스 0번부터 시작해서 항목들을 추출하다가 인덱스 3번이 나오기 전에 중지합니다. 따라서 추출되는 항목의 인덱스는 0, 1, 2번으로 3개의 항목입니다.
- `print(letters[:3])` : 슬라이싱을 더 간략하게 표현할 수도 있습니다. 첫 번째 인덱스를 생략하면 파이썬은 무조건 리스트의 처음부터라고 생각합니다.
- `print(letters[3:])` : 두 번째 인덱스가 생략되면 파이썬은 리스트의 끝까지라고 생각합니다.
- `print(letters[:])` : 극단적인 표현도 가능합니다. 콜론만 있으면 파이썬은 리스트의 처음부터 끝까지라고 생각합니다.

<table>
<tr><td>

**코드**

```
letters = ['A', 'B', 'C', 'D', 'E', 'F']
copy = letters[:]
print(copy)
```

</td><td>

**실행 결과**

```
['A', 'B', 'C', 'D', 'E', 'F']
```

</td></tr>
</table>

✓ copy = letters[:] : letters[:]를 이용하여 우리는 리스트의 복사본을 손쉽게 생성할 수 있습니다.

# 04 리스트 항목의 변경과 추가

지금까지 우리는 리스트에 여러 항목을 저장해 보았습니다. 이렇게 저장된 항목들은 그 내용이 변경되기도 하고 추가되기도 합니다. 자료는 변하기 때문에 매력이 있는 것입니다.

 인덱스를 사용하여 지정된 위치의 항목을 변경해 보겠습니다.

| 코드 | 실행 결과 |
|---|---|
| <pre>>>> cart=['사과', '세제', '화장지', '치약']<br>>>> cart[1] = '섬유 유연제'<br>>>> print(cart)</pre> | `['사과', '섬유 유연제', '화장지', '치약']` |

✅ cart[1] = '섬유 유연제' : 인덱스가 1번인 항목에 '섬유 유연제'가 새롭게 저장됩니다. 이 때문에 기존의 자료 '세제'는 사라집니다.

 하지만 아직 존재하지 않는 인덱스의 항목은 당연히 변경할 수 없습니다.

| 코드 | 실행 결과 |
|---|---|
| `>>> cart[10]='양말'` | <pre>Traceback (most recent call last):<br>    File "<pyshell#3>", line 1, in<br><module><br>    cart[10]='양말'<br>IndexError: list assignment index out<br>of range</pre> |

✅ cart[10]='양말' : 인덱스 번호 10은 cart 리스트의 범위를 넘어버렸기 때문에 이를 알려주는 오류 메시지가 출력됩니다.

 리스트에 항목을 추가하기 위해서는 append() 함수를 사용합니다.

| 코드 | 실행 결과 |
| --- | --- |
| ```<br>>>> cart.append('양말')<br>>>> print(cart)<br>``` | ['사과', '섬유 유연제', '화장지', '치약', '양말'] |

✔ cart.append('양말') : `append(item)`은 항목 item을 리스트의 끝에 추가합니다.

 리스트에 항목을 추가하기 위해서는 insert() 함수를 사용합니다.

| 코드 | 실행 결과 |
| --- | --- |
| ```<br>>>> cart.insert(1, '건전지')<br>>>> print(cart)<br>``` | ['사과', '건전지', '섬유 유연제', '화장지', '치약', '양말'] |

✔ cart.insert(1,'건전지') : `insert(index, item)`는 index 위치에 항목 item을 추가합니다. 즉, 리스트의 중간에 항목을 추가할 수 있습니다. index 위치에 항목이 추가되면 기존에 있던 index 위치부터의 항목들은 뒤로 밀려 나가며 인덱스 번호가 1씩 증가합니다.

# 05 리스트 항목 삭제하기

<u>리스트의 항목은 삭제도 가능합니다.</u> 리스트 항목을 삭제하는 방법에는 대표적으로 remove()와 del, pop()을 사용하는 3가지 방법이 있습니다.

 방법 1: 리스트에서 remove()를 이용하여 항목을 삭제합니다.

**코드**
```python
cart = ['사과', '세제', '화장지', '치약']
cart.remove("화장지")
print(cart)
```

**실행 결과**
```
['사과', '세제', '치약']
```

✅ cart.remove("화장지") : remove(x)을 하면 'x'라는 값이 리스트에서 삭제합니다. 단, 'x'가 여러 개 있을 때는 첫 번째로 나오는 항목을 삭제합니다. 단, 지정된 항목이 리스트에 없으면 오류가 발생합니다. 하지만! 우리가 일일이 리스트 안에 있는 항목을 모두 외울 수는 없잖아요. 어떻게 하죠? 걱정할 필요 없습니다! 이런 경우에는 'in' 연산자를 사용합니다. 파이썬은 대단하죠?

**코드**
```python
cart=['사과', '세제', '화장지', '치약']
if '화장지' in cart:
    cart.remove('화장지')
print(cart)
```

 방법 2: 리스트에서 del을 이용하여 항목을 삭제합니다.

**코드**
```python
cart=['사과', '세제', '화장지', '치약']
del cart[2]
print(cart)
```

**실행 결과**
```
['사과', '세제', '치약']
```

 방법 3: 리스트에서 pop()을 이용하여 항목을 삭제합니다.

<table>
<tr><td>

**코드**
```
cart=['사과', '세제', '화장지', '치약']
item = cart.pop()
print(cart)
print(item)
```
</td><td>

**실행 결과**
```
['사과', '세제', '화장지']
치약
```
</td></tr>
</table>

✅ `item = cart.pop()` : `pop()`은 리스트에서 마지막 항목을 삭제하고 그 항목을 반환합니다. 따라서 '치약'이 cart 리스트에서 추출되어 item 변수에 저장됩니다.

# 06 리스트에서 항목 탐색하기

앞으로 우리는 프로그래밍을 하면서 많은 데이터를 처리해야 합니다. 데이터를 처리하는 데 있어서 가장 중요한 것은 수많은 자료 중에서 원하는 데이터를 찾는 것입니다. 다른 언어에서는 데이터를 찾는 작업을 수행하기 위해 상당히 복잡하고 많은 양의 코드를 작성해야 합니다. 하지만 파이썬에서는 간단한 방법으로 해결할 수 있습니다.

리스트에서 index()를 사용하면 해당 항목의 인덱스 번호를 알 수 있습니다.

| 코드 | 실행 결과 |
|---|---|
| <pre>cart=['사과', '세제', '화장지', '치약']<br>print(cart.index("화장지"))</pre> | 2 |

✔ print(cart.index("화장지")) : index(x)는 리스트에서 'x'라는 값이 리스트 상에서 어느 위치에 있는지 그 인덱스 값을 알려줍니다. 따라서 "화장지"는 cart 리스트에서 인덱스 2번 위치에 있기 때문에 2값이 출력됩니다. index()는 remove()와 마찬가지로 만약 탐색하고자 하는 항목이 리스트에 없다면 오류가 발생합니다. 따라서 탐색하기 전에 in 연산자를 이용하여 리스트 안에 항목이 있는지부터 확인하는 것이 안전합니다.

```
코드
cart=['사과', '세제', '화장지', '치약']

if '화장지' in cart:
    print(cart.index("화장지"))
```

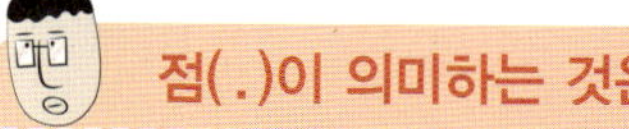

# 점( . )이 의미하는 것은?

## cart.index("화장지")

점(.)은 무엇을 의미할까요?

눈치가 빠른 독자들은 리스트로 선언한 변수에 의문의 점( . )이 있는 것을 알고 있을 것입니다. 여기서 점( . )은 무엇을 의미할까요?

객체는 최근의 컴퓨터 프로그래밍에서 매우 중요한 개념입니다. 객체라는 것은 우리 주변에서 살펴볼 수 있는 사람, 고양이, 책상, 자동차 등입니다. 파이썬에서 사용되는 모든 것들은 객체(object)입니다. 리스트도 객체입니다. 객체는 특징에 해당하는 변수와 기능에 해당하는 함수로 구성이 되어 있습니다. 객체가 가지고 있는 기능이나 특징을 프로그래밍에서 사용할 때 객체의 이름을 쓰고 점( . )을 붙인 후에 함수의 이름을 적으면 그 객체의 기능을 사용할 수 있습니다. 이때 점은 '～의'라고 해석하면 이해가 쉽습니다. 위 예제를 해석하면 리스트 cart의 index( ) 기능을 수행하라는 것입니다.

# 07 리스트 정렬하기

정렬(sorting)이란 일정한 규칙에 따라 자료를 순서대로 정리하는 것을 말합니다. 정렬에는 작은 값에서 큰 값으로 정렬하는 오름차순과 반대의 순서로 정렬하는 내림차순이 있습니다.

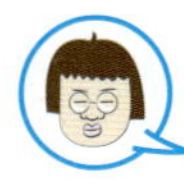
리스트는 sort()를 사용하여 쉽게 오름차순 정렬을 할 수 있습니다.

| 코드 | 실행 결과 |
|---|---|
| <pre>heroes = ["아이언맨", "토르", "헐크", "스칼렛 위치"]<br>heroes.sort()<br>print(heroes)</pre> | ['스칼렛 위치', '아이언맨', '토르', '헐크'] |

✔ heroes.sort() : sort()는 기존의 리스트를 정렬하고 변경합니다. 앞의 예제들을 살펴보면 sort()를 호출하고 나서 출력하는 것은 원래의 리스트 heroes입니다. 즉, heroes가 정렬되어 갱신(덮어쓰기)되었다고 보면 됩니다.

리스트는 sort()에 'reverse = True' 옵션을 사용하여 쉽게 내림차순 정렬을 할 수 있습니다.

| 코드 | 실행 결과 |
|---|---|
| <pre>heroes = ["아이언맨", "토르", "헐크", "스칼렛 위치"]<br>heroes.sort(reverse = True)<br>print(heroes)</pre> | ['헐크', '토르', '아이언맨', '스칼렛 위치'] |

만약 정렬된 새로운 리스트가 필요하면 **sorte()** 함수를 사용합니다

<table>
<tr><td>

**코드**
```python
heroes = ["아이언맨", "토르", "헐크", "스
칼렛 위치"]
new_heroes = sorted(heroes)
print(heroes)
print(new_heroes)
```
</td><td>

**실행 결과**
```
['아이언맨', '토르', '헐크', '스칼렛 위치']
['스칼렛 위치', '아이언맨', '토르', '헐크']
```
</td></tr>
</table>

# 08 2차원 리스트의 기초

우리가 자료를 분석할 때 가장 많이 쓰는 형태가 표(테이블)입니다. 표는 노트 필기, 교통 신호, 컴퓨터 소프트웨어, 수학 등 많은 영역에서 찾아볼 수 있습니다. 이러한 표를 리스트를 이용해 표현할 수 있습니다. 표는 행과 열로 이루어진 2차원 구조입니다. 파이썬에서는 리스트 안에 리스트를 중첩하여 사용함으로써 2차원의 자료를 나타내고 있습니다. 2차원 리스트의 기초적인 개념을 살펴보겠습니다.

지금까지 우리가 만든 리스트는 1차원 구조입니다.

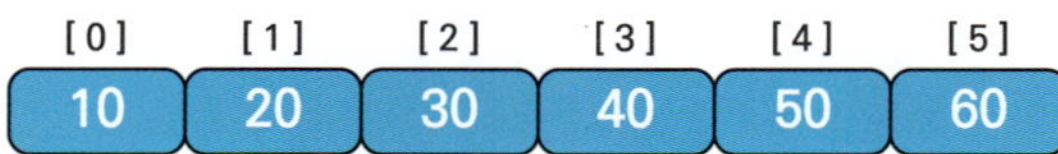


| 코드 | 실행 결과 |
|---|---|
| `num = [10, 20, 30, 40, 50, 60]`<br>`print(num)` | `[10, 20, 30, 40, 50, 60]` |

그럼 아래와 같은 2차원 구조를 리스트로 만들어 봅시다.

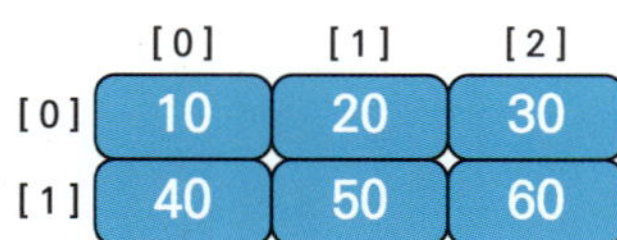


| 코드 | 실행 결과 |
|---|---|
| `num = [[10, 20, 30], [40, 50, 60]]`<br>`print(num)` | `[[10, 20, 30], [40, 50, 60]]` |

✅ num = [[10, 20, 30], [40, 50, 60]] : 숫자 3개씩 2묶음으로 리스트를 만들 경우는 "리스트 명 = [[값, 값, 값], [값, 값, 값]]" 형식으로 작성합니다.

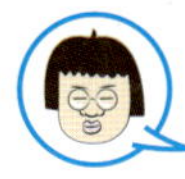 2차원 리스트의 항목에 접근해 봅시다.

<table>
<tr><td>코드</td><td>실행 결과</td></tr>
<tr><td>

```
num = [[10, 20, 30], [40, 50, 60]]
print(num[0][0])
print(num[0][1])
print(num[1][1])
num[1][2] = 100
print(num)
```

</td><td>

```
10
20
50

[[10, 20, 30], [40, 50, 100]]
```

</td></tr>
</table>

☑ print(num[0][0]) : 2차원 리스트의 항목에 접근할 때는 num[0][0]와 같이 "리스트 명[row][column]" 형식으로 작성합니다.

☑ num[1][2] = 100 : 2차원 리스트의 항목의 값을 변경할 때는 "리스트 명[row][column]=값" 형식으로 작성합니다.

# 09 리스트와 반복문의 궁합

반복문을 이용하여 리스트의 내용을 출력해 봅시다.

| 코드 | 실행 결과 |
|---|---|
| ```
for i in [1, 2, 3] :
    print("i=", i)
``` | ```
i= 1
i= 2
i= 3
``` |

✅ `for i in [1, 2, 3] :` [1, 2, 3]는 리스트입니다. 여기서 리스트는 여러 가지 값들을 담을 수 있는 컨테이너입니다. 리스트의 첫 번째 항목부터 마지막 항목까지 차례대로 변수 i에 대입되어 반복문이 실행됩니다.

반복문을 이용하여 효과적으로 리스트를 만들고 출력할 수 있습니다.

| 코드 | 실행 결과 |
|---|---|
| ```
heroes=[]

for i in range(5) :
    name = input("영웅들의 이름을 입력하시오: ")
    heroes.append(name)

for i in heroes :
    print(i, end="")
``` | 영웅들의 이름을 입력하시오: 홍길동<br>영웅들의 이름을 입력하시오: 아이언맨<br>영웅들의 이름을 입력하시오: 슈퍼맨<br>영웅들의 이름을 입력하시오: 베트맨<br>영웅들의 이름을 입력하시오: 스파이더맨<br>홍길동 아이언맨 슈퍼맨 베트맨 스파이더맨 |

✅ `for i in heroes :` heroes 리스트에 있는 항목이 차례대로 변수 i에 대입되어 반복문이 실행됩니다.
```

반복문과 조건문을 이용하면 내가 원하는 항목만 출력할 수 있습니다.

<table>
<tr><td>

코드

```
num = [100, 96, 209, 22, 30, 117]

for i in num :
    if i % 2 == 1 :
        print(i, end="")
```

</td><td>

실행 결과

```
209 117
```

</td></tr>
</table>

✅ if i % 2 == 1 : 리스트 항목에 있는 수를 2로 나누었을 때 나머지가 1인 수, 즉 홀수를 찾게 됩니다.

# 태정태세문단세

학창시절 조선시대 왕 순서를 첫 글자만으로 리듬을 붙여 외웠던 경험이 있을 것입니다. 그런데 왕의 이름 끝에 '조, 종, 군' 각각 다른 묘호(廟號)라는 것이 붙습니다. 조선시대 왕 순서 구절을 입력하면 '조, 종, 군'을 알맞게 추가하여 출력하는 프로그램을 작성해 보세요.

| 태조 | 정종 | 태종 | 세종 | 문종 | 단종 | 세조 |
|---|---|---|---|---|---|---|
| 예종 | 성종 | 연산군 | 중종 | 인종 | 명종 | 선조 |
| 광해군 | 인조 | 효종 | 현종 | 숙종 | 경종 | 영조 |
| 정조 | 순조 | 헌종 | 철종 | 고종 | 순종 | |

**실행 결과**

```
조선시대 왕 순서 구절을 입력하시오: 태정태세문단세
조선시대 왕 순서 구절을 입력하시오: 예성연중인명선
조선시대 왕 순서 구절을 입력하시오: 광인효현숙경영
조선시대 왕 순서 구절을 입력하시오: 정순헌철고순
['태정태세문단세', '예성연중인명선', '광인효현숙경영', '정순헌철고순']
태조
정종
태종
...(중략)...
철종
고종
순종
```

**생각 1 : 프로그램의 순서를 생각해 봅니다.**

빈 리스트 만들기 → 조선 왕 순서 구절 입력받기 → 리스트에 입력 값 추가 →
알맞게 묘호 붙여 출력

**생각 2 : 빈 리스트를 만듭니다.**

```
king_table = []
```

 생각 3 : 사용자로부터 입력을 받아 king 변수에 저장합니다.

 생각 4 : append()를 이용하여 king_table 리스트에 king 변수의 값을 요소로 추가합니다.

```python
king_table.append(king)
```

 생각 5 : king_table 리스트에는 왕의 순서가 입력되어 있습니다. king_table의 요소로 있는 구절 만큼 반복을 수행합니다. 그리고 각 구절을 글자를 1개씩 분리하여 묘호를 붙입니다. 묘호를 붙이는 조 건은 다음과 같습니다.

① 문자가 '연'이면 '연산군'으로 '광'이면 '광해군'으로 바꿉니다.
② 1, 7, 14, 16, 21, 22, 23번째 왕은 묘호가 '조'입니다. 따라서 왕의 순서를 count 변수로 세고 있어야 합니다.
③ 이외의 왕은 묘호가 '종'입니다.

**[잠깐!!] 이곳을 가리고 먼저 풀어 보세요!**

**소스코드**

```python
king_table = []

for i in range(4):
    king = input("조선시대 왕 순서 구절을 입력하시오: ")
    king_table.append(king)

print(king_table)

count = 1

for i in king_table :
    for j in i :
        if j == '연' :
            print('연산군')
        elif j == '광':
            print('광해군')
        elif count in [1, 7, 14, 16, 21, 22, 23] :
            print(j+'조')
        else :
            print(j+'종')
        count = count + 1
```

# 오늘의 명언

용기를 얻고 싶을 때! 동기부여를 받고 싶을 때! 멋있어 보이고 싶을 때! 오늘의 명언 로봇을 이용해 보세요. 로봇 명언 매니저가 여러분을 힐링의 세계로 안내할 것입니다.

**실행 결과**

```
#############################
#           오늘의 명언
#############################
고생 없이 얻을 수 있는 진실로 귀중한 것은 하나도 없다.
```

 **생각 1 : 프로그램의 순서를 생각해 봅니다.**

| 리스트에 명언 저장 | → | 랜덤으로 인덱스 번호 받기 | → | 해당 리스트 항목 출력 |

 **생각 2 : append()를 이용하여 리스트에 여러 개의 명언을 저장합니다.**

 **생각 3 : random.choice()를 이용하여 리스트의 항목 중에서 하나를 랜덤하게 고를 수 있습니다. 오늘의 명언 리스트에서 랜덤으로 '오늘의 명언'을 추출합니다.**

```python
dailyQuote = random.choice(quotes)
```

**소스코드**

```python
import random
quotes = []

quotes.append("꿈을 지녀라. 그러면 어려운 현실을 이길 수 있다.")
quotes.append("분노는 바보들의 가슴속에서만 살아간다.")
quotes.append("고생 없이 얻을 수 있는 진실로 귀중한 것은 하나도 없다.")
quotes.append("사람은 사랑할 때 누구나 시인이 된다.")
quotes.append("시작이 반이다.")

dailyQuote = random.choice(quotes)
print("#########################")
print("#           오늘의 명언           ")
print("#########################")
print("")
print(dailyQuote)
```

# 스파이럴(spiral) 그리기

스파이럴은 한 점을 중심으로 감기는 듯한 부드러운 곡선으로 와선(渦線, 蝸線)이라고도 합니다. 스파이럴은 원점을 중심으로 멀어지면서 회전해서 소용돌이나 달팽이의 모양과도 비슷합니다. 스파이럴은 반복문과 터틀 그래픽이 결합하면 쉽게 그릴 수 있습니다. 리스트에 색상 정보를 저장하여 다음과 같은 알록달록 스파이럴을 그리는 프로그램을 작성해 보세요.

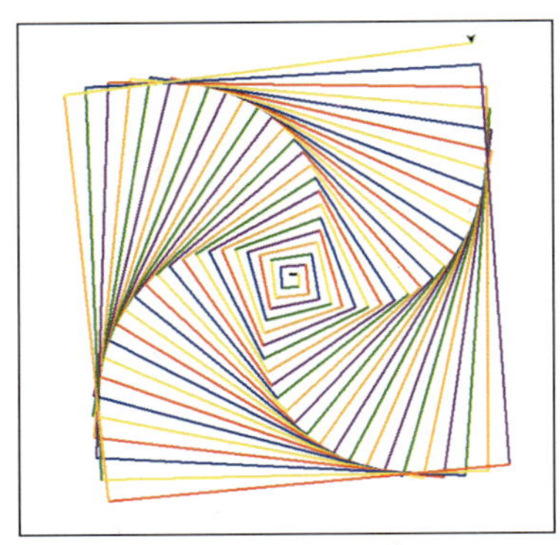

생각 1 : 프로그램의 순서를 생각해 봅니다.

| 터틀 그래픽을 사용할 준비 작업 | → | 색상 정보 리스트 만들기 | → |

반복문을 이용하여 리스트에서 색상정보를 가지고 와서 스파이럴 그리기

생각 2 : 그려야 할 선이 많으므로 터틀이 그림을 그리는 속도는 최대로 하고 선의 두께는 '3'으로 하겠습니다.

```python
t.speed(0)      # 거북이의 속도는 0으로 설정하면 최대가 됩니다.
t.width(3)      # 거북이가 그리는 선의 두께를 3으로 설정합니다.
```

생각 3 : 색상은 리스트에 저장했다가 하나씩 꺼내서 사용하도록 하겠습니다. 선의 색상은 직선을 그릴 때마다 차례대로 변경되어 적용되도록 합니다.

```python
colors = ["red", "purple", "blue", "green", "yellow", "orange"]
```

생각 4 : 화면에 사각형을 그리는 것이지만 한번 반복할 때마다 각도가 90°가 아니고 89°로 하면 나
선형의 스파이럴이 그려집니다. 스파이럴 선의 길이는 처음에는 '10'으로 시작해서 '500'이 될 때까
지 그립니다.

[잠깐!!] 이곳을 가리고 먼저 풀어 보세요!

**소스코드**

```python
import turtle

t = turtle.Turtle()

# 거북이의 속도는 0으로 설정하면 최대가 됩니다.
t.speed(0)

#거북이가 그리는 선의 두께는 width()를 호출합니다.
t.width(3)

length = 10                          # 초기 선의 길이는 10으로 합니다.

# 색상은 리스트에 저장했다가 하나씩 꺼내서 변경하도록 합니다.
colors = ["red", "purple", "blue", "green", "yellow", "orange"]

# while 반복문이다. 선의 길이가 500보다 작으면 반복.
while length < 500:
    t.forward(length)                # length만큼 전진합니다.
    t.pencolor(colors[length%6])     # 선의 색상을 변경합니다.
    t.right(89)                      # 89도 오른쪽으로 회전합니다.
    length += 5                      # 선의 길이를 5만큼 증가합니다.
```

## 스파이럴과 수학

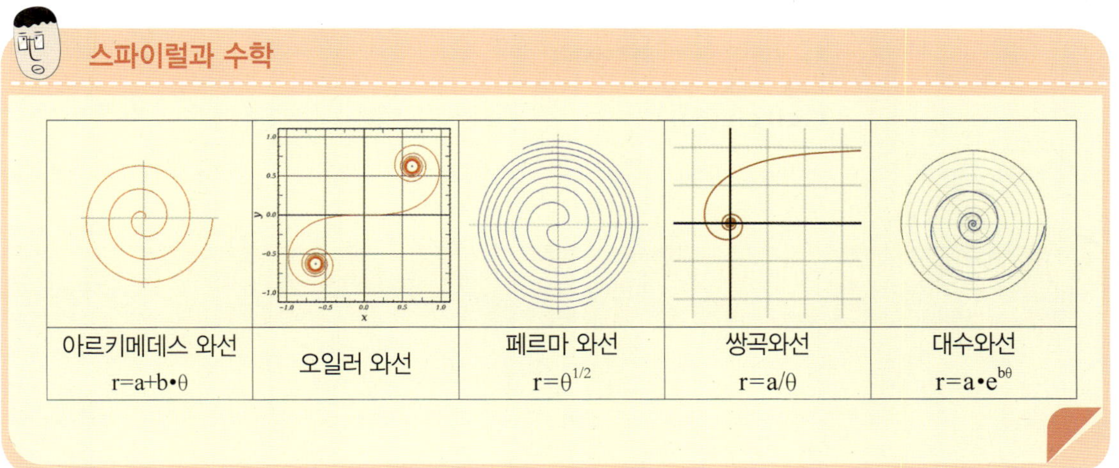

| 아르키메데스 와선 | 오일러 와선 | 페르마 와선 | 쌍곡와선 | 대수와선 |
|---|---|---|---|---|
| $r=a+b \cdot \theta$ | | $r=\theta^{1/2}$ | $r=a/\theta$ | $r=a \cdot e^{b\theta}$ |

# 오륜기 그리기

올림픽은 전 세계 각 대륙 각국에서 모인 수천 명의 선수가 참가해 여름과 겨울 스포츠 경기를 하는 국제적인 대회입니다. 우리 모두 올림픽을 기념하여 터틀그래픽을 이용하여 오륜기를 그리는 프로그램을 작성해 보세요.

**생각 1: 프로그램의 순서를 생각해 봅니다.**

| 터틀 그래픽을 사용할 준비 작업 | → | 원의 위치 정보와 색상 정보 리스트 만들기 | → |

반복문을 이용하여 리스트의 정보를 하나씩 꺼내서 원 그리기

**생각 2 : 오륜기를 상징할 원의 위치와 색상 정보를 하나의 리스트로 만듭니다. 그리고 이 리스트를 다시 하나의 리스트로 묶어 2차원 리스트를 만듭니다. 원의 위치와 색은 [0, 0, "green"], [-120, 0, "yellow"], [60, 60, "red"], [-60, 60, "black"], [-180, 60, "blue"]입니다.**

```python
positions = [[0, 0, "green"], [-120, 0, "yellow"], ... ]
```

**생각 3 : 반복 구조를 사용하여 리스트의 항목들을 방문하여 화면에 오륜기를 작성합니다. for를 이용하여 각 리스트의 항목을 아래와 같이 변수에 담아 올 수 있습니다.**

```python
for x, y, c in positions:
    t.goto(x, y)       #원을 그릴 위치로 가기
    t.circle(60)       #원 그리기
```

**생각 4 : 터틀 그래픽의 circle(), penup(), pendown(), goto(), pensize(), color() 등을 사용하여 오륜기를 그립니다.**

**소스코드**

```python
import turtle
t = turtle.Turtle()
positions = [[0, 0, "green"], [-120, 0, "yellow"], [60, 60, "red"], [-60, 60,
"black"], [-180, 60, "blue"]]
t.pensize(5)
for x, y, c in positions:
    t.penup()
    t.goto(x, y)
    t.pendown()
    t.color(c, c)          # color(펜의 색, 칠하는 색)
    t.circle(60)
```

# 습도 구하기

장마철이 되면 끈적끈적해서 '오늘은 습도가 높네~'라고 생각하는 날이 있습니다. 그런 날은 아무리 맑아도 빨래가 잘 마르지 않습니다. 습도는 공기 중에 포함된 수증기의 양 또는 비율을 나타냅니다. 습도를 구하는 공식은 다음과 같습니다.

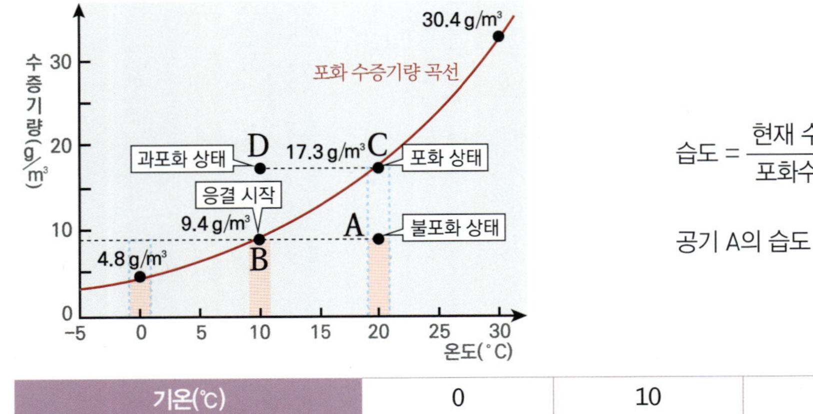


$$습도 = \frac{현재\ 수증기량}{포화수증기량} \times 100$$

$$공기\ A의\ 습도 = \frac{9.4g/m^3}{17.3g/m^3} \times 100 ≒ 54.3\%$$

| 기온(℃) | 0 | 10 | 20 | 30 |
|---|---|---|---|---|
| 포화수증기량(g/m³) | 4.8 | 9.4 | 17.3 | 30.4 |

사용자로부터 현재의 수증기량과 온도를 입력받아 습도를 계산해주는 프로그램을 작성해 보세요.

 생각 1: 프로그램의 순서를 생각해 봅니다.

기온과 포화수증기량 정보를 저장한 리스트 작성 →

사용자로부터 현재의 수증기량과 기온 입력받기 → 습도 계산하고 출력하기

 생각 2 : 기온과 포화수증기량의 정보를 가지고 있는 리스트를 작성합니다. 기온와 해당 포화수증기량의 인덱스는 동일하게 합니다.

```python
temp_list = [0, 10, 20, 30]              #기온 리스트
vapor_list = [4.8, 9.4, 17.3, 30.4]      #포화수증기량 리스트
```

**코드**

```
temp_list = [0, 10, 20, 30]          #기온 리스트
vapor_list = [4.8, 9.4, 17.3, 30.4]  #포화수증기량 리스트

temp = int(input())

if temp in temp_list :
    index = temp_list.index(temp)
    print(index)
    print(vapor_list[index])
```

**실행 결과**

```
20
2
17.3
```





**실행 결과**

```
현재 수증기량 입력: 9.4
현재 온도 입력: 20
현재 습도는 54.33526011560693 % 입니다.
프로그램을 종료합니다.
```

[잠깐!!] 이곳을 가리고 먼저 풀어 보세요!

**소스코드**

```
temp_list = [0, 10, 20, 30]
vapor_list = [4.8, 9.4, 17.3, 30.4]

vapor = float(input("현재 수증기량 입력: "))
temp = int(input("현재 온도 입력: "))

if temp in temp_list :
    humidity = (vapor / vapor_list[temp_list.index(temp)]) * 100
    print("현재 습도는" , humidity , "% 입니다.")

print("프로그램을 종료합니다.")
```

**1** 사용자로부터 5개의 숫자를 읽어서 리스트에 저장하고 숫자들의 평균을 계산하여 출력하는 프로그램을
작성해 보세요.

> **실행 결과**
>
> 정수를 입력하시오: 10
> 정수를 입력하시오: 20
> 정수를 입력하시오: 30
> 정수를 입력하시오: 40
> 정수를 입력하시오: 50
> 평균 = 30.0

공백 리스트를 생성하고 사용자한테서 받은 정수를 append()로 리스트에 추가합니다. 리스트의 크기는
len(alist)을 사용합니다.

**2** 주사위를 던져서 나오는 값들의 빈도를 계산하는 프로그램을 작성해 보세요. 즉, 1, 2, 3, 4, 5, 6의 값이
각각 몇 번이나 나오는지를 계산합니다. 난수 발생 함수와 리스트를 사용해 보세요.

> **실행 결과**
>
> 주사위가 1인 경우는 172
> 주사위가 2인 경우는 167
> 주사위가 3인 경우는 165
> 주사위가 4인 경우는 152
> 주사위가 5인 경우는 167
> 주사위가 6인 경우는 177

많은 방법으로 해결할 수 있는 문제입니다. 주사위 값이 나오는 빈도를 다음과 같은 리스트에 저장해 보세요.

```
counters = [0, 0, 0, 0, 0, 0]
```

주사위를 던져서 값이 나오면 해당되는 리스트의 요소를 증가시킵니다.

```
value = random.randint(0, 5)
counters[value] = counters[value] + 1
```

**3** 리스트에는 도형의 색상 정보가 다음과 같이 있습니다. 반복문을 이용하여 리스트의 항목을 하나씩 읽어 다음과 같은 도형으로 꽃을 그리는 프로그램을 작성해 보세요.

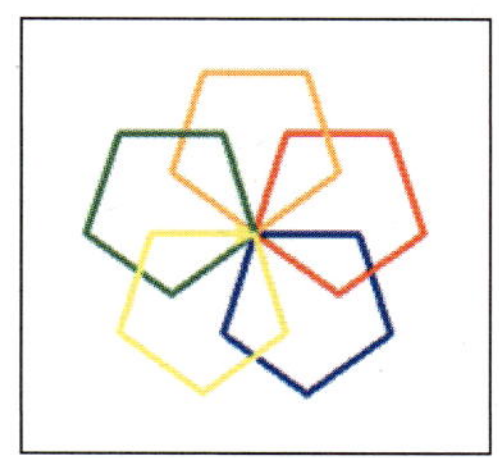

 오각형 도형이 5개이며 72°씩 회전하여 그립니다. 오각형의 외각은 72°입니다. forward(), right(), left(), color()를 이용하여 그립니다.

**4** 리스트에 저장된 색상을 하나씩 꺼내어 거북이의 색상으로 설정하면서 속이 채워진 다각형을 랜덤한 위치에 랜덤한 크기의 다각형을 그리는 프로그램을 작성해 보세요.

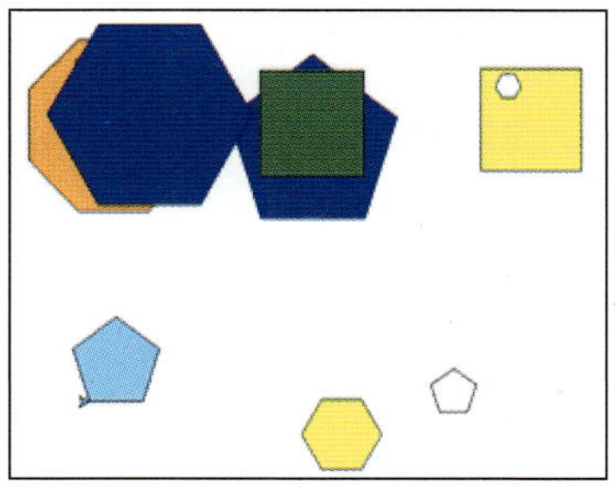

 ① 색상을 리스트에 저장하고 하나씩 꺼내서 거북이의 색상으로 설정합니다.
② 화면의 (x, y) 위치에 다각형을 그리는 함수 draw_shape(t, c, length, sides, x, y)를 정의합니다.

- **리스트**는 항목들을 모아둔 곳입니다.

- 리스트의 항목은 어떤 것이든 가능합니다.

- **리스트는 항목 번호로 항목에 접근**할 수 있습니다.

- 공백 리스트를 만들고 append(), insert()를 이용하여 코드로 **항목을 추가**할 수 있습니다.

- 리스트에서 여러 개의 **항목을 추출하는데 슬라이싱** 기법이 있습니다.

- remove(), del, pop()을 사용하여 리스트 **항목을 삭제**할 수 있습니다.

- index()를 이용하여 항목을 탐색할 수 있습니다.

- sort(), sorted()를 이용하여 리스트 **항목을 정렬**할 수 있습니다.

- **리스트를 중첩하여 사용함으로써 2차원 구조**의 리스트를 만들 수 있습니다.

- 리스트는 **반복문과 함께** 사용되는 경우가 많습니다.

# 제8장 코드를 함수로 모아봅시다

## 학습 내용

01. 함수의 개념을 학습합니다.
02. 함수를 작성하는 방법을 학습합니다.
03. 함수를 호출하여 사용하는 방법을 학습합니다.
04. 함수에 인수를 전달하여 사용하는 방법을 학습합니다.
05. 지역변수와 전역변수 개념을 학습합니다.

## LAB

01. BMI 계산기
02. 환전 계산기
03. n각형을 그리는 함수 작성하기
04. 클릭하는 곳에 사각형 그리기
05. 한붓 그리기
06. 이차함수 그래프 그리기
07. 테세우스 터틀 미로 탈출 게임
08. 재귀호출
09. 프랙털 나무 그리기

지금까지 우리는 꽤 많은 프로그램을 작성해보았습니다. 하고 싶은 일이 많아질수록 코드의 길이도 길어졌지요? 큰 문제가 있으면 먼저 작은 문제로 나누어 해결하면 효과적이듯 덩치가 점점 커지고 복잡한 프로그램일수록 우리가 이해하기 쉽고 관리하기 편리하도록 쪼개고 분리해서 작성할 필요가 있습니다.

파이썬에서는 프로그램을 쪼개는 3가지의 방법이 있습니다.
첫째, 함수(function)입니다. 함수는 여러 개의 명령을 하나의 단위로 묶어 놓은 것입니다. 우리는 주로
　　　반복적으로 사용하는 코드를 함수로 묶습니다.
둘째, 클래스(class)입니다. 클래스는 코드 중에서, 관련된 변수와 함수를 하나로 묶은 것입니다.
셋째, 모듈(module)입니다. 모듈은 여러 개의 함수를 모아 놓은 것으로 프로그램 일부를 가지고 있는
　　　독립적인 파일로 관리하는 것입니다.

이 장에서는 함수에 대해서만 알아보겠습니다.
함수는 일을 수행하는 코드의 덩어리입니다. 함수는 우리가 더 큰 프로그램을 구축하는 데 사용할 수 있는 작은 조각입니다. 함수를 쉽게 이해하려면 레고 블록의 기본 블록이 함수에 해당한다고 생각하면 됩니다. 우리는 하나의 블록을 다른 블록과 연결할 수 있습니다.

함수는 입력을 받아서 출력을 내보내는 박스로 우리가 수학 시간에 배운 함수와 같은 개념입니다. 함수는 특정 기능을 구현하는 부분을 따로 떼어 구현하는 것입니다.
프로그래밍하다 보면 똑같은 내용을 반복해서 작성하고 있는 경우가 종종 있습니다. 이때 "반복적으로 사용되는 의미 있는 부분"을 한 뭉치로 묶어서 "어떤 입력값을 주었을 때 어떤 결괏값을 돌려준다"라는 식의 함수로 작성하여 사용하면

좋습니다. 함수(function)는 서브루틴(subroutine), 루틴(routine), 메서드(method), 프로시저(procedure) 라고도 부릅니다.

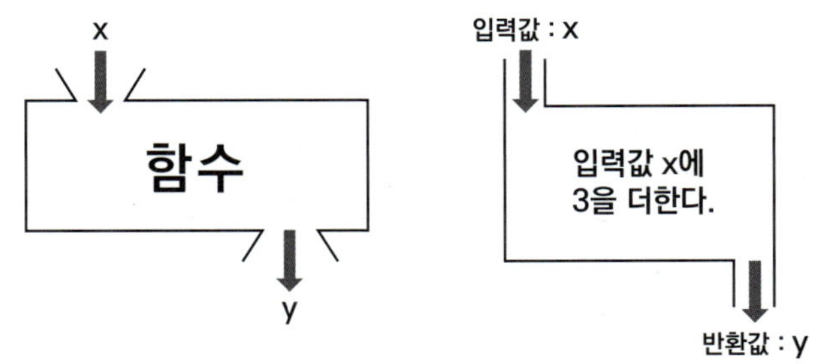

# 02 함수를 작성하고 호출하기

파이썬에서 함수는 def 키워드를 이용하여 작성할 수 있습니다. 함수를 만드는 과정을 '함수를 정의한다'라고 합니다. 그리고 함수를 실제로 사용하는 것을 '함수를 호출한다'라고 합니다.

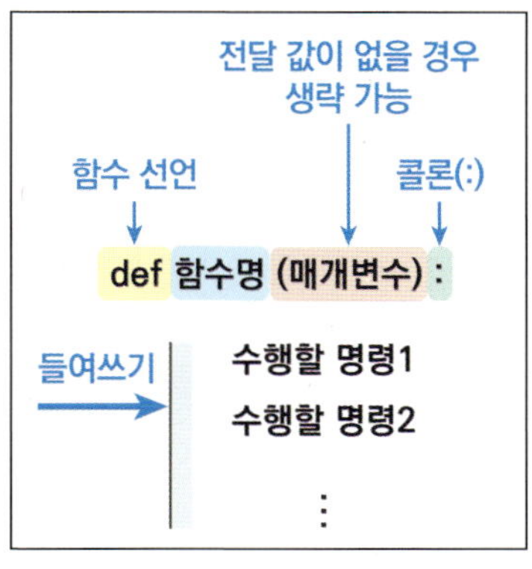


콜론(:)
코드 블록이 이어서 등장한다는 것을 의미해요. (if, for, while 뒤에도 콜론이 있어요.)

함수는 def 키워드를 이용하여 정의합니다.

| 코드 | 실행 결과 |
|---|---|
| ```python
def print_address():
    print("서울특별시 종로구 1번지")
    print("파이썬 빌딩 7층")
    print("홍길동")

print_address()        # 함수의 호출
``` | 서울특별시 종로구 1번지<br>파이썬 빌딩 7층<br>홍길동 |

- ✔ def print_address() : def 키워드를 이용하여 함수를 정의합니다. 이어서 함수의 이름을 적은 후에 소괄호 ()와 콜론(:)을 붙입니다. 함수의 이름은 변수의 이름을 작성하는 규칙과 동일합니다.
- ✔ print("서울특별시 종로구 1번지") ~ print("홍길동") : 함수를 구성하는 문장들입니다. 함수를 구성하는 이 문장들은 들여쓰기를 해야 합니다.
- ✔ print_address() : 함수 안에 있는 코드들은 자동으로 실행되지 않습니다. 함수가 호출되어야 함수 안의 코드가 실행됩니다. 함수를 호출(function call)하려면 함수 이름을 적어주면 됩니다. 위의 코드와 같이 1줄만 추가하면 함수가 호출되어 실행되고 실행 결과가 표시됩니다.

print_address()처럼 프로그래머가 필요에 의해 직접 임의로 만든 함수를 사용자 정의 함수(user-defined functions)라고 합니다.
```

함수를 사용하려면….

함수를 호출해서 사용하기 위해서는 그 전에 먼저 함수가 정의되어 있어야 합니다.

# 03 왜 우리는 함수를 작성하는가?

어렵게 함수를 정의하지 않아도 같은 결과는 출력할 수는 있습니다. 그럼, 왜 우리는 더 복잡하고 어려울 것 같은 함수를 사용할까요? 함수를 사용하는 주된 이유는 우리가 한 번만 함수를 정의하면 언제든지 필요할 때 함수를 불러서 문제를 처리할 수 있기 때문입니다.

 우리 집의 주소를 2번 인쇄하려고 합니다.

**코드 1**
```python
print("서울특별시 종로구 1번지")
print("파이썬 빌딩 7층")
print("홍길동")

print("서울특별시 종로구 1번지")
print("파이썬 빌딩 7층")
print("홍길동")
```

**코드 2**
```python
for i in range(2) :
    print("서울특별시 종로구 1번지")
    print("파이썬 빌딩 7층")
    print("홍길동")
```

**코드 3**
```python
def print_address():
    print("서울특별시 종로구 1번지")
    print("파이썬 빌딩 7층")
    print("홍길동")

print_address()
print_address()
```

**코드1, 코드2, 코드3 실행 결과**
```
서울특별시 종로구 1번지
파이썬 빌딩 7층
홍길동
서울특별시 종로구 1번지
파이썬 빌딩 7층
홍길동
```

✅ [코드1] : 당장은 함수의 사용 없이 바로 작성하는 것이 골치도 덜 아프고 간단해 보일 수도 있습니다. 하지만 문제가 복잡해지고 프로그램 코드가 길어질수록 함수를 정의하여 이를 호출하면 불필요하게 반복되는 코드의 양을 줄일 수 있습니다.

✅ [코드2] : 만약 주소를 3번 출력하는 작업이 한 군데서 일어난다면 반복(루프)을 사용해도 됩니다. 오히려 더 간단해 보이기도 합니다. 하지만 프로그램의 여러 곳에서 동일한 작업을 수행할 때 반복(루프)의 경우는 매번 동일 코드를 작성해야 합니다.

✅ [코드3] : 주소를 출력하는 `print_address()` 함수를 만들어 2번 호출하여 사용했습니다. 함수는 호출만 하면 됩니다. 그리고 함수는 호출할 때마다 입력 값을 서로 다르게 전달하여 약간 다른 작업을 실행시킬 수도 있습니다.

프로그램을 함수화하면 프로그램의 흐름을 일목요연하게 볼 수 있습니다. 이렇게 되면 프로그램의 흐름도 잘 파악할 수 있고 오류가 어디에서 나는지도 금방 알아차릴 수도 있습니다. 함수를 잘 이용하고 함수를 적절하게 만들 줄 아는 사람이 능력 있는 프로그래머입니다.

# 함수에 1개의 인수 전달하기

사용자는 함수를 호출하여 사용할 때 작업에 필요한 정보(값)를 전달할 수 있습니다. 이 정보를 인수(argument)라고 합니다. 매개변수(parameter)는 인수를 담아 함수 내에서 쓰이는 값입니다. 인수와 매개변수는 함수 호출 시에 정보(값, 데이터)를 주고받는 데 필요합니다.

우편물을 받는 사람의 주소를 인쇄하는 `print_address()` 함수가 있는 프로그램을 작성해 봅시다.

수신자의 이름은 함수가 호출될 때 전달받아 처리하도록 하겠습니다. `print_address()` 함수를 이용하면 같은 건물에 사는 여러 다른 사람의 주소를 출력할 수 있습니다.

**코드**

```python
def print_address(name):
    print("서울특별시 종로구 1번지")
    print("파이썬 빌딩 7층")
    print(name)


print_address("홍길동")
print_address("김코드")
print_address("나함수")
```

함수의 인수가 매개변수에 전달

**실행 결과**

```
서울특별시 종로구 1번지
파이썬 빌딩 7층
홍길동
서울특별시 종로구 1번지
파이썬 빌딩 7층
김코드
서울특별시 종로구 1번지
파이썬 빌딩 7층
나함수
```

- ✅ `def print_address(name)` : 함수 이름 뒤의 소괄호 중간에 변수 name이 있습니다. 이 변수 name에 함수로 전달된 값이 저장됩니다.
- ✅ `print_address("홍길동")` : 메인 프로그램에서 `print_address()`를 호출할 때 "홍길동"이라는 문자열을 전달하고 있습니다. 이것은 함수가 정의된 부분에 name 변수로 전달되어 저장됩니다.

인수(argument)는 호출 프로그램에 의하여 함수에 실제로 전달되는 값입니다. 매개변수(parameter)는 이 값을 전달받는 변수입니다. 함수가 호출될 때마다 인수는 함수의 매개변수로 전달됩니다. 위의 코드에서 `print_address()`를 호출할 때 전달되는 값 "홍길동"이 인수이며, `print_address()`가 정의된 부분에서 이 값을 전달받는 변수 name은 매개변수입니다.

# 함수에 여러 개의 인수 전달하기

함수에 여러 개의 값도 전달할 수 있습니다.

2개의 정수 start에서 end까지의 합을 계산하는 함수 get_sum()을 작성해 보겠습니다.

**코드**

```python
def get_sum(start, end):
    sum = 0
    for i in range(start, end+1):
        sum += i
    print("sum=",sum)

get_sum(1, 10)    # 1과 10이 get_sum()의 인수가 됩니다.
get_sum(1, 20)    # 1과 20이 get_sum()의 인수가 됩니다.
```

**실행 결과**

```
sum= 55
sum= 210
```

✔ **get_sum(1, 10)** : 함수가 호출될 때 1, 10이 인수로 전달됩니다. 그러면 get_sum() 함수가 정의된 부분에서 매개변수 **start**에는 1, **end**에는 10이 저장됩니다. 그리고 **start**와 **end**의 정보를 가지고 **sum** 에 **start**에서부터 **end**까지의 수가 더해집니다.



✔ **get_sum(1, 20)** : 필요에 따라 함수가 호출될 때마다 넘겨지는 인수의 값은 달라질 수 있습니다.

여기서 주의할 점은 인수의 개수와 매개변수의 개수는 일반적으로 일치하도록 하는 것이 좋습니다. 즉, 매개변수가 두 개이면 함수를 호출할 때 인수도 두 개이어야 합니다. 매개변수의 개수와 인수의 개수가 일치하지 않으면 종종 찾기 어려운 오류가 발생하기도 합니다.

## 기본 매개변수(default parameter)

함수를 호출할 때 인수를 넘겨주지 않아도 인수가 자신의 기본값을 갖도록 하는 기능입니다.

```python
def inc(a, step = 1) :
    print(a + step)

inc(10)
inc(10, 50)
```

함수를 호출할 때마다 사용자가 전달하는 정보에 따라 융통성 있게 처리할 수 있음을 살펴보았습니다. 그러나 함수가 매우 유용한 것은 함수가 일의 결과로 우리에게 무엇인가를 돌려 줄 수도 있다는 점입니다. 함수로부터 되돌아오는 값을 반환 값(return value)이라고 합니다. 함수가 값을 반환하려면 return 키워드를 사용하면 값을 함수의 외부로 전달할 수 있습니다. 그리고 함수는 종료됩니다.

호출할 때 원의 반지름 값을 인수로 보내면 원의 면적을 계산해서 반환하는 함수를 작성해 보겠습니다.

| 코드 | 실행 결과 |
| --- | --- |
| <pre>def calculate_area(radius):    # 함수의 정의<br>    area = 3.14 * radius**2<br>    return area                 # 함숫값의 반환<br><br>c_area = calculate_area(5.0) # 함수의 호출<br>print(c_area)<br><br>area_sum = calculate_area(5.0) + calculate_area(10.0)<br>                    # 수식에 적용된 함수 호출<br>print(area_sum)</pre> | 78.5<br>392.5 |

- ✔ `def calculate_area(radius)` : 함수가 정의되었습니다. radius에는 calculate_area()가 호출될 때 넘어온 5.0의 값이 저장됩니다.
- ✔ `area = 3.14 * radius**2` : area 변수에는 3.14 * radius ** 2가 계산되어 그 값(78.5)이 저장됩니다.
- ✔ `return area` : area 변수의 값(78.5)은 calculate_area() 함수를 호출된 곳으로 반환됩니다. 이 값은 어디로 갈까요? 반환 값은 다시 함수를 호출한 코드로 전달됩니다. 함수의 수행 결과를 반환할 때 'return 반환 값'의 형태를 써주면 됩니다. 반환 값에는 변수, 수식이 올 수 있습니다.
- ✔ `c_area = calculate_area(5.0)` : calculate_area() 함수를 호출해서 반환되어 되돌아온 값인 78.5가 변수 c_area에 저장됩니다.

 함수를 호출하여 수행하게 했어도, 그 반환 값을 사용하지 않을 수도 있습니다.

<table>
<tr><td>

**코드**
```python
def calculate_area (radius):  # 함수의 정의
    area = 3.14 * radius**2
    return area

calculate_area(5.0)    # 함수의 호출
```
</td><td>

**실행 결과**

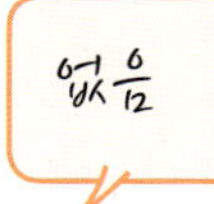

</td></tr>
</table>

✔ calculate_area(5.0) : calculate_area()가 호출되어 수행되었지만, 함수가 반환한 값을 가지고 출력을 한다거나 어떤 변수에 저장하여 사용하거나, 출력하는 것과 같은 어떤 조치를 하지 않았습니다. 그래서 원의 넓이를 구하는 작업은 오류 없이 잘 실행되었지만, 함수 호출 후 어떠한 일도 일어나지 않았습니다.

 파이썬에서는 함수가 여러 개의 값을 반환할 수 있습니다.

몇몇 다른 프로그래밍 언어는 함수가 반환하는 값을 단 한 개로 제한하기도 합니다. 하지만 파이썬에서는 다음과 같이 여러 개의 값을 반환할 수 있습니다.

<table>
<tr><td>

**코드**
```python
def get_input():
    return 2, 3

x, y = get_input()
print(x , "," ,y)
```
</td><td>

**실행 결과**
```
2 , 3
```
</td></tr>
</table>

✔ x, y = get_input() : get_input()가 호출되어 실행되고 난 후 반환하는 2와 3이 x와 y에 차례대로 저장됩니다.

 return만 홀로 쓸쓸히(?) 있는 경우도 있습니다.

<table>
<tr><td>

**코드**
```python
def judge(num) :
    if num % 2 == 0 :
        print("짝수")
        return    # 이 부분에서 종료됩니다.
    print("홀수")

num = int(input("자연수를 입력하세요: "))
judge(num)
```
</td><td>

**실행 결과1**
```
자연수를 입력하세요: 10
짝수
```

**실행 결과2**
```
자연수를 입력하세요: 11
홀수
```
</td></tr>
</table>

## 다양한 함수?

f(x) = y
x
y
우재석
김호동
심동엽
최병만
서장후
런닝걸
이쁜 우리새끼
구서유기
도시의 법칙
하나만 물어보세요
밥을 입력받으면
똥을 출력하는 나도 함수?

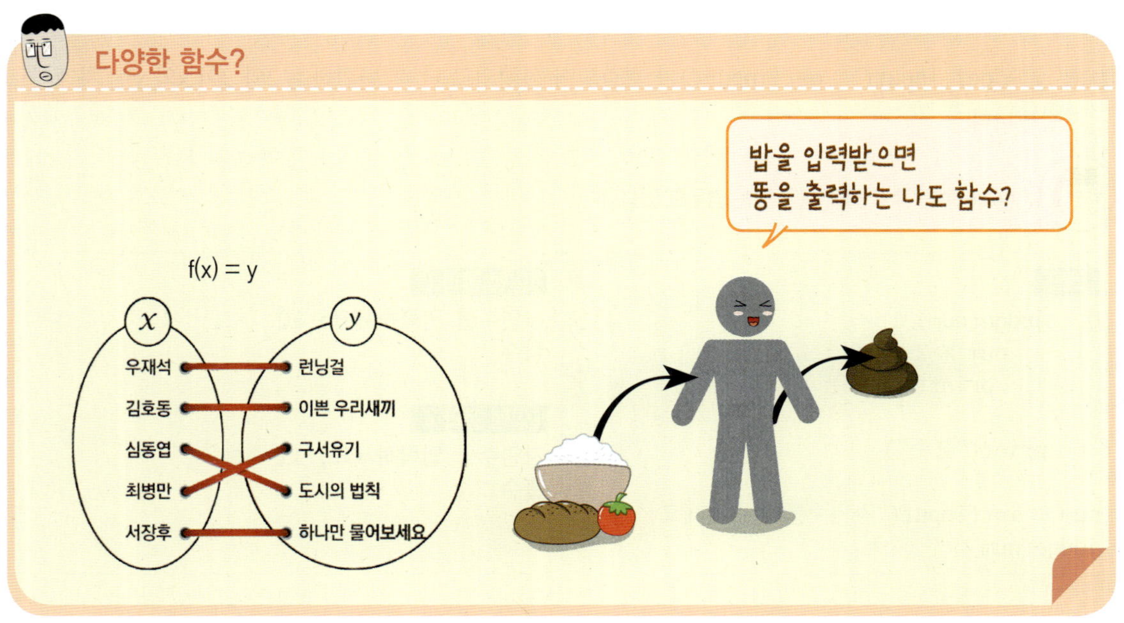

# 07 함수를 좀 더 이해시켜 줄 예제

 사각형 그리기 함수를 작성해 봅시다.

터틀 그래픽에서는 원을 그리는 함수는 제공하지만, 정사각형을 그리는 함수는 제공하지 않습니다. 이상한 일이지만 할 수 없지요. 그래서 반복을 배운, 스마트한 우리는 반복문을 이용하여 다음과 같이 정사각형 2개를 그렸습니다. 하지만 우리는 함수를 배워서 필요한 함수도 직접 만들 수 있는 조금 더 스마트한 프로그래머입니다. 정사각형을 그리는 square()를 정의하고 사용하여 정사각형을 그리는 프로그램을 작성해 봅시다.

<table>
<tr><td>

**코드1-반복문 사용**

```python
import turtle
t = turtle.Turtle()
t.shape("turtle")

for i in range(4 ):
    t.forward(100)
    t.left(90)
t.up()              # 펜을 든다.
t.goto(-200, 0) # (-200, 0)으로 이동한다.
t.down()            # 펜을 내린다.

for i in range(4 ):
    t.forward(100)
    t.left(90)
```

</td><td>

**코드2-함수 사용**

```python
import turtle
t = turtle.Turtle()
t.shape("turtle")

def square(length): # length는 한 변의 길이
    for i in range(4):
        t.forward(length)
        t.left(90)

square(100)     # square() 함수를 호출한다.
t.up()              # 펜을 든다.
t.goto(-200, 0)# (-200, 0)으로 이동한다.
t.down()            # 펜을 내린다.
square(100)     # square() 함수를 호출한다.
```

</td></tr>
</table>

✔ def square(length) : length는 그려야 하는 정사각형 한 변의 길이입니다. square(100)으로 함수를 호출하면 100이 length에 저장이 되어 사각형을 그리는 작업이 수행됩니다. square() 함수는 필요한 사각형 개수만큼 호출하여 사용하면 됩니다.

# 08 지역변수와 전역변수

우리는 이제까지 습관적으로 특별한 생각 없이 변수를 만들어서 사용하였습니다. 하지만 함수를 알게 되면서 변수에 대하여 다시 생각해 보아야 할 부분이 생깁니다. 바로 변수들이 사용되는 범위입니다. 변수는 사용 범위에 따라 지역변수와 전역변수로 나눕니다. 함수 안에서 생성되는 변수를 지역변수(local variable)라고 합니다. 지역변수는 함수가 종료되면 사라지게 됩니다. 다른 하나는 전역변수(global variable)라고 합니다. 전역변수는 프로그램의 어디서나 사용할 수 있습니다. 변수의 범위는 변수의 사용 가능 영역과 변수가 생존하는 시간과 관련이 있습니다.

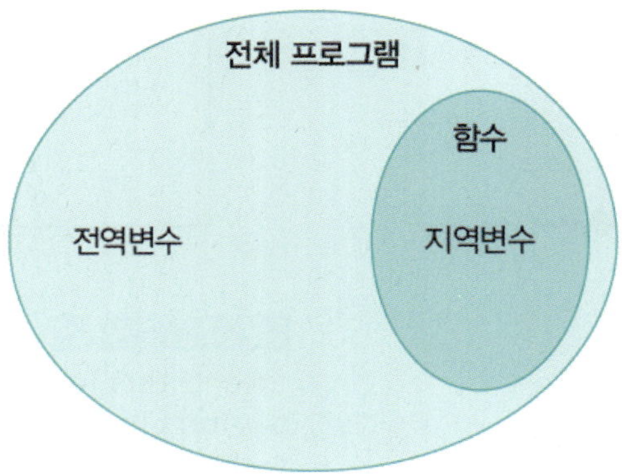

원의 면적을 계산하려는 다음 프로그램을 살펴보겠습니다.

| 코드 | 실행 결과 |
|---|---|
| <pre>def calculate_area():<br>    result = 3.14 * r **2<br>    return result<br><br>r = float(input("원의 반지름: "))<br>area = calculate_area()<br>print(area)</pre> | 원의 반지름: 5.0<br>78.5 |

✅ result = 3.14 * r **2 : 변수 'r'은 전역변수입니다. 전역변수는 프로그램 어디서나 사용할 수 있어서 calculate_area() 함수 안에서도 변수 'r'의 값을 사용할 수 있습니다.

 코드도 줄일 겸 'calculate_area()' 안의 변수 result도 변수 r처럼 밖에서 함께 써보겠습니다.

<table>
<tr><td>

**코드**
```python
def calculate_area():
    result = 3.14 * r **2

r = float(input("원의 반지름: "))
calculate_area()
print(result)
```

</td><td>

**실행 결과**
```
원의 반지름: 5.0
Traceback (most recent call last):
... (생략) ...
NameError: name 'result' is not defined
```

</td></tr>
</table>

- print(result) : calculate_area() 안에서 사용한 result 변수를 함수의 외부에서 사용하려고하면 오류가 발생합니다. 함수가 종료되면 지역변수는 사라지기 때문에 존재하지 않습니다. 함수 밖에서 'result' 변수는 없는 변수입니다.

 그렇다면 result를 전역변수로 만들어 보겠습니다.

오류가 발생하지는 않지만, result의 값은 변경되지 않습니다. 파이썬에서는 함수 안에서 변수에 값을 저장하려면 새로운 지역변수를 만듭니다. calculate_area() 안에서 새로운 result를 지역변수로 새롭게 생성합니다. 밖에 있는 전역변수 result와 외모는 비슷하지만 다른 변수입니다.

<table>
<tr><td>

**코드**
```python
result = 0                  # 전역변수 result
def calculate_area():
    result = 3.14 * r **2   # 지역변수 result

r = float(input("원의 반지름: "))
calculate_area()
print(result)
```

</td><td>

**실행 결과**
```
원의 반지름: 5.0
0
```

</td></tr>
</table>

- result = 0 : result를 함수 밖에서 선언하여 전역변수로 만들고 '0'으로 초기화하였습니다.
- result = 3.14 * radius**2 : 전역변수 result에 계산한 값을 저장하려고 합니다. 하지만 지역변수 result가 생성되어 저장됩니다.
- print(result) : 전역변수 result의 값에는 변화가 없었으므로 처음에 저장된 '0'이 출력됩니다.

 calculate_area() 안에서 계산된 값을 전역변수 result에 저장해 보겠습니다.

함수 안에서 전역변수의 값을 변경하고 싶은 경우에는 어떻게 해야 할까요? 이런 경우에는 **global**이라는 키워드를 사용하여 함수 내부에서 따로 지역변수를 만들지 않고 밖에 정해놓은 전역변수를 사용하겠다 라고 처리를 해주어야 합니다.

<table>
<tr><td>

**코드**
```python
result = 0
def calculate_area():
    global result
    result = 3.14 * r **2

r = float(input("원의 반지름: "))
calculate_area()
print(result)
```
</td><td>

**실행 결과**
```
원의 반지름: 5.0
78.5
```
</td></tr>
</table>

✅ global result : caculate_area() 함수 안에서 앞에서 언급한 'result'라는 전역변수를 사용하겠다는 표시로 global 키워드 붙여줍니다.

✅ result = 3.14 * r **2 : 전역변수 result에 계산한 결과를 저장합니다.

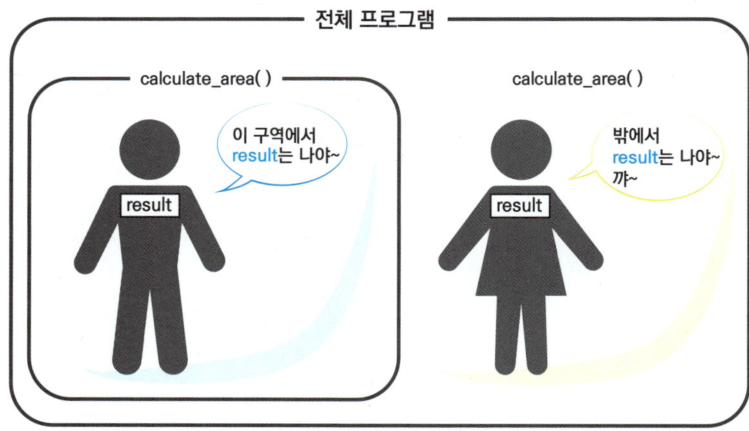

# 디폴트 인수

파이썬에서는 함수의 매개변수에 기본값을 지정할 수 있습니다. 이것을 디폴트 인수(default argument, 기본 인수)라고 합니다.

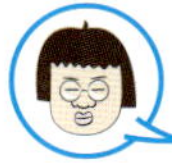 우리에게 반갑게 인사를 하는 함수 greet()를 살펴보겠습니다.

greet()는 항상 2개의 인수를 받아야 합니다. 만약 우리가 greet() 함수에 2개의 인수를 전달하지 않으면 오류가 발생합니다.

| 코드 1 | 실행 결과 |
|---|---|
| <pre>def greet(name, msg):<br>    print("안녕 ", name + ', ' + msg)<br><br>greet("철수", "좋은 아침!")</pre> | 안녕  철수, 좋은 아침! |
| 코드 2 | 실행 결과 |
| <pre>def greet(name, msg):<br>    print("안녕 ", name + ', ' + msg)<br><br>greet("철수")   # 매개변수 부족</pre> | <pre>... (생략) ...<br>TypeError: greet() missing 1 required<br>positional argument: 'msg'</pre> |

 만약 인수의 개수가 부족한 경우, 어느 정도는 기본값으로 매개변수를 처리해주는 장치가 있다면 편리할 것입니다. 바로 이것이 디폴트 인수입니다.

| 코드 | 실행 결과 |
|---|---|
| <pre>def greet(name, msg = "잘 지내죠?"):<br>    print("안녕 ", name + ', ' + msg)<br><br>greet("영희")</pre> | 안녕  영희, 잘 지내죠? |

| | 실행 결과 |
|---|---|
| <br><pre>greet("영희")<br>greet("영희")<br>greet("영희")</pre> | <pre>안녕  영희, 잘 지내죠?<br>안녕  영희, 잘 지내죠?<br>안녕  영희, 잘 지내죠?</pre> |

# 10 키워드 인수

파이썬에서 대부분의 인수는 함수가 호출될 때 인수들의 위치에 의하여 구별됩니다. 하지만 **키워드 인수** (keyword argument)는 인수들 앞에 키워드를 두어서 인수들의 위치와 상관없이 인수들을 구분하게 합니다. 키워드 인수는 함수를 호출할 때 인수의 이름을 명시적으로 지정해서 전달하는 방법입니다.

 인수들을 위치에 의해 구분하는, 즉 **위치 인수**(positional argument)의 예를 살펴봅시다.

<table>
<tr><td>

**코드**

```python
def calc(x, y):
    return x - y

print(calc(10, 20))
print(calc(20, 10))
```

</td><td>

**실행 결과**

```
-10
10
```

</td></tr>
</table>

- ✅ `print(calc(10, 20))` : clac(10, 20)이 호출되면서 매개변수 x에는 10이 전달되고 매개변수 y에는 20이 전달되어 '10-20'을 계산한 결과가 반환되어 -10이 출력됩니다.
- ✅ `print(calc(20, 10))` : clac(20, 10)이 호출되면서 매개변수 x에는 20이 전달되고 매개변수 y에는 10이 전달되어 '20-10'을 계산한 결과가 반환되어 10이 출력됩니다.

 매개변수의 이름에 값을 직접 대입하여 인수를 전달하는 키워드 인수의 예를 살펴봅시다.

<table>
<tr><td>

**코드**

```python
def calc(x, y):
    return x - y

print(calc(x=10, y=20))
print(calc(y=20, x=10))
```

</td><td>

**실행 결과**

```
-10
-10
```

</td></tr>
</table>

- ✅ `print(calc(x=10, y=20))` : 'x=10', 'y=20'과 같이 매개변수의 이름에 값을 직접 대입하여 인수를 전달합니다.
- ✅ `print(calc(y=20, x=10))` : 키워드 인수를 사용할 때는 인수들이 어떤 순서로 전달되어도 상관없습니다.

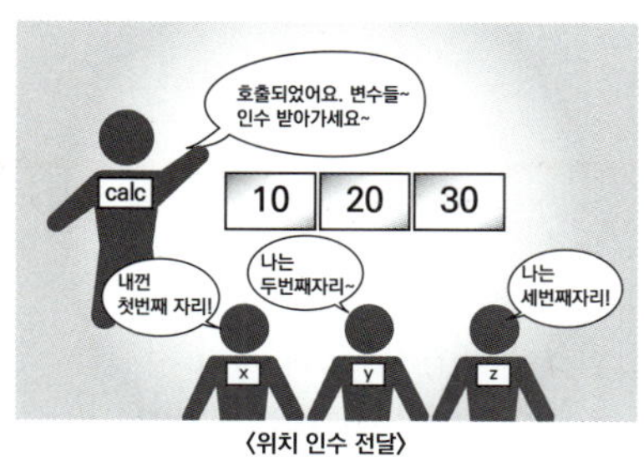

〈위치 인수 전달〉

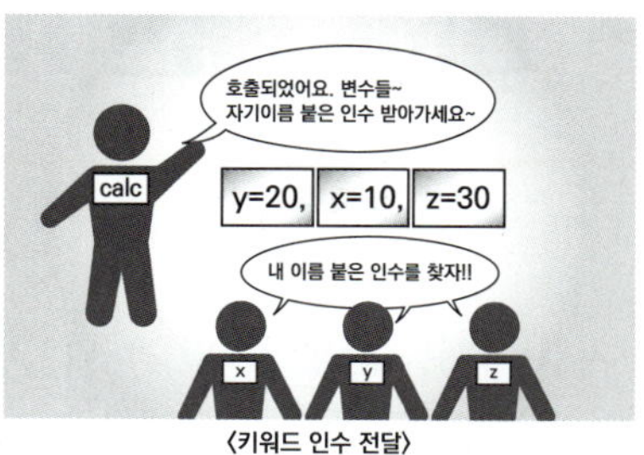

〈키워드 인수 전달〉

키워드 인수 사용 시 주의사항!

위치 인수와 키워드 인수를 섞어 사용할 수 있지만, 반드시 위치 인수가 키워드 인수 앞에 나와야 합니다.

| 코드 | 실행 결과 |
|---|---|
| ```python\ndef calc(x, y, z) :\n    return x + y + z\n\nprint(calc(10, y = 20, z = 30))\n``` | 60 |
| ```python\ndef calc(x, y, z) :\n    return x + y + z\n\nprint(calc(x = 10, 20, 30))\n``` | SyntaxError: positional  argument<br>follows keyword argument |

✅ print(calc(x = 10, 20, 30)) : 키워드 인수 뒤에 위치 인수가 나올 수 없습니다. 다음과 같이 하면 오류가 납니다. 만약 print(calc(y = 10, 20, 30))로 되어 있다면 '20'은 calc() 함수에서 매개변수 x에 저장되어야 할까요? 매개변수 y에 저장되어야 할까요? 컴퓨터는 혼란스러울 것입니다.

키워드 인수 전달의 경우 총정리!

키워드 인수의 내용을 예를 들어 정리하면 다음과 같습니다.

```python
def func1(x, y, z) :
    return x * y * z
```

(호출 예)
```python
func1(1, 3, 5)                  #15
func1(y = 7, z = 5, x = 2)      #70
func1(z = 2, x = 4, y = 5)      #40
func1(5, z = 10, y = 2)         #100
func1(z = 10, 20, x = 2)        #에러(위치 인수가 키워드 인수 뒤에 오면 안 됨)
func1(5, x = 2, z = 20)         #에러(x에 두 개의 값이 중복으로 할당된다는 에러)
```

두근이는 '세 마리 치킨' 가게를 운영하고 있습니다. 치킨집을 운영하다 보니 매일 치킨을 먹게 되어 몸무게가 10kg이 늘었습니다. 걱정이 된 두근이는 체질량 지수를 알아보기 위하여 체질량 지수 계산 프로그램을 작성하기로 했습니다. 사용자로부터 신장과 체중을 입력받아서 체질량 지수를 계산하는 프로그램을 함수를 이용하여 작성해 보겠습니다.

체질량지수(BMI) 공식

$$BMI = \frac{몸무게(kg)}{키(m) \times 키(m)}$$

| 구분 | BMI |
|---|---|
| 저체중 | <18.5 |
| 정상 | 18.5~22.9 |
| 과체중 | 23~24.9 |
| 경도비만 | 25~29.9 |
| 고도비만 | 30 이상 |

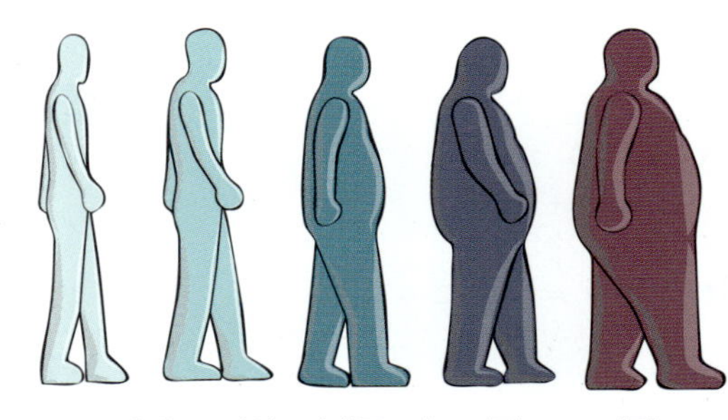

저체중, 정상, 과체중, 경도비만, 고도비만

생각 1 : 프로그램의 순서를 생각해 봅니다.

사용자로부터 키와 몸무게 입력받기 → BMI(키, 몸무게) 함수 체질량지수 계산 후 결과 반환 →
result(체질량지수) 호출 결과 출력

생각 2 : BMI(키, 몸무게)는 키와 몸무게를 매개변수로 하여 BMI를 계산 후 결과를 반환합니다.

생각 3 : result_print(체질량지수)는 체질량지수에 따라 비만 정도를 출력합니다.

생각 4 : 실행 결과는 다음과 같습니다.

**실행 결과**

키를 m단위로 입력하세요: 1.60
몸무게를 kg단위로 입력하세요: 47
당신은 저체중입니다.

**소스코드**

```python
def BMI(height, weight):
    result = weight / (height*height)
    return result

def result_print(result):     #매개변수 result는 result_print()에서 지역변수입니다.
    if result < 18.5 :
        print("당신은 저체중입니다.")
    elif result < 23 :
        print("당신은 정상입니다.")
    elif result < 25 :
        print("당신은 과체중입니다.")
    elif result < 30 :
        print("당신은 경도비만입니다.")
    else :
        print("당신은 고도비만입니다.")

h = float(input("키를 m단위로 입력하세요: "))
w = float(input("몸무게를 kg단위로 입력하세요: "))

result = BMI(h, w)
result_print(result)
```

**도전과제**

비만도를 계산하는 공식에는 여러 가지가 있습니다. 다음과 같은 '표준체중 백분율' 방법으로도 비만도를 계산하는 프로그램을 작성해 보세요.

〈체질량지수를 이용한 방법〉

남자 : 표준체중 = 키$(m)^2$ × 22

여자 : 표준체중 = 키$(m)^2$ × 21

비만도(%표준체중)=(실제 체중/표준체중)×100

〈표준체중 백분율의 평가기준〉

| % 표준체중 | 평 가 |
|---|---|
| ≥ 200 | 고도비만 |
| 120~199 | 비만 |
| 111~120 | 과체중 |
| 90~110 | 정상 |
| 80~89 | 저체중(경도의 영양불량) |
| 70~79 | 극심한 저체중(중증도의 영양불량) |
| < 69 | 극심한 영양불량 |

# 환전 계산기

'세 마리 치킨'사장 두근이는 체중 조절로 건강해져 성실히 일하다 보니 장사가 잘 되어 돈도 많이 벌었습니다. 그래서 두근이는 휴가도 즐기고 세계 여러 나라의 치킨 레시피를 공부하기 위해 해외여행을 계획하였습니다. 해외에서 여행을 하려면 그 나라의 화폐를 사용해야 합니다. 두근이는 복잡한 환율 계산 때문에 머리가 아파졌습니다. 두근이를 위해 복잡한 환율을 따져 계산을 할 환전 계산기 프로그램을 작성해 보겠습니다.

| 통화명 | 매매기준율 | 전일대비 | 등락률 |
|---|---|---|---|
| 미국 USD | 1,182.5 | ▲ 3.30 | +0.27% |
| 일본 JPY 100 | 1,078.14 | ▲ 15.57 | +1.41% |
| 유럽연합 EUR | 1,286.74 | ▲ 10.60 | +0.80% |
| 중국 CNY | 169.22 | ▲ 0.48 | +0.28% |

생각 1 : 프로그램의 순서를 생각해 봅니다.

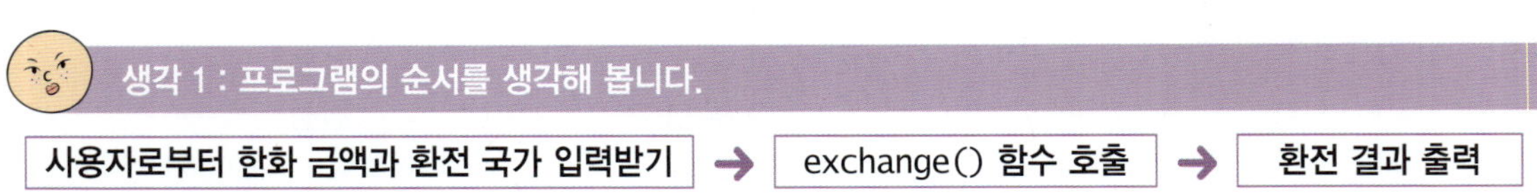

 생각 2 : 사용자로부터 한화는 정수로 입력받고, 환전 국가는 '미국', '일본', '유럽', '중국'을 입력받겠습니다. 환전 국가, 화폐 단위, 환율은 리스트에 국가별로 저장해 보겠습니다.

```
country_list = ['미국', '중국', '유럽', '일본']
unit = ['달러', '위안', '유로', '엔']
rate = [1182.5, 169.22, 1286.74, 1078.14]
```

 생각 3 : 환전을 하는 공식은 다음과 같습니다.

$$환전금액 = \frac{한국돈}{매매기준율}$$

 생각 4 : 환전 금액을 소수 둘째 자리까지만 출력하도록 하려면 round(실숫값, 소수 자릿수)를 사용하면 됩니다. round(12.3456, 2)는 12.35가 됩니다.

생각 5 : 실행 결과는 다음과 같습니다.

| 실행 결과 1 | 실행 결과 2 |
|---|---|
| 환전 금액(원)을 입력하세요: 1000<br>국가를 입력하세요: 중국<br>1000 원은 5.91 위안 입니다 | 환전 금액(원)을 입력하세요: 1000<br>국가를 입력하세요: 태국<br>해당 국가 정보가 없습니다. |

소스코드

```python
def exchange(m, c) :
    if c in country_list :
        m_code = country_list.index(c)
    else :
        print("해당 국가 정보가 없습니다")
        return

    result = round(m / rate[m_code], 2)

    print(m,"원은", result, unit[m_code],"입니다")


country_list = ['미국', '중국', '유럽', '일본']
unit= ['달러', '위안', '유로', '엔']
rate = [1182.5, 169.22, 1286.74, 1078.14]
money1 = int(input("환전 금액(원)을 입력하세요: "))
country = input("국가를 입력하세요: ")
exchange(money1, country)
```

# n각형을 그리는 함수 작성하기

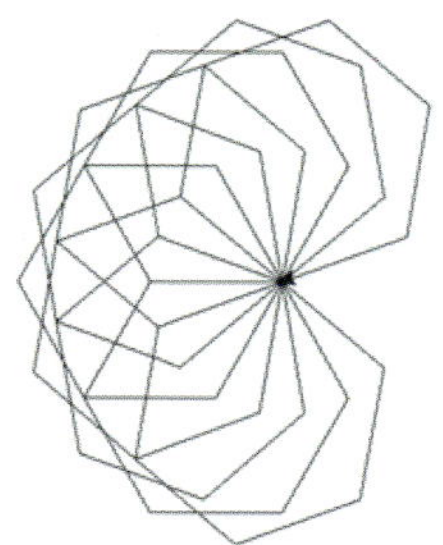

n각형을 그리는 함수를 작성하여 활발하게 사용해보겠습니다. 함수의 이름은 n_polygon()라고 하여 n각형으로 아래와 같이 10번 그려주는 프로그램을 작성해 보겠습니다.

 **생각 1 : 프로그램의 순서를 생각해 봅니다.**

터틀 그래픽을 사용할 준비 작업 → n_polygon() 함수 정의

→ n_polygon() 함수 n번 반복 호출

**생각 2 :** n_polygon() 함수는 n각형의 꼭짓점의 개수 n과 한 변의 길이 length를 매개변수로 갖도록 합니다. 즉, n_polygon(n, length) 형태입니다. 터틀 그래픽에서는 n각형을 그리는 과정은 다음과 같습니다.

① 거북이를 주어진 길이만큼 전진
② (360/n)각도로 회전
③ ①과 ②를 n번 반복(횟수 제어 반복)

 **생각 3 :** n_polygon()을 왼쪽으로 20°씩 움직이며 여러 개의 n각형을 10번 반복하여 그립니다. 이때 사용할 반복문은 반복의 횟수를 알고 있기 때문에 횟수 제어 반복을 사용합니다.

**[잠깐!!] 이곳을 가리고 먼저 풀어 보세요!**

**소스코드**

```python
import turtle
t = turtle.Turtle()

# n-각형을 그리는 함수를 정의한다.
def n_polygon(n, length):
    for i in range(n):
        t.forward(length)
        t.left(360/n)

for i in range(10):
    t.left(20)
    n_polygon(6, 100)
```

# 클릭하는 곳에 사각형 그리기

'함수를 좀 더 이해시켜 줄 예제'에서 우리는 정사각형을 그리는 **square()** 함수를 만들었습니다. 이 함수를 이용해 터틀 그래픽에서 사용자가 마우스 버튼을 클릭하면, 그 위치에 정사각형을 그리는 프로그램을 작성해 보겠습니다.

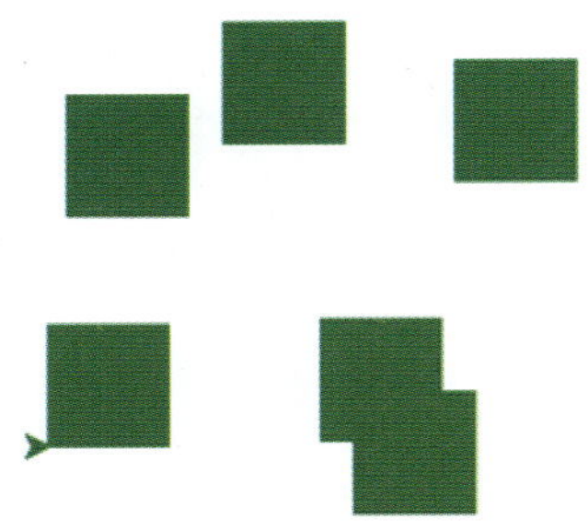

**생각 1 : 프로그램의 순서를 생각해봅니다.**

| 터틀 그래픽을 사용할 준비 작업 | → | 마우스가 클릭되는 것 감지 | → | square( ) 함수 호출 |

**생각 2 : 사용자가 마우스를 클릭하거나 드래그하는 것 또는 키보드 키가 눌리는 현상 등을 컴퓨터 입장에서는 이벤트(event, 사건)라고 합니다. 이벤트가 발생했을 때, 이벤트를 처리하는 함수를 콜백 함수(callback function)라고 부릅니다.**

```python
def drawit(x, y):          # x와 y는 마우스가 클릭된 좌표 정보입니다.
    ...

s = turtle.Screen()
s.onscreenclick(drawit)    # 사용자가 화면에서 마우스를 클릭하면 drawit() 함수가 호출됩니다.
```

✔ **s = turtle.Screen()** : 현재 터틀 그래픽이 그려지는 화면을 's'라고 부를 수 있도록 생성해 줍니다.

✔ **s.onscreenclick(drawit)** : 's'라는 화면에 마우스가 클릭되는 이벤트가 발생하면 'drawit'이라는 함수가 호출될 수 있도록 합니다.

square()는 사용자 정의 함수입니다. 여러분이 실행 결과와 같이 사각형이 그려지도록 square()를 작성해야 합니다.

**코드**

```
t.begin_fill()
t.color("green")
square(50)
t.end_fill()
```

**실행 결과**

[잠깐!!] 이곳을 가리고 먼저 풀어 보세요!

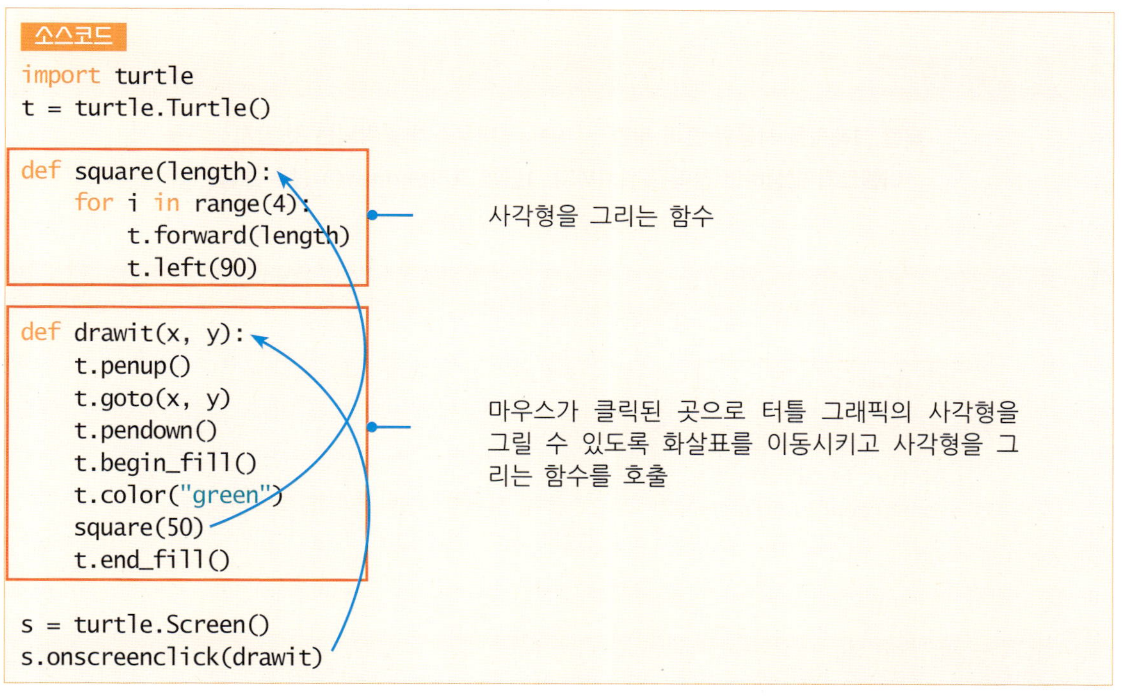

**소스코드**

```
import turtle
t = turtle.Turtle()

def square(length):
    for i in range(4):
        t.forward(length)
        t.left(90)

def drawit(x, y):
    t.penup()
    t.goto(x, y)
    t.pendown()
    t.begin_fill()
    t.color("green")
    square(50)
    t.end_fill()

s = turtle.Screen()
s.onscreenclick(drawit)
```

사각형을 그리는 함수

마우스가 클릭된 곳으로 터틀 그래픽의 사각형을 그릴 수 있도록 화살표를 이동시키고 사각형을 그리는 함수를 호출

 **도전과제**

마우스가 클릭된 위치에 원을 그리도록 프로그램을 수정해 보세요.

한붓 그리기는 도형이나 그림을 한 점에서 그리기 시작하여 선을 한 번도 떼지 않고 같은 선을 두 번 반복해서 지나지 않도록 하여 그림을 완성하는 작업입니다. 터틀 그래픽에서 클릭된 위치까지 터틀이 직선을 그리게 하여 한붓 그리기를 시뮬레이션해보는 프로그램을 작성해 보겠습니다.

**생각 1 : 프로그램의 순서를 생각해 봅니다.**

터틀 그래픽을 사용할 준비 작업　→　마우스가 클릭되는 것 감지　→
이벤트가 발생하면 클릭된 위치까지 그림을 그리는 draw() 함수 호출

**생각 2 : 마우스가 클릭되는 이벤트가 발생하였을 때 draw() 함수가 호출되도록 등록합니다.**

```python
def draw(x, y):        # x와 y는 마우스가 클릭된 좌표 정보입니다.
    ...

s = turtle.Screen()
s.onscreenclick(draw)  # 마우스 클릭 이벤트 처리 함수를 등록합니다.
```

**생각 3 : draw() 안에 goto()를 넣어서 터틀을 클릭된 위치로 이동시키도록 하겠습니다. goto()를 이용하여 터틀을 이동시키면 현재 위치에서 클릭된 위치까지 선이 그려집니다.**

```python
def draw(x, y):
    t.goto(x, y)
```

**소스코드**

```python
import turtle                    # 터틀 그래픽 모듈을 포함한다.

def draw(x, y):
    t.goto(x, y)

t = turtle.Turtle()
t.shape("turtle")
t.pensize(10)

s = turtle.Screen()              # 그림이 그려지는 화면을 얻는다.
s.onscreenclick(draw)            # 마우스 클릭 이벤트 처리 함수를 등록한다.
```

## 오일러와 한붓 그리기

한붓 그리기는 유명한 쾨니히스베르크 다리 건너기 문제로 시작하여 오일러에 의하여 수학적인 문제로 발전하였습니다. 오일러는 일반화된 한붓 그리기 문제에 대하여 다음과 같은 결론을 얻었습니다. (점에 연결된 선의 개수가 짝수일 때를 짝수점(even point), 홀수일 때를 홀수점(odd point)이라고 합니다. )

1. 어떤 그래프에서도 홀수점의 개수는 반드시 짝수이어야 한다.
2. 홀수점의 개수가 0이거나 2이면 한붓그리기를 할 수 있다.
3. 홀수점의 개수가 2보다 클 때는 한붓그리기를 홀수점의 개수의 반만큼 하여야만 전체 그래프를 지날 수 있다.

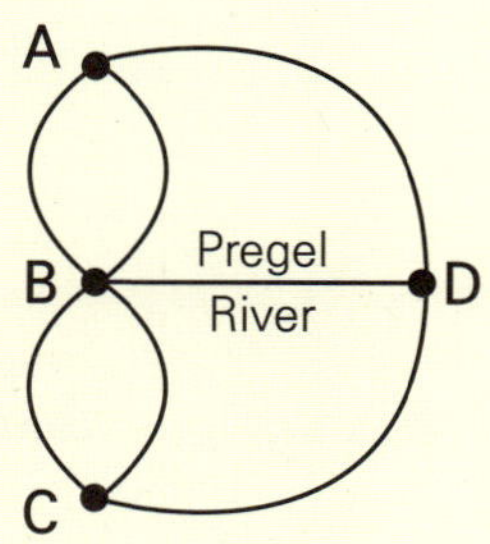


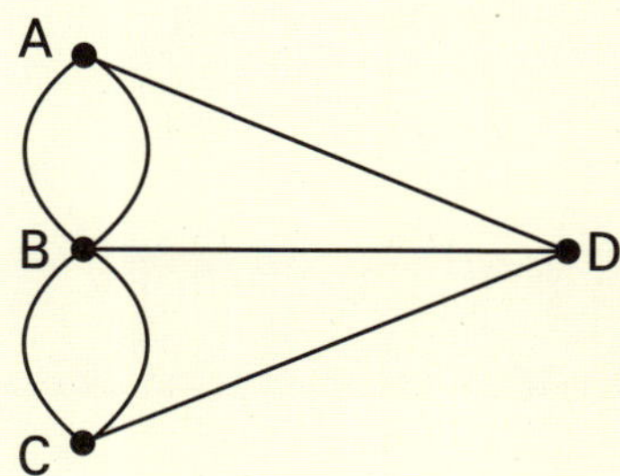

# 이차함수 그래프 그리기

함수 f(x)=$x^2$+1을 계산하는 함수를 작성하고 이 함수를 이용하여 화면에
f(x)의 그래프를 그리는 프로그램을 작성해 보겠습니다.

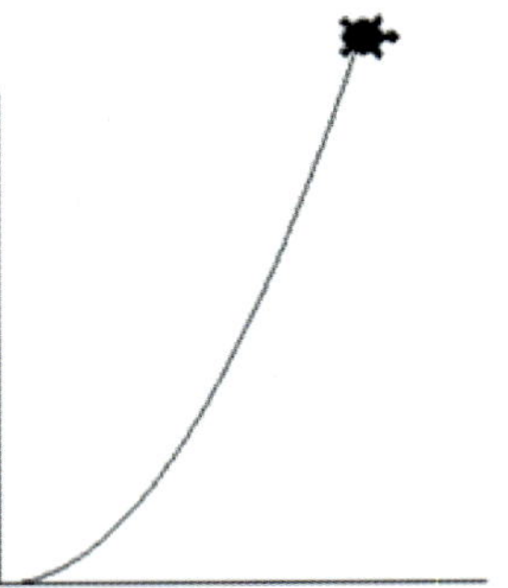

 **생각 1 : 프로그램의 순서를 생각해 봅니다.**

터틀 그래픽을 사용할 준비 작업 → x축 그리기

→ 이차함수 그래프 그리기

**생각 2 : goto() 함수를 이용하여 x축과 y축을 그릴 수 있습니다. 각 축의 길이는 200픽셀로 하겠습니다.**

```python
t.goto(200, 0) # x축 그리기        t.goto(0, 200) # y축 그리기
t.goto(0, 0)   # 원점으로 돌아오기   t.goto(0, 0)   # 원점으로 돌아오기
```

**생각 3 : x의 값을 인수로 전달받아 $x^2$+1 값을 반환하는 함수 f(x)를 정의합니다.**

```python
def f(x):
    return x**2+1
```

**생각 4 : x의 값이 0에서 150까지 변경하면서 f(x)를 호출하고 f(x)의 반환 값에 따라 거북이를 움직이면 됩니다. 함수의 값이 무척 커질 수 있으므로 함수의 값에 0.01을 곱해서 거북이를 움직여봅니다.**

```python
for x in range(150):
    t.goto(x, int(0.01*f(x)))
```

**소스코드**

```python
import turtle
t = turtle.Turtle()
t.shape("turtle")

def f(x):
    return x**2+1

t.goto(200, 0)          #x축 그리기
t.goto(0, 0)
t.goto(0, 200)          #y축 그리기
t.goto(0, 0)

for x in range(150):
    t.goto(x, int(0.01*f(x)))
```

# 테세우스 터틀 미로 탈출 게임

반인반수의 괴물 미노타우로스가 있는 미로를 테세우스 터틀은 빠져나와야만 게임을 끝낼 수 있습니다. 테세우스 터틀이 화면에 그려진 미로의 벽에 닿지 않게 ←, → 화살표 키로 조종하여 미로를 탈출하는 프로그램을 작성해 보겠습니다.

**생각 1 : 프로그램의 순서를 생각해 봅니다.**

터틀 그래픽을 사용할 준비 작업 → 미로 그리기(함수 정의) → 키보드 이벤트 처리 →
→, ← 화살표 키가 눌렸을 때의 동작되는 함수 정의

**생각 2 : 터틀 그래픽에서 아래와 같이 미로를 그리는 함수 draw_maze()를 작성해 보세요. 미로를 그리는데 필요한 터틀 그래픽 함수는 아래 표를 참고하여 작성하세요.**

| 함수 | 설명 | 사용 예 |
| --- | --- | --- |
| left(각도) | 터틀이 왼쪽으로 회전합니다. | t.left(90) |
| right(각도) | 터틀이 오른쪽으로 회전합니다. | t.right(90) |
| forward(거리) | 터틀이 앞으로 이동합니다. | t.forward(100) |
| penup() | 펜(잉크 묻힌 꼬리)을 올립니다. | t.penup() |
| pendown() | 펜(잉크 묻힌 꼬리)을 내립니다(그릴 수 있는 상태). | t.pendown() |
| goto(x, y) | 터틀을 특정 위치(좌표)로 보냅니다 | t.goto(100, 200) |

**생각 3 : 화살표 키보드가 눌렸을 때 이벤트 처리를 합니다. ←키가 눌리면 turn_left()가 호출되고 →키가 눌리면 turn_right()가 호출되도록 이벤트 처리를 합니다.**

```python
s = turtle.Screen()
screen.onkey(turn_left, "Left")       # 키보드 이벤트 처리 함수를 등록합니다.
screen.onkey(turn_right, "Right")
```

 생각 4 : ←키가 눌리면 호출되는 turn_left()와 →키가 눌리면 호출되는 turn_right()의 기능은 다음과 같습니다.

```python
def turn_left():
    t.left(10)
    t.forward(10)
```

```python
def turn_right():
    t.right(10)
    t.forward(10)
```

 생각 5 : 미로 탈출 게임 프로그래밍에 필요한 함수를 추가로 살펴보겠습니다.

| 함수 | 설명 | 사용 예 |
| --- | --- | --- |
| speed(속도) | 거북이 속도를 바꿉니다.<br>0 : 최고 속도 / 1 : 가장 느린 속도 | t.speed(0) |
| mainloop() | 사용자가 터틀 그래픽 창을 종료할 때까지 프로그램을 실행하면서 마우스나 키보드 입력을 계속 처리하도록 하는 함수입니다. | t.mainloop() |

**[잠깐!!] 이곳을 가리고 먼저 풀어 보세요!**

**소스코드**

```python
import turtle

def draw_maze(x, y):
    for i in range(2):
        t.penup()
        if i==1 :
            t.goto(x+100, y+100)
        else:
            t.goto(x, y)
        t.pendown()
        t.forward(300)
        t.right(90)
        t.forward(300)
        t.left(90)
        t.forward(300)

def turn_left():
    t.left(10)
    t.forward(10)

def turn_right():
    t.right(10)
    t.forward(10)

t = turtle.Turtle()
screen = turtle.Screen()
t.shape("turtle")
t.speed(0)

draw_maze(-300, 200)
screen.onkey(turn_left, "Left")
screen.onkey(turn_right, "Right")

t.penup();
t.goto(-300, 250)
t.pendown();
screen.listen()
screen.mainloop()
```

# 재귀호출

함수는 내부에서 다시 자기 자신을 호출할 수 있습니다. 이것을 재귀호출(recursion)이라고 합니다. 재귀호출의 개념은 마트료시카라는 러시아 인형의 예와 비슷한 모습입니다. 러시아 인형은 처음에는 하나의 큰 인형으로 시작해서 그 안에는 똑같이 생긴 더 작은 인형이 나옵니다. 이렇게 시작해서 인형이 너무 작아서 다른 인형을 담지 못하게 될 때까지 인형은 계속 나옵니다.

러시아 인형처럼 어떤 문제를 해결하기 위해 동일한 문제를 더 작은 경우로 쪼개고 쪼개어 문제를 바로 풀 수 있도록 간단해질 때까지 나누어 해결하는 방법이 있습니다. 이러한 기법을 재귀(recursive)라고 합니다. 프로그래밍에서는 이 기법을 함수가 내부에서 문제의 범위를 줄여 자기 자신을 다시 호출하고 다시 그 안에서 다시 자기 자신을 호출하는 재귀호출이라는 방식으로 구현할 수 있습니다. 주의사항은 반복문도 무한반복이 되지 않도록 탈출 조건을 잘 생각해야 하는 것처럼 재귀호출도 무한히 자기 자신을 호출하지 않도록 재귀호출을 끝내는 조건을 잘 생각해야 합니다. 다음과 같이 반복문을 이용하여 해결한 팩토리얼 문제를 재귀호출을 이용하여 해결해 보겠습니다.

$$n! = n \times (n-1) \times (n-2) \times \cdots 3 \times 2 \times 1$$

**코드**

```python
n = int(input("정수를 입력하시오: "))
fact = 1

for a in range(1, n + 1):
    fact = fact * a

print(n, "!은", fact, "이다.")
```

**실행 결과**

```
정수를 입력하시오: 10
10 !은 3628800 이다.
```

 생각 1 : 프로그램의 순서를 생각해 봅니다.

| 사용자로부터 n!의 n값 입력받기 | → | 큰 수 팩토리얼에서 작은 수 팩토리얼 문제로 쪼개서 호출하기 |

→ | 가장 작은 수 팩토리얼로 쪼갤 수 없는 경우 함수 종료하기 | → | 팩토리얼 결과 출력하기 |

 생각 2 : 큰 수 팩토리얼에서 작은 수 팩토리얼 문제로 쪼개서 호출하는 방법을 생각해 봅니다. 가장 작은 수의 팩토리얼이 되는 경우, 즉 1!의 경우 1값을 반환하고 함수를 종료합니다. return 키워드를 사용하면 함수의 실행이 종료되고, 지정한 값이 함수가 호출된 지점으로 반환됩니다.

```python
def fact(n):
    if n == 1:
        return 1
    else:
        return n * fact(n-1)
```

[잠깐!!] 이곳을 가리고 먼저 풀어 보세요!

**소스코드**

```python
def fact(n):
    if n == 1:
        return 1
    else:
        return n * fact(n-1)

n = int(input("정수를 입력하시오: "))
f = fact(n)
print(n, "!은", f, "이다.")
```

 도전과제

연속하여 나타낸 두 수의 합이 다음 수가 되는 규칙을 가진 수열로 피보나치 수열이 있습니다. 피보나치 수열도 앞의 프로그램처럼 반복문을 이용하거나 재귀호출로도 풀 수 있습니다. 피보나치 수열을 계산하는 프로그램을 작성해 보세요.

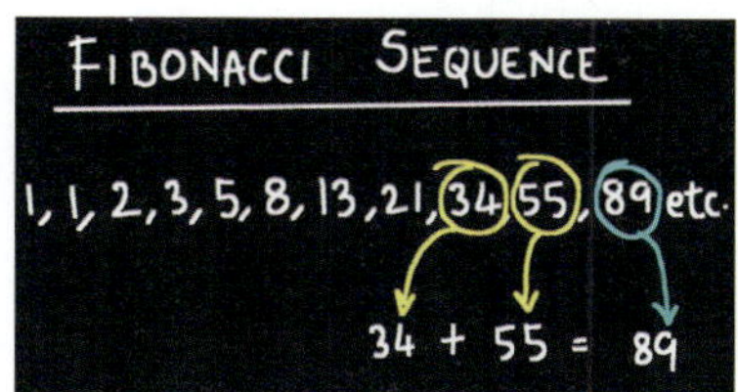

# 프랙털 나무 그리기

프랙털(fractal) 이론은 1975년 망델브로(Mandelbrot)라는 수학자에 의해서 시작되었습니다. 프랙털이란 자신의 작은 부분에 자신과 닮은 모습이 나타나고 그 안의 작은 부분에도 자신과 닮은 모습이 무한히 반복되어 나타나는 현상입니다. 프랙털 구조는 고사리와 같은 양치류 식물, 공작의 깃털 무늬, 복잡하게 생긴 해안선의 모양, 눈송이 등에서도 살펴볼 수 있습니다. 프랙털은 컴퓨터 그래픽 이론에서 출발하여 현대 물리와 수학에서 빼놓을 수 없는 부분이 되었습니다.

재귀함수를 이용하여 순환적으로 나무를 그리는 프랙털(fractal) 프로그램을 작성해 보세요.

생각 1 : 프로그램의 순서를 생각해 봅니다.

터틀 그래픽을 사용할 준비 작업 → 나뭇가지의 규칙 찾기 →
재귀함수 이용하여 나뭇가지 그리기

생각 2 : 나뭇가지는 다음과 같은 규칙을 순환적으로 적용하여 그릴 수 있습니다.

① 직선을 그린다.
② 직선의 끝에서 특정한 각도로 2개의 가지를 그린다.
③ 충분한 나뭇가지가 생성될 때까지 각 가지의 끝에서 ①, ②를 되풀이 한다.

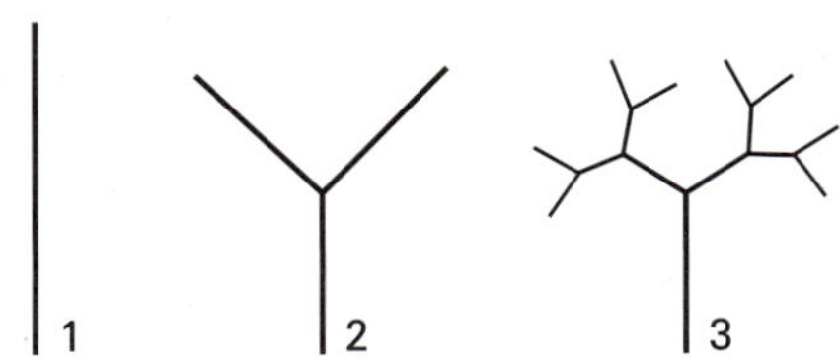

 생각 3 : 재귀호출을 이용하면 굉장히 복잡한 형상을 그릴 수 있습니다. 재귀호출을 작성할 때에는 자기 자신을 계속 호출하는 일을 종료시키는 부분이 반드시 명시되어야 합니다. 그렇지 않으면 끝없이 자기 자신을 무한히 호출하는 문제가 발생합니다. 다음은 재귀호출의 간단한 예입니다.

<table>
<tr><td>

**코드**

```python
def countdown(n):
    if n == 0:          #재귀호출을 종료할 조건
        print("end")
    else:
        print(n)
        countdown(n-1)   #재귀호출

countdown(5)
```
</td><td>

**실행 결과**

```
5
4
3
2
1
end
```
</td></tr>
</table>

**[잠깐!!] 이곳을 가리고 먼저 풀어 보세요!**

---

**소스코드**

```python
import turtle

def tree(length):
    if length > 5:                # length가 5보다 크면 순환호출을 한다.
        t.forward(length)         # 거북이가 length만큼 선을 그린다.
        t.right(20)               # 오른쪽으로 20도 회전한다.
        tree(length - 15)         # (length-15)를 인수로 tree()를 순환 호출한다.
        t.left(40)                # 왼쪽으로 40도 회전한다.
        tree(length - 15)         # (length-15)를 인수로 tree()를 순환 호출한다.
        t.right(20)               # 오른쪽으로 20도 회전한다.
        t.backward(length)        # length만큼 뒤로 간다. 제자리로 돌아온다.

t = turtle.Turtle()
t.left(90)                        # 거북이가 위쪽을 향하게 한다.

t.color("green")                  # 선의 색을 녹색으로 한다.
t.speed(1)                        # 속도를 제일 느리게 한다.
tree(90)
```

 **도전과제**

위의 코드에 약간의 난수를 섞으면 나무가 아주 자연스러워집니다. 가지와 가지 사이의 각도나 가지의 길이에 약간의 난수를 추가하여 작성해 보세요.

**1** 다음과 같이 이름을 받아서 생일 축하 노래를 출력하는 함수 happyBirthday()를 작성하고 다음과 같이
출력하는 프로그램을 작성해 보세요.

> **실행 결과**
> 이름을 입력하시오: 홍길동
> Happy Birthday to you!
> Happy Birthday to you!
> Happy Birthday, dear 홍길동
> Happy Birthday to you!

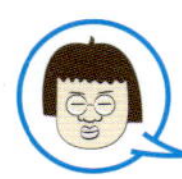
happyBirthday() 함수는 이름 정보를 매개변수로 받습니다.

**2** 사용자로부터 2개의 정수를 받아서 수학 문제를 만들어서 화면에 출력하는 함수를 작성하고 다음과 같이
출력하는 프로그램을 완성해 보세요.

> **실행 결과**
> 첫 번째 정수 : 10
> 두 번째 정수 : 20
> 정수 10+20 의 합은?

함수는 첫 번째와 두 번째 정수의 값을 매개변수로 받습니다.

**3** 파이를 나타내는 PI=3.14를 전역변수로 하여 원의 면적을 계산하는 함수 circleArea(radius)과 원의 둘레를 계산하는 함수 circleCircumference(radius)을 작성하고 다음과 같이 출력하는 프로그램을 완성해 보세요.


반지름이 5인 원의 면적: 78.53981633974475
반지름이 5인 원의 둘레: 31.4159265358979

PI 변수를 함수의 외부에서 생성하면 전역변수가 됩니다. 전역변수는 함수 안에서 사용할 수 있습니다.

**4** 눈사람을 그리는 함수를 작성하고 이 함수를 여러 번 호출하여서 랜덤한 위치에 눈사람을 그리는 프로그램을 작성해 보세요. 아래 실행 결과와 최대한 비슷하게 작성해 보세요.

draw_snowman(x, y) 함수를 작성하고 테스트합니다. 터틀 그래픽에서 배경을 하늘색으로 만들려면 다음과 같은 코드를 활용합니다.

```
s = turtle.Screen();
s.bgcolor('skyblue');
```

**5** 6각형을 그리는 draw_hexa() 함수를 작성하고 이 함수를 호출하여 다음과 같은 벌집 모양을 화면에 그려보세요.

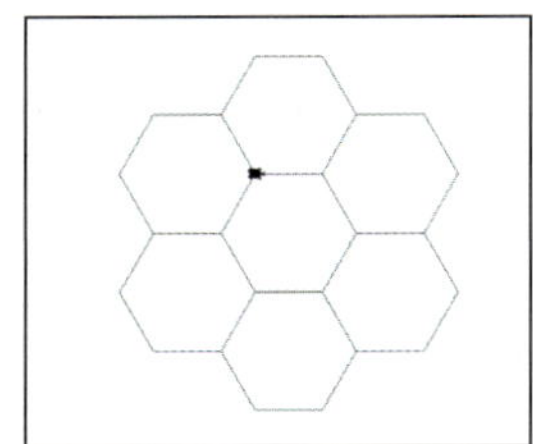

6각형을 그리려면 forward(100)과 left(60)을 6번 되풀이하면 됩니다.

```python
def hexagon():
    for i in range(6):
        turtle.forward(100)
        turtle.left(360/6)
```

**6** 터틀 그래픽에서 거북이를 움직이지 않고 선을 긋는 함수 draw_line()을 정의하고 이것을 이용하여 다음과 같은 거미줄과 같은 모양을 그려보세요. 거북이는 항상 중앙에 위치합니다.

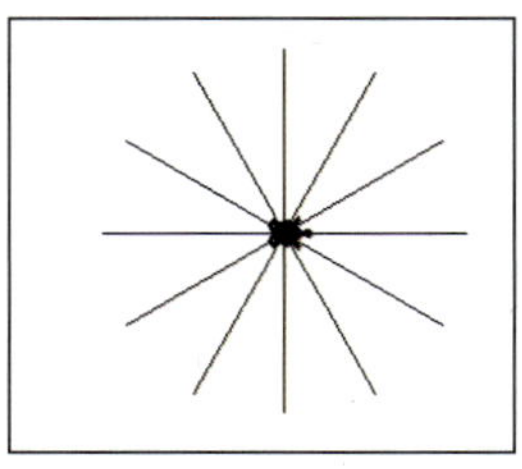

거북이를 약간씩 회전시키면서 draw_line()을 호출하면 됩니다.

```python
def draw_line():
    turtle.forward(100)
    turtle.backward(100)
```

# 저장하기

- 함수는 **여러 개의 명령을 하나의 단위**로 묶어 놓은 것입니다.

- **함수는 def 키워드를 이용하여 작성**할 수 있습니다.

- 한 번만 함수를 정의하면 언제든지 필요할 때 함수를 불러서 문제를 처리할 수 있습니다.

- 함수에는 **인수**를 전달하지 않을 수도 있고 1개 이상 전달할 수도 있습니다.

- **return 키워드**를 사용하면 값을 함수의 외부로 전달할 수 있습니다.

- 변수의 사용 범위에 따라 **지역변수와 전역변수**가 있습니다.

- 함수가 **값을 반환하는** 방법을 학습하였습니다.

- **global 키워드**를 사용하여서 함수 안에서 전역변수를 사용할 수 있습니다.

memo

# 제 9 장

# 딕셔너리와 집합

## 학습 내용

01. 딕셔너리의 특징을 이해합니다.
02. 딕셔너리를 생성하고 항목을 추가하는 방법을 학습합니다.
03. 딕셔너리의 항목을 탐색하고 삭제하는 방법을 학습합니다.
04. 딕셔너리를 효과적으로 사용하는 방법을 이해합니다.
05. 집합의 특징을 이해합니다.

## LAB

01. 가위, 바위, 보 게임
02. 행성까지의 여행 시간은?
03. 멘델의 유전 법칙 시뮬레이션
04. 튜링상 수상자 데이터 분석
05. 자동 메일 발송 프로그램

딕셔너리(dictionary)는 파이썬에서 사용되는 자료형입니다. 딕셔너리는 리스트와 같이 여러 개의 데이터를 한꺼번에 저장하고 처리하는 방법입니다. 리스트는 0부터 시작하는 숫자 인덱스로 자료를 찾아가지만, 딕셔너리는 인덱스 숫자 대신 특별한 의미로 부여한 키(key)값을 이용하여 자료에 접근합니다.

딕셔너리는 키(key)와 관련된 값(value)이 짝을 이루고 있습니다. 이것을 키-값 쌍 (key-value pair)이라고 합니다. 딕셔너리는 여러분이 알다시피 '사전'이라는 뜻입니다. 그래서 딕셔너리를 공부할 때 영어사전에서 영어 단어의 뜻을 찾는다고 생각하면 이해가 쉽습니다. 'book' = '책'처럼 사전에서의 '단어'와 '뜻'은 짝을 이루고 있습니다. 딕셔너리도 '키(key)'와 '값(value)'이 쌍으로 구성되고 리스트형보다 관리하기가 쉬워서 아주 많이 사용되는 자료형입니다.

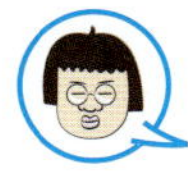
주소록 딕셔너리를 생성해 보겠습니다.

주소록에서 사람들의 이름을 키(key)로 하면 전화번호는 값(value)로 짝을 이루도록 할 수 있습니다.

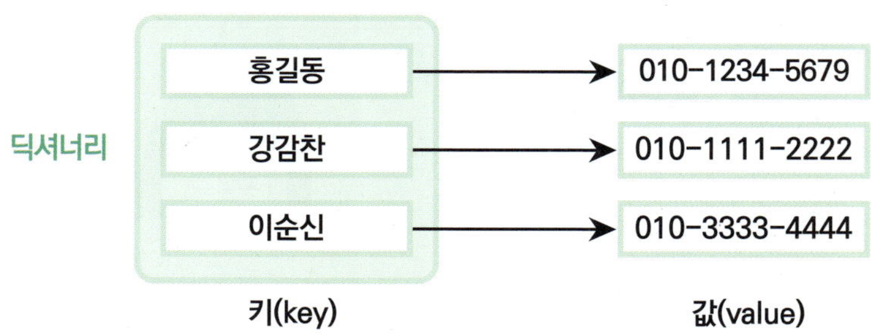


**코드 및 실행 결과**

```
>>> phone_book ={'홍길동':'010-1234-5678',
                 '강감찬':'010-1111-2222',
                 '이순신':'010-3333-4444'}

>>> phone_book['강감찬']
'010-1111-2222'
```

✔ phone_book = {...} : 딕셔너리는 중괄호({})를 사용하여 요소를 감싸고 있습니다. 키를 먼저 입력하고 콜론( : ) 다음에 값을 입력합니다.

✔ phone_book['강감찬'] : 딕셔너리 이름 뒤에 대괄호([])를 하고 그 안에 찾고 싶은 key를 입력하면 그 key에 대응되는 value가 나옵니다.

파이썬의 딕셔너리는 키(key)의 역할을 하는 데이터와 값(value)의 역할을 하는 데이터를 하나씩 매핑(mapping)하여 저장하는 방식입니다. 딕셔너리는 리스트와 마찬가지로 어떤 유형의 값도 저장할 수 있습니다. 정수, 문자열, 다른 리스트, 다른 딕셔너리도 항목으로 저장할 수 있습니다.

 빈(empty) 딕셔너리를 생성하고 Key와 Value 쌍을 추가해 보겠습니다.

| 코드 | 실행 결과 |
|---|---|
| ```python<br>phone_book = {}<br>phone_book["홍길동"] = "010-1234-5678"<br>print(phone_book)``` | {'홍길동': '010-1234-5678'} |

- ✔ phone_book = {} : 빈 딕셔너리를 생성합니다. 딕셔너리는 중괄호 {}를 사용하여 작성합니다.
- ✔ phone_book["홍길동"] = "010-1234-5678" : 첫 번째 전화번호를 비어있는 딕셔너리에 추가하였습니다.
- ✔ print(phone_book) : 딕셔너리를 출력합니다. 키가 먼저 표시되고 콜론( : ) 다음에 값이 출력됩니다. 작은따옴표는 키와 값이 모두 문자열이기 때문에 붙은 것입니다.

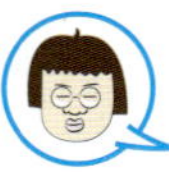 딕셔너리를 생성하면서 동시에 초기화하는 방법도 있습니다.

| 코드 | 실행 결과 |
|---|---|
| ```python<br>phone_book = {"홍길동": "010-1234-5678"}<br>print(phone_book)``` | {'홍길동': '010-1234-5678'} |

 자료를 더 추가해 보겠습니다.

| 코드 | 실행 결과 |
|---|---|
| ```python<br>phone_book["강감찬"] = "010-1111-2222"<br>phone_book["이순신"] = "010-3333-4444"<br>print(phone_book)``` | {'홍길동': '010-1234-5678', '강감찬': '010-1111-2222', '이순신': '010-3333-4444'} |

학생에 대한 정보를 딕셔너리로 저장해 보았습니다.

딕셔너리에서 사용할 키는 유일하고 변경되지 않아야 합니다. 리스트와 같이 값이 변경될 수 있는 자료형은 딕셔너리에서 키로 사용할 수 없습니다.

<table>
<tr><td>

**코드**

```python
dict = {'Name': '홍길동', 'Age': 7, 'Class': '초급'}
print(dict['Name'])
print(dict['Age'])
```

</td><td>

**실행 결과**

```
홍길동
7
```

</td></tr>
</table>

# 03 딕셔너리 탐색하기

딕셔너리에서 가장 중요한 것은 무엇일까요? 바로 딕셔너리에서 키를 가지고 연관된 값을 찾는 것입니다. 주소록 같으면 사람 이름을 가지고 전화번호를 찾을 수 있어야 할 것입니다. 리스트에서는 인덱스를 가지고 항목을 탐색할 수 있지만 딕셔너리에서는 키로 값을 찾습니다.

 딕셔너리에서 탐색은 다음과 같은 코드로 가능합니다.

| 코드 | 실행 결과 |
| --- | --- |
| <pre>phone_book = {'홍길동':'010-1234-5678',<br>              '강감찬':'010-1111-2222',<br>              '이순신':'010-3333-4444'}<br><br>print(phone_book["강감찬"])</pre> | 010-1111-2222 |

 딕셔너리에서는 키를 모르는 경우 keys()를 사용하여 모든 키를 볼 수 있습니다.

| 코드 | 실행 결과 |
| --- | --- |
| <pre>phone_book = {'홍길동':'010-1234-5678',<br>              '강감찬':'010-1111-2222',<br>              '이순신':'010-3333-4444'}<br><br>print(phone_book.keys())</pre> | dict_keys(['홍길동', '강감찬', '이순신']) |

 딕셔너리 출력을 정리할 수 있습니다.

딕셔너리 안에서 항목들은 정렬되지 않습니다. 딕셔너리는 '키'로 구분하는 것이 중요하기 때문에 자료의 순서는 중요하지 않습니다. 만약 우리가 딕셔너리 출력을 정리하고 싶다면 다음과 같은 방법을 사용할 수 있습니다.

<table>
<tr><td>



```python
phone_book = {'홍길동':'010-1234-5678',
              '강감찬':'010-1111-2222',
              '이순신':'010-3333-4444'}

for key in sorted(phone_book.keys()) :
    print(key, phone_book[key])
```

</td><td>



```
강감찬 010-1111-2222
이순신 010-3333-4444
홍길동 010-1234-5678
```

</td></tr>
</table>

 딕셔너리에서 사용되는 모든 값을 알고 싶다면 values()를 사용합니다.

<table>
<tr><td>



```python
phone_book = {'홍길동':'010-1234-5678',
              '강감찬':'010-1111-2222',
              '이순신':'010-3333-4444'}

print(phone_book.values())
```

</td><td>



```
dict_values(['010-1234-5678', '010-
1111-2222', '010-3333-4444'])
```

</td></tr>
</table>

 딕셔너리의 수정은 키를 통해 이루어집니다.

코드
```python
phone_book = {'홍길동':'010-1234-5678',
              '강감찬':'010-1111-2222',
              '이순신':'010-3333-4444'}
phone_book["강감찬"] = "010-1234-1234"  #수정
print(phone_book)
```

실행 결과
```
{'홍길동': '010-1234-5678', '강감
찬': '010-1234-1234', '이순신':
'010-3333-4444'}
```

딕셔너리의 항목을 삭제하려면 del, pop() 또는 clear()를 사용하여 삭제할 수 있습니다.

 del, pop()은 딕셔너리의 지정 항목을 삭제합니다.

코드
```python
phone_book = {'홍길동':'010-1234-5678',
              '강감찬':'010-1111-2222',
              '이순신':'010-3333-4444'}
del phone_book["홍길동"]
print(phone_book)

print(phone_book.pop('이순신'))
print(phone_book)
```

실행 결과
```
{'강감찬': '010-1111-2222', '이순
신': '010-3333-4444'}
010-3333-4444
{'강감찬': '010-1111-2222'}
```

- del phone_book["홍길동"] : 키워드 'del'을 이용하여 지정 항목을 딕셔너리에서 삭제할 수 있습니다.
- print(phone_book.pop('이순신')) : pop()을 이용하여 지정 항목의 값을 반환하는 동시에 딕셔너리에서 삭제합니다.

 딕셔너리의 항목을 모두 삭제하려면 clear()를 사용하여 삭제할 수 있습니다.

코드
```python
phone_book ={'홍길동':'010-1234-5678',
             '강감찬':'010-1111-2222',
             '이순신':'010-3333-4444'}
phone_book.clear()           # 모든 항목 삭제
print(phone_book)
```

실행 결과
```
{}
```

# 05 딕셔너리를 좀 더 이해시켜 줄 예제

딕셔너리를 이용하여 영한사전 프로그램을 작성해 보겠습니다.

**코드**

```python
english_dict = {}
english_dict['one'] = '하나'
english_dict['two'] = '둘'
english_dict['three'] = '셋'

word = input("단어를 입력하시오: ")
print(english_dict[word])
```

**실행 결과1**

```
단어를 입력하시오: one
하나
```

**실행 결과2**

```
단어를 입력하시오: two
둘
```

- english_dict = {} : 공백 딕셔너리를 하나 생성합니다. 공백 딕셔너리를 생성하는 방법은 빈 중괄호 {}를 사용하거나 dict()를 사용할 수도 있습니다.

```python
english_dict = dict()
```

- english_dict['one'] = '하나' : 영어 단어는 key로 한국어 뜻은 value로 하여 항목을 추가합니다.

 편의점 재고 관리 프로그램을 작성해 보겠습니다.

편의점에서 판매하는 물건의 재고를 딕셔너리에 저장하고 물건이 팔릴 때마다 물건들의 재고를 출력하는 프로그램입니다.

<table>
<tr><td>

**코드**

```python
items = {"커피":7, "펜":3, "종이컵":10,
"우유":5, "콜라":4, "라면":11}

print("판매 전 재고", items)

sell = input("판매한 물건을 입력하세요: ")

if sell in items:
    items[sell] -= 1
else:
    print("판매 제품이 아닙니다.")

print("판매 후 재고", items)
```

</td><td>

**실행 결과 1**

현재 재고 {'커피': 7, '펜': 3, '종이컵': 10, '우유': 5, '콜라': 4, '라면': 11}
판매한 물건을 입력하세요: 펜
{'커피': 7, '펜': 2, '종이컵': 10, '우유': 5, '콜라': 4, '라면': 11}

**실행 결과 2**

판매 전 재고 {'커피': 7, '펜': 3, '종이컵': 10, '우유': 5, '콜라': 4, '라면': 11}
판매한 물건을 입력하세요: 햄
판매 제품이 아닙니다.
판매 후 재고 {'커피': 7, '펜': 3, '종이컵': 10, '우유': 5, '콜라': 4, '라면': 11}

</td></tr>
</table>

✅ if sell in items : sell에 저장된 값이 items 딕셔너리의 key로 존재하는지를 확인합니다. 만약 일치하는 key 값이 있다면 True가 전달됩니다.

# 06 딕셔너리와 반복문의 궁합

딕셔너리도 리스트처럼 반복문과 함께 사용되는 경우가 많습니다. 딕셔너리도 많은 양의 데이터를 처리하고자 할 때 사용하기 위해 만든 자료형입니다. 딕셔너리의 항목을 처리할 때 비슷한 작업을 반복문으로 처리하면 효과적으로 수행할 수 있습니다.

 반복문과 딕셔너리의 keys(), values()를 이용하여 key 또는 value를 출력해 봅시다.

<table>
<tr><th>코드</th><th>실행 결과</th></tr>
<tr><td>

```python
phone_book = {'홍길동':'010-1234-5678',
              '강감찬':'010-1111-2222',
              '이순신':'010-3333-4444'}

for i in phone_book.keys():
    print(i)

for i in phone_book.values():
    print(i)
```

</td><td>

```
홍길동
강감찬
이순신
010-1234-5678
010-1111-2222
010-3333-4444
```

</td></tr>
</table>

- ✅ `for i in phone_book.keys()` : 딕셔너리의 첫 번째 key부터 마지막 key까지 차례대로 변수 i에 대입되어 반복문이 실행됩니다. 그리고 'phone_book.keys( )'에서 '.keys()'를 생략해도 됩니다.

 반복문과 딕셔너리의 items()를 이용하여 key와 vlaue를 동시에 출력해 봅시다.

<table>
<tr><th>코드</th><th>실행 결과</th></tr>
<tr><td>

```python
phone_book = {'홍길동':'010-1234-5678',
              '강감찬':'010-1111-2222',
              '이순신':'010-3333-4444'}

for k, v in phone_book.items():
    print('{}의 전화번호는 {}입니
다.'.format(k, v))
```

</td><td>

```
홍길동의 전화번호는 010-1234-5678입니다.
강감찬의 전화번호는 010-1111-2222입니다.
이순신의 전화번호는 010-3333-4444입니다.
```

</td></tr>
</table>

- ✅ `for k, v in phone_book.items()` : 딕셔너리의 items()를 사용하면 key와 value를 동시에 넘겨받을 수 있습니다.
- ✅ `print('{}의 전화번호는 {}입니다.'.format(k, v))` : 문자열의 format()을 사용하면 문자열 안에서의 중괄호 부분({})이 순서대로 format() 함수의 인자값으로 바뀝니다.

# 07 집합

집합은 어떤 조건을 기준으로 하여 정해진 요소들의 모임입니다. 파이썬에서 집합도 자료의 묶음입니다. 집합은 중복된 데이터를 가질 수 없으며 순서가 없습니다.

 집합을 생성해 봅시다.

| 코드 1 | 코드 2 |
|---|---|
| ```>>> s = set()``` | ```>>> s = {1, 2, 5}```     # 집합 생성 |

- s = set() : 공백 집합을 생성할 때에는 set()를 이용합니다. 비어있는 중괄호 {}는 빈 딕셔너리를 만들 때 사용합니다.
- s = {1, 2, 5} : 집합은 딕셔너리와 마찬가지로 중괄호 {}를 이용하여 생성합니다.

 집합에 원소를 추가하려면 add()를 사용합니다.

| 코드 | 실행 결과 |
|---|---|
| ```>>> s.add(10)```<br>```>>> s.add(3)```<br>```>>> print(s)``` | {1, 2, 3, 5, 10} |

 집합의 항목을 삭제하려면 discard(), remove(), clear() 함수를 사용합니다.

| 코드 | 실행 결과 |
|---|---|
| ```>>> s.discard(5)```<br>```>>> print(s)``` | `{1, 2, 3, 10}` |
| ```>>> s.remove(2)```<br>```>>> print(s)``` | `{1, 3, 10}` |
| ```>>> s.remove(7)``` | `<에러 메시지 생략>`<br>`    s.remove(7)`<br>`KeyError: 7` |
| ```>>> s.clear()```<br>```>>> print(s)``` | `set()` |

✅ s.discard(5) : 만약 집합 s에 없는 항목을 지우려고 하면 특별한 에러 메시지는 없습니다.

✅ s.remove(7) : 만약 집합 s에 없는 항목을 지우려고 하면 에러 메시지가 발생합니다.

✅ s.clear() : 모든 항목을 삭제하려면 clear()를 사용합니다. 모든 항목이 삭제된 집합은 공백집합이 됩니다.

# 가위, 바위, 보 게임

두근이와 친구는 컴퓨터와 가위바위보 게임을 해서 컴퓨터를 먼저 이기는 사람한테 자장면을 사주는 내기를 하였습니다. 자~ 두근이와 친구를 위해 도전자에게 언제나 공정하고 무자비하게 냉철한 가위바위보 프로그램을 만들어 보겠습니다.

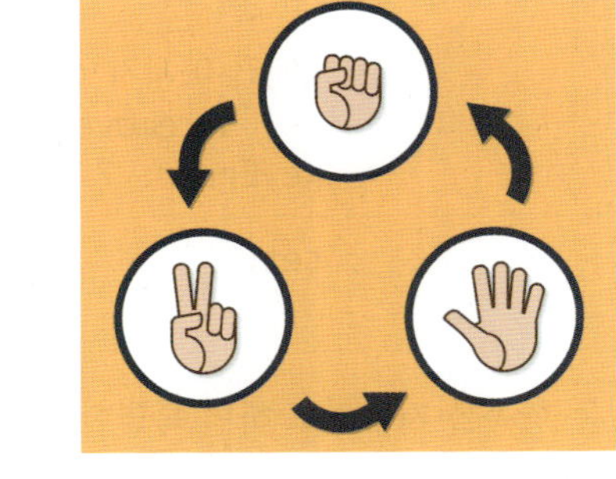

**생각 1 : 프로그램의 순서를 생각해 봅니다.**

| 랜덤으로 가위바위보 생성 | → | 승부를 판별하는 정보를 가지고 있는 딕셔너리 만들기 | → |
| 사용자로부터 가위, 바위, 보 입력받기 | → | 컴퓨터 vs 사용자 가위바위보 승부 결과 출력 | |

**생각 2 : 컴퓨터는 1~3 난수를 발생하며 1:가위, 2:바위, 3:보 정보를 rps_dic 딕셔너리로부터 가져옵니다.**

**생각 3 : match_table 딕셔너리는 가위, 바위, 보가 이기는 경우에 대한 정보를 가지고 있습니다. 즉, '가위':'보', '바위':'가위', '보':'바위'로 정보를 저장하고 있습니다.**

**생각 4 : 컴퓨터와의 가위바위보 승부의 결과는 match() 함수로 구현해 보겠습니다. match() 함수는 match_table 딕셔너리의 정보를 이용하여 '비겼습니다.', '이겼습니다.', '졌습니다.'를 출력합니다.**

**생각 5 : 실행 결과는 다음과 같습니다.**

**[잠깐!!] 이곳을 가리고 먼저 풀어 보세요!**

소스코드
```python
import random

def match(c, m):
    if c == m :
        return '비겼습니다.'
    elif match_table[c] == m:
        return '겼습니다.'
    else:
        return '이겼습니다.'

rps_dic = {1:'가위', 2:'바위', 3:'보'}
match_table = {'가위':'보', '바위':'가위', '보':'바위'}

computer = rps_dic[random.randint(1,3)]
mine = input('가위, 바위, 보 입력: ')
result = match(computer, mine)
print(result)
```

도전과제

컴퓨터와의 가위바위보 게임에서 도전자별로 승, 패 정보를 보여주는 프로그램을 작성해 보세요.

실행 결과
도전자 이름 : 홍길동
가위, 바위, 보 입력: 가위
비겼습니다.
홍길동: 1승 2무 3패
도전자 이름 : 황진이
가위, 바위, 보 입력: 바위
이겼습니다.
홍길동: 1승 2무 3패
황진이: 1승 0무 0패

# 행성까지의 여행 시간은?

두근이는 전 세계 모든 곳을 여행한 유명한 여행가입니다. 더 이상 지구에는 여행할 곳이 없다고 생각한 두근이는 태양계의 다른 행성에 여행하기로 결심하였습니다. 먼저, 두근이가 행성까지 가는데 어느 정도의 시간이 걸리는지 계산하는 프로그램을 작성해 보세요.

| 행성 이름 | 지구에서 행성까지의 거리 |
|---|---|
| 수성 | 91,700,000km |
| 금성 | 41,400,000km |
| 화성 | 78,400,000km |
| 목성 | 628,700,000km |
| 토성 | 1,277,400,000km |
| 천왕성 | 2,750,400,000km |
| 해왕성 | 4,347,400,000km |

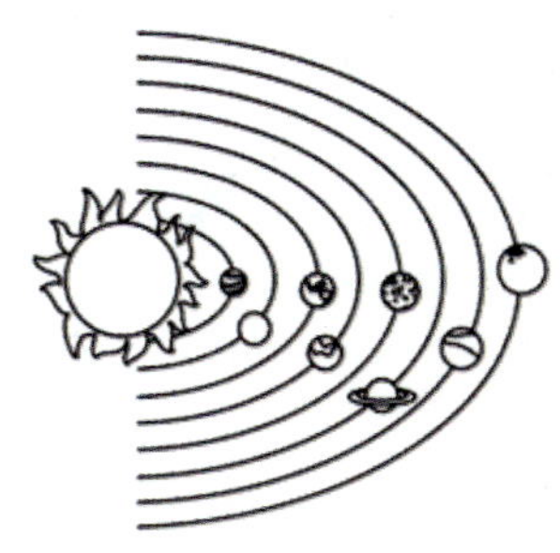

 **생각 1 : 프로그램의 순서를 생각해 봅니다.**

| 각 행성까지의 거리 딕셔너리 만들기 | → | 사용자로부터 행성과 이동속도 입력받기 | → |

걸린 시간 출력(시간 단위, 년-월-일 단위)

 **생각 2 : 위의 행성별 지구에서 행성까지의 거리표를 바탕으로 planet_dict 딕셔너리를 작성합니다. 행성 이름은 key로 지구에서 행성까지의 거리는 value로 짝을 지어주면 좋을 것 같습니다.**

```python
planet_dict = {'수성':91700000, … }
```

**생각 3 : 우리는 거리와 속력을 알면 이동하는데 걸리는 전체 시간을 구할 수 있습니다. 그리고 연, 월, 일, 시간의 관계를 잘 파악하여 전체 시간에서 연, 월, 일, 시간을 계산하세요. 하루는 24시간, 1달은 30일, 1년은 365일로 계산하겠습니다.**

$$시간 = \frac{거리}{속력}$$

**실행 결과 1**

행성 이름: 화성
이동 속도(km/h): 300
이동 시간: 약 261333.33333333334 시간
이동 시간: 약 29 년 10 월 3 일 21 시간

**실행 결과 2**

행성 이름: 해왕성
이동 속도(km/h): 700
이동 시간: 약 6210571.428571428 시간
이동 시간: 약 708 년 11 월 23 일 19 시간

[잠깐!!] 이곳을 가리고 먼저 풀어 보세요!

**소스코드**

```python
planet_dict = {'수성':91700000, '금성':41400000 , '화성':78400000,
               '목성':628700000, '토성':1277400000, '천왕성':275400000,
               '해왕성':4347400000}

planet = input("행성 이름: ")
speed = int(input("이동 속도(km/h): "))
distance = planet_dict[planet]

time = distance / speed

year = int(time) // (365*24)
month = int(time - (year*365*24)) // (30*24)
day = int(time - (year*365*24) - (month*30*24)) // 24
hour = int(time - (year*365*24) - (month*30*24) - (day*24))

print('이동 시간: 약',time,'시간')
print('이동 시간: 약',year,'년',month,'월',day,'일',hour,'시간')
```

**도전과제**

빛의 속도, 즉 광속은 진공에서 299,792,458 m/s입니다. 광속을 km/h의 단위로 바꾸어 각 행성까지 가는 데 걸리는 시간을 계산하는 프로그램으로 수정해 보세요.

# 멘델의 유전 법칙 시뮬레이션

부모의 생김새가 자식에게 어떻게 유전되는지를 연구한 멘델은 완두콩 실험을 통해 멘델의 유전 법칙을 발표했습니다. 멘델은 실험을 통해 두 부모가 모두 둥근 완두콩(Rr)일 때 자손은 둥근 완두콩(RR, Rr, rR) 또는 주름진 완두콩(rr)이 3 : 1의 비율로 생겨나는 것을 보여줬습니다. 무작위로 완두콩 RR, Rr, rR, rr을 생성시켜 둥근 완두콩과 주름진 완두콩의 비율이 3 : 1임을 시뮬레이션하는 프로그램을 만들어 보겠습니다.

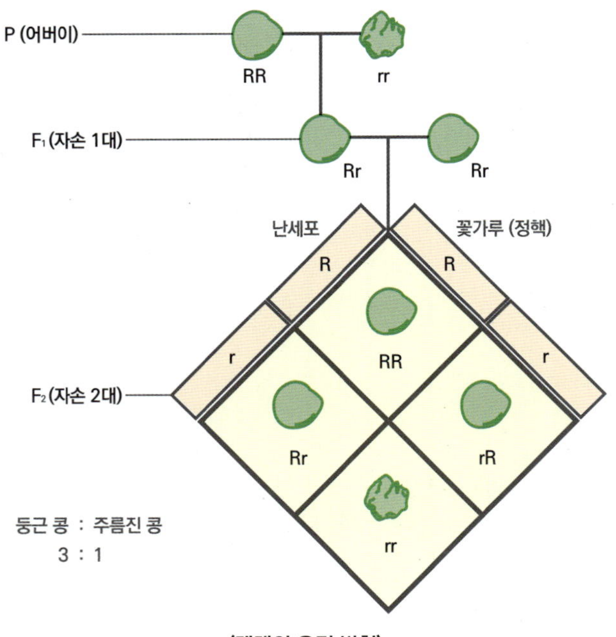



〈멘델의 유전 법칙〉

**실행 결과**

```
{'rR': 24, 'RR': 28, 'Rr': 24,
'rr': 24}
3.1666666666666665 : 1
```

생각 1 : 프로그램의 순서를 생각해 봅니다.

> R과 r의 유전자가 무작위로 조합된 100개의 완두콩 리스트 만들기 →
> (RR, Rr, rR, rr)의 경우를 세어 딕셔너리에 저장 →
> 둥근 완두콩과 주름진 완두콩의 비율 구하고 출력하기

생각 2 : R과 r의 유전자가 무작위로 조합된 완두콩을 생성하여 리스트에 저장하는 함수 make_descendant()를 만들겠습니다. 0과 1을 무작위로 발생하여 0 = R, 1 = r로 바꾸어 생성된 완두콩은 descendant 리스트에 추가하겠습니다. 프로그램에서 이 함수는 100번 호출하도록 합니다.

```python
import random

descendant = []

def make_descendant():
    h1 = random.randrange(0,2)
    h2 = random.randrange(0,2)

    if h1 == 0 and h2 == 0:
        h = 'RR'
    elif h1 == 0 and h2 == 1:
        h = 'Rr'
    elif h1 == 1 and h2 == 0:
        h = 'rR'
    else :
        h = 'rr'

    descendant.append(h)
```



```python
def count_descendant(d):
    d_dict= {}
    for n in d :
        if n in d_dict :
            d_dict[n] += 1
        else:
            d_dict[n] = 1
    print(d_dict)
    cal_rate(d_dict)  # 비율을 계산하는 함수
```



```python
def cal_rate(d):
    rate = (d['RR']+d['Rr']+d['rR'])/d['rr']
    print(rate,": 1")
```

**소스코드**

```python
import random

descendant = []

def make_descendant():
    h1 = random.randrange(0,2)
    h2 = random.randrange(0,2)

    if h1 == 0 and h2 == 0:
        h = 'RR'
    elif h1 == 0 and h2 == 1:
        h = 'Rr'
    elif h1 == 1 and h2 == 0:
        h = 'rR'
    else:
        h = 'rr'

    descendant.append(h)

def count_descendant(d):
    d_dict= {}
    for n in d:
        if n in d_dict :
            d_dict[n] += 1
        else:
            d_dict[n] = 1
    print(d_dict)
    cal_rate(d_dict)

def cal_rate(d):
    rate = (d['RR']+d['Rr']+d['rR'])/d['rr']
    print(rate,": 1")

for n in range(100):
    make_descendant()

count_descendant(descendant)
```

# 튜링상 수상자 데이터 분석

컴퓨터 과학의 노벨상으로 튜링상이 있습니다. 매년 컴퓨터 과학 분야에 업적을 남긴 사람에게 시상하는 상으로 영국의 수학자이며 현대 전산학의 아버지라 할 수 있는 앨런 튜링을 기리기 위하여 시작하였습니다. 이 상은 컴퓨터 과학을 지향하는 사람들에게는 최대의 명예로 알려져 있습니다. 역대 튜링상 수상자들의 명단과 수상년도, 국적을 정리하는 프로그램을 작성해 보세요.

| 이름 | 수상년도 | 국적 | 대표업적 |
|---|---|---|---|
| 팀 버너스리 | 2016 | 영국 | 월드 와이드 웹의 하이퍼텍스트 시스템을 고안하여 개발 |
| 리처드 해밍 | 1968 | 미국 | 오류 검출 부호 및 오류 정정 부호 |
| 에츠허르 데이크스트라 | 1972 | 네덜란드 | 프로그래밍 언어 연구, 데이크스트라 알고리즘 |
| 더글러스 엥겔바트 | 1997 | 미국 | 마우스의 발명, 대화형 컴퓨팅 |
| 데니스 리치 | 1983 | 미국 | 유닉스 운영 체제 개발, C언어 개발 |

 **생각 1 : 프로그램의 순서를 생각해 봅니다.**

각 수상자의 딕셔너리 만들기 → 각 수상자의 딕셔너리를 리스트로 만들기 → 수상자들의 명단과 수상년도, 국적을 정리

 **생각 2 : 표에 있는 수상자 각각의 정보를 이름, 수상년도, 국적, 대표업적을 키로 하여 딕셔너리로 작성합니다. 이름, 국적, 대표업적은 문자열, 수상년도는 숫자로 표기합니다.**

```
{'이름':'팀 버너스리', '수상년도':2016, '국적':'영국', '대표업적':'월드 와이드 웹의 하이퍼텍스트 시스템을 고안하여 개발'}
(생략)
```

 **생각 3 : 여러 수상자를 담을 수 있는 awards라는 빈 리스트를 만든 후 한 명의 수상자 정보 딕셔너리를 추가합니다.**

```
awards = [ ]
awards.append({'이름':'팀 버너스리', '수상년도':2016, '국적':'영국', '대표업적':'월드 와이드 웹의 하이퍼텍스트 시스템을 고안하여 개발'})
```

 생각 4: 반복문을 이용하여 awards 리스트를 모두 출력해 봅니다.

```python
for award in awards:
    print(award)
```

 생각 5: 반복문을 이용하여 수상자 명단을 출력해 봅니다.

| 코드 | 실행 결과 |
|---|---|
| <pre>for award in awards:<br>    print(award['이름'])</pre> | 팀 버너스리<br>리처드 해밍<br>에츠허르 데이크스트라<br>더글러스 엥겔바트<br>데니스 리치 |

 생각 6 : 1990년 이전의 수상자와 연도를 출력해 봅니다. 반복문을 이용하여 awards 리스트를 훑습니다. 리스트 안의 딕셔너리에서 '수상년도'키의 값이 1990보다 작은 항목만 출력합니다. 수상년도가 1990년도 이전인지를 확인하기 위해 조건문이 필요합니다.

| 코드 | 실행 결과 |
|---|---|
| <pre>for award in awards:<br>    if award['수상년도'] <= 1990 :<br>        print(award['이름'], award['수상년도'])</pre> | 리처드 해밍 1968<br>에츠허르 데이크스트라 1972<br>더글러스 엥겔바트 1977<br>데니스 리치 1983 |

 생각 7: 수상자들의 국적을 출력합니다. 표에 있는 수상자의 국적은 영국 1명, 미국 3명, 네덜란드 1명입니다. 출력결과를 살펴보면 중복된 항목도 1번만 출력됩니다. 이런 경우에는 집합을 이용하면 좋습니다.

| 코드 | 실행 결과 |
|---|---|
| <pre>nationality = set()<br>for award in awards:<br>    nationality.add(award['국적'])<br>print(nationality)</pre> | {'영국', '미국', '네덜란드'} |

**소스코드**

```python
awards = [ ]
awards.append({'이름':'팀 버너스리', '수상년도':2016, '국적':'영국', '대표업적':'월드 와
이드 웹의 하이퍼텍스트 시스템을 고안하여 개발'})
awards.append({'이름':'리처드 해밍', '수상년도':1968, '국적':'미국', '대표업적':'오류 검
출 부호 및 오류 정정 부호'})
awards.append({'이름':'에츠허르 데이크스트라', '수상년도':1972, '국적':'네덜란드', '대표
업적':'프로그래밍 언어 연구, 데이크스트라 알고리즘'})
awards.append({'이름':'더글러스 엥겔바트', '수상년도':1977, '국적':'미국', '대표업적':'
마우스의 발명, 대화형 컴퓨팅'})
awards.append({'이름':'데니스 리치', '수상년도':1983, '국적':'미국','대표업적':'유닉스
운영 체제 개발, C언어 개발'})

for award in awards:
    print(award)

print("==수상자 명단==")
for award in awards:
    print(award['이름'])

print()
print("==수상자 명단과 수상년도==")
for award in awards:
    if award['수상년도'] <= 1990 :
        print(award['이름'], award['수상년도'])

print()
print("==수상자 국가==")
nationality = set()
for award in awards:
    nationality.add(award['국적'])

print(nationality)
```

**도전과제**

튜링상 수상자의 정보를 더 추가하여 각 수상자의 국가별 빈도를 카운트하는 프로그램을 작성해 보세요.

# 자동 메일 발송 프로그램

파이썬 프로그램을 통해 이메일을 보내 보겠습니다. 다음 코드를 따라 작성하여 실행해 보세요.

**소스코드**

```python
import smtplib
from email.mime.text import MIMEText

me = 'abc@server.kr'          # 보내는 사람 메일 주소
you = 'def@server.com'        # 받는 사람 메일 주소
contents = '12월 20일에 동창회가 있으니 참석해주시기 바랍니다.'

msg = MIMEText(contents, _charset='euc-kr')
msg['Subject'] = '동창회 모임'
                              msg['From'] = me
msg['To'] = you

server = smtplib.SMTP('smtp.gmail.com', 587)
server.ehlo()
server.starttls()
server.ehlo()

server.login("자신의 아이디", "패스워드")

server.sendmail(me, you, msg.as_string())
server.quit()
```

딕셔너리로 구현되었습니다.

자신의 구글 계정을 이용해 보세요.

생각 1 : 위 코드는 구글의 SMTP 서버라는 것을 사용하여 메일을 보내게 하는 코드입니다. 구글 서버를 이용할 때는 구글 계정의 보안 설정에서 '보안 수준이 낮은 앱의 액세스'를 허용하여야 프로그램이 정상적으로 작동합니다.

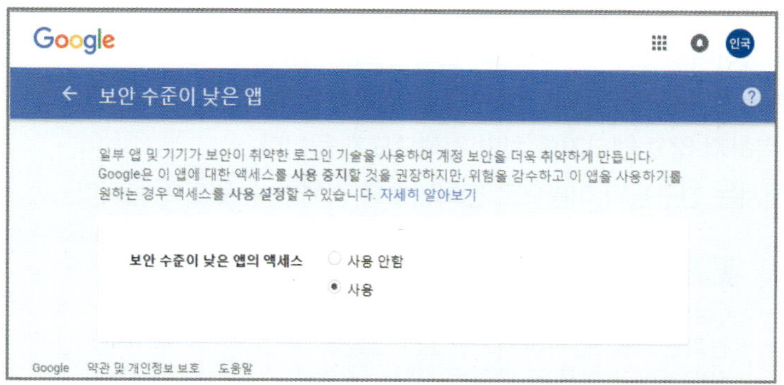
Google
← 보안 수준이 낮은 앱
일부 앱 및 기기가 보안이 취약한 로그인 기술을 사용하여 계정 보안을 더욱 취약하게 만듭니다. Google은 이 앱에 대한 액세스를 사용 중지할 것을 권장하지만, 위험을 감수하고 이 앱을 사용하기를 원하는 경우 액세스를 사용 설정할 수 있습니다. 자세히 알아보기
보안 수준이 낮은 앱의 액세스    사용 안함
                              사용
Google    약관 및 개인정보 보호    도움말

생각 2 : 위 코드에서 딕셔너리로 구현된 부분과 형식을 확인해 보세요.

**1** 딕셔너리를 사용하여서 친구들의 이름과 전화번호를 저장해 보세요.

① 사용자로부터 친구들의 이름과 전화번호를 입력받고 딕셔너리에 저장합니다.

② 이름을 입력하지 않고 엔터키를 치면 검색모드가 됩니다.

③ 검색모드에서는 친구들의 이름으로 전화번호를 검색할 수 있도록 합니다.

> **실행 결과**
>
> (입력모드)이름을 입력하시오: 홍길동
> 전화번호를 입력하시오: 111-2222
> (입력모드)이름을 입력하시오: 김철수
> 전화번호를 입력하시오: 222-3333
> (검색모드)이름을 입력하시오: 홍길동
> 홍길동 의 전화번호는 111-2222 입니다.
> (검색모드)이름을 입력하시오:

 공백 딕셔너리를 생성하고 사용자가 입력하는 대로 딕셔너리에 추가합니다.

**코드**
```python
contacts = { }

while True:
    name = input("(입력모드)이름을 입력하시오: ")
    if not name:
        break;
    tel = input("전화번호를 입력하시오: ")
    contacts[name] = tel
```

**2** 인터넷 도메인의 약자와 해당되는 국가를 딕셔너리에 저장해 보세요. 예를 들어서 "kr"은 대한민국으로 저장되어야 합니다. 딕셔너리를 순회하면서 모든 키와 값을 출력하는 프로그램을 작성해 보세요.

> **실행 결과**
>
> kr: 대한민국
> sk: 슬로바키아
> no: 노르웨이

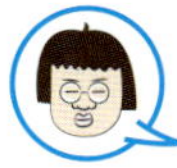

딕셔너리에서 키와 값을 모두 꺼내서 출력하려면 다음과 같은 문장을 사용합니다.

```
코드
domains = {"kr": "대한민국", ...  }

for k, v in domains.items():
    print(k, ": ", v)
```

**3** 딕셔너리에 문제와 정답을 저장하고 하나씩 꺼내서 사용자에게 제시하는 프로그램을 작성해 보세요. 사용자는 문자열로 답해야 합니다. 번호로 답할 수는 없습니다.

```
실행 결과
다음은 어떤 단어에 대한 설명일까요?
"최근에 가장 떠오르는 프로그래밍 언어"
(1)파이썬 (2)함수 (3)리스트 (4)변수
파이썬
정답입니다!
다음은 어떤 단어에 대한 설명일까요?
"작업을 수행하는 문장들의 집합에 이름을 붙인 것"
(1)파이썬 (2)함수 (3)리스트 (4)변수
파이썬
오답입니다!
```

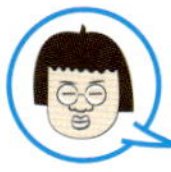

딕셔너리에서 키만을 꺼낼 때는 다음과 같은 문장을 사용합니다.

```
코드
problems  = {'파이썬': '최근에 가장 떠오르는 프로그래밍 언어',
             '변수': '데이터를 저장하는 메모리 공간',
             '함수': '작업을 수행하는 문장들의 집합에 이름을 붙인 것',
             '리스트': '서로 관련이 없는 항목들의 모임',
             }
for word in problems.keys():
    ...
```

- 딕셔너리는 항목들을 모아둔 곳입니다.
- **딕셔너리는 '키(key)'와 '값(value)'이 연결된 쌍으로 구성됩니다.**
- **딕셔너리는 중괄호 {}를 사용하여 작성합니다.**
- 딕셔너리에 **키를 제시하면 값을 반환**합니다.
- 딕셔너리에서는 키를 모르는 경우 `keys()`를 사용하여 모든 키를 볼 수 있습니다.
- 딕셔너리에서 사용되는 모든 값을 알고 싶다면 `values()`를 사용합니다.
- 딕셔너리의 **수정은 키를 통해** 이루어집니다.
- 딕셔너리의 항목을 삭제하려면 `del`, `pop()`, `clear()`를 사용합니다.
- 딕셔너리를 **반복문으로 처리하면 효과적**입니다.
- **집합**은 자료가 중복되지 않으며, 순서가 없습니다.

# 제 10 장

# 파일을 사용해 봅시다

## 학습 내용

01. 파일이 왜 필요한지 이해합니다.
02. 파일을 사용하기 위한 준비 방법을 학습합니다.
03. 파일의 내용을 읽고, 쓰는 방법을 학습합니다.
04. CSV 파일을 사용하는 방법을 학습합니다.

## LAB

01. 파일 복사하기
02. 연설문 데이터 분석
03. 평균 강수량 통계
04. 행 맨

# 01  파일은 왜 필요할까?

프로그램을 종료하면 메모리에서 지워지고 그동안 작업하였던 데이터는 모두 사라지게 됩니다. 따라서 어떤 데이터를 오래 보관하고자 한다면 우리는 하드디스크와 같은 보조기억장치에 파일 형태로 저장해야 합니다. 파일은 컴퓨팅 환경에서 중요한 역할을 합니다.

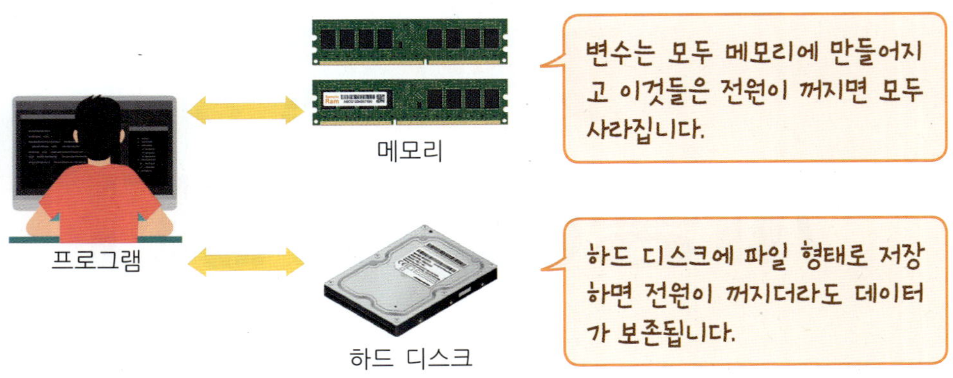


구체적으로 어떤 경우에 파일이 필요할까요? 예를 들면 게임에서는 사용자의 점수를 score.txt에 저장할 수 있습니다. 또 게임에서 사용되는 아이템, 색상, 글자의 폰트와 같은 사용자의 선택 사항도 파일에 저장할 필요가 있습니다. 또한 대량의 자료를 불러오고 저장할 때에는 파일을 사용하는 것이 효과적입니다. 이번 장에서는 데이터를 파일에 저장하는 방법과 파일에서 데이터를 읽는 방법을 학습하겠습니다.

 실습용 파일 준비하기

파이썬 프로그래밍에서 실습으로 사용할 텍스트 파일을 만들어 보겠습니다. 윈도우의 경우 "메모장" 프로그램을 실행합니다. 친구들의 연락처를 임의로 입력한 후에 "phones.txt" 파일로 저장합니다. 텍스트 파일의 인코딩은 'ANSI' 또는 '유니코드'로 설정해야 합니다. 파일이 저장되는 디렉터리(폴더)의 위치는 자유롭게 정하여도 됩니다. 경로가 간단한 디렉터리라면 더 좋을 것입니다. 예를 들면 "d:\phones.txt"와 같습니다.

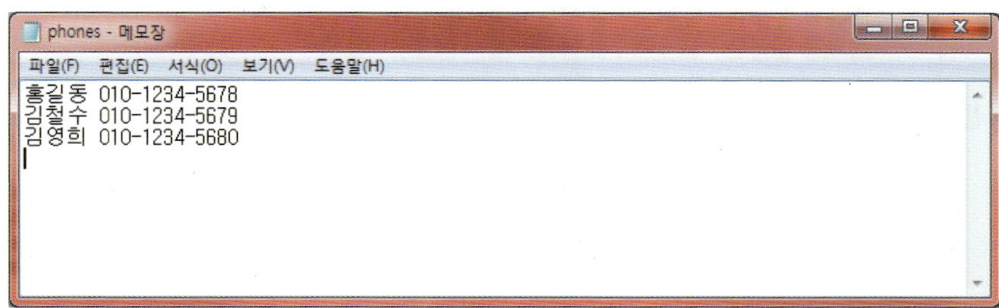

**백슬래시 ₩ 와 **

백슬래시 '₩'와 '\\'는 같은 기호입니다. 글꼴의 종류에 따라 '₩' 또는 '\\'로 나타납니다. 우리 책에서는 '₩'로 사용합니다.
이들 기호는 '~ 아래' 또는 '~안에'라는 뜻으로 해석하면 됩니다.

# 02 파일 열기와 닫기

"코끼리를 어떻게 냉장고에 넣을까?"라는 난센스 문제가 있습니다. 이 문제는 여러 가지 해결 방법이 있지만 모든 해결책의 기본 절차는 "냉장고 문을 연다 → 코끼리를 넣는다 → 냉장고 문을 닫는다"입니다. 파일에 저장된 자료를 읽거나 쓰는 절차도 이와 같습니다. 파일을 사용하려면 먼저 파일을 열어야 합니다. 이때 파일을 여는 파이썬 함수 `open()`을 사용합니다. 파일이 열리면 우리는 파일의 자료를 읽거나 원하는 자료를 쓸 수 있습니다. 파일과 관련된 작업이 모두 종료되면 파일을 닫아야 합니다. 이때 파일을 닫는 파이썬 함수 `close()`를 사용합니다.

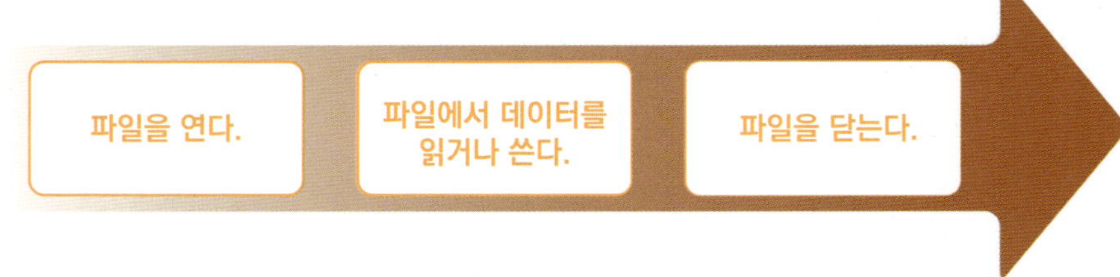


프로그램을 통하여 파일을 열어 파일 안의 데이터를 읽고, 쓰고, 수정하는 등의 작업을 수행한 후, 그 내용을 저장하고 파일을 닫는 것을 파일 입출력이라고 합니다.

파일을 열고 닫는 구조는 다음과 같습니다.

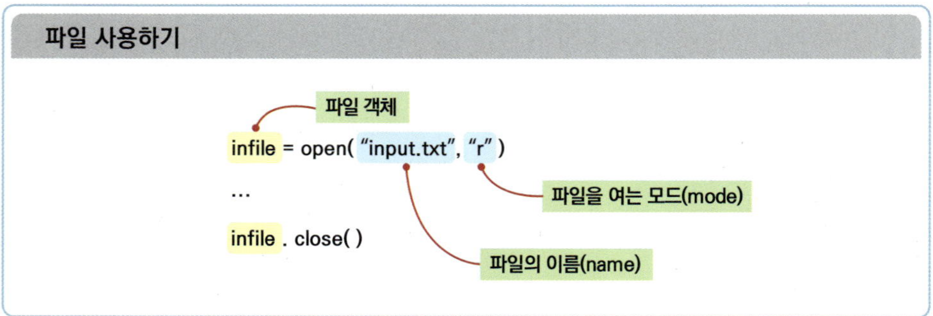


- ✅ `open()`의 첫 번째 매개 변수는 파일의 이름입니다. `open()`은 이름이 `"input.txt"`인 파일을 열고, 파일과 연관된 객체를 생성한 후에, 이 객체를 반환합니다. 파일에서 데이터를 읽거나 쓰려면 반드시 이 파일 객체가 필요합니다. 만약 `open()`이 파일을 여는 데 실패하면 해당되는 파일이 없어서 객체를 만들지 못했다는 의미를 가진 None 객체가 반환됩니다.
- ✅ `open()`의 두 번째 매개 변수는 파일을 여는 모드를 의미합니다. 파일 모드는 파일을 어떤 형식으로 열지 결정하는 문자입니다. 예를 들어서 파일 모드가 `"r"`이면 읽기 작업을 위하여 파일을 여는 것입니다.

| 파일 모드 | 모드 이름 | 설명 |
| --- | --- | --- |
| "r" | 읽기 모드<br>(read mode) | 파일의 처음부터 읽습니다. |
| "w" | 쓰기 모드<br>(write mode) | 파일의 처음부터 씁니다. 파일이 없으면 생성됩니다. 만약 파일이 존재하면 기존의 내용은 지워집니다. |
| "a" | 추가 모드<br>(append mode) | 파일의 끝에 이어서 내용을 씁니다.<br>파일이 없으면 생성됩니다. |
| "r+" | 읽기와 쓰기 모드 | 파일에 읽고 쓸 수 있는 모드입니다.<br>모드를 변경하려면 seek()가 호출되어야 합니다. |

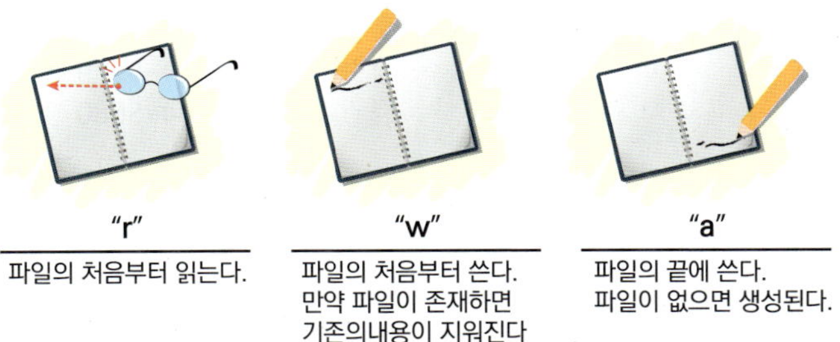


close() 함수는 사용이 끝난 파일을 닫습니다. 왜 파일은 닫아야 할까요? 다른 프로그램이 파일을 사용할 수 있기 때문입니다. 우리가 어떤 파일을 열어서 사용하고 있으면 다른 프로그램은 이 파일에 접근할 수 없습니다. 따라서 파일은 사용이 끝나면 바로 닫는 것이 좋습니다.

## 표준 입출력과 파일 입출력

많은 프로그램이 키보드나 마우스 또는 파일로부터 자료를 입력받아 프로그래밍된 명령을 수행하고 처리 결과를 화면이나 파일로 출력합니다. 파이썬 프로그램은 자료를 입력 받는 함수를 이용하여 입력 장치 또는 파일을 통해 자료를 입력받고, 출력 함수를 이용하여 프로그램의 실행 결과를 보여주거나 파일로 저장할 수 있습니다. 입출력 함수는 자료의 입출력이 이루어지는 방법에 따라 표준 입출력과 파일 입출력으로 분류합니다.

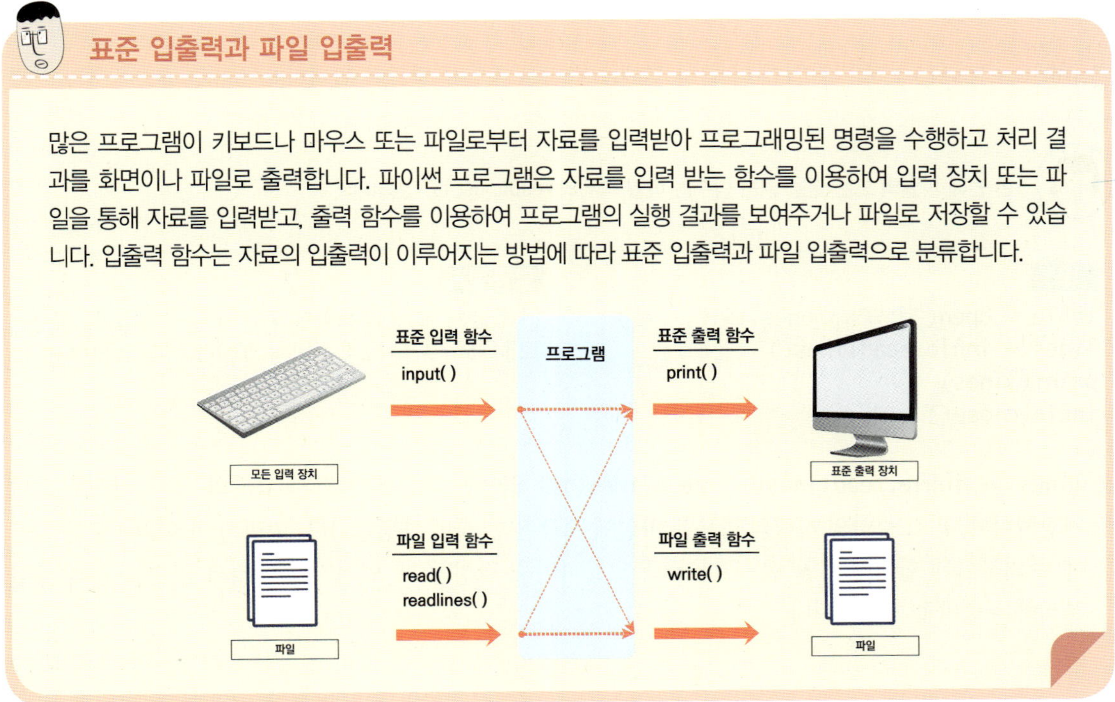

 한 번에 파일의 모든 줄을 읽는 함수는 파일 객체의 read() 입니다.

| 코드 | 실행 결과 |
|---|---|
| ```infile = open("d:₩₩phones.txt", "r")```<br>```lines = infile.read()```<br>```print(lines)```<br>```infile.close()``` | 홍길동 010-1234-5678<br>김철수 010-1234-5679<br>김영희 010-1234-5680 |

✓ infile = open("d:₩₩phones.txt", "r") : d: 드라이브 아래의 "phones.txt" 파일을 읽기 용도로 엽니다. 드라이브와 디렉터리를 구분하기 위해서는 '₩₩' (또는 글꼴에 따라 '\\')를 사용합니다.

✓ lines = infile.read() : read() 함수는 파일 객체에서 텍스트 전체를 읽습니다. 만약 지정된 개수의 문자만 읽으려면 read(10)과 같이 문자의 개수를 전달하면 됩니다. read(10)은 공백을 포함하여 10개의 글자를 읽습니다. 그래서 이것을 출력하면 다음과 같습니다.

| 실행 결과 |
|---|
| 홍길동 010-12 |

✓ infile.close() : 파일 작업이 다 끝난 후에는 반드시 파일을 닫도록 합니다.

 한 번에 파일의 모든 줄을 읽는 함수는 파일 객체의 readlines( )도 있습니다.

| 코드 | 실행 결과 |
|---|---|
| ```infile = open("d:₩₩phones.txt", "r")```<br>```lines = infile.readlines()```<br>```print(lines)```<br>```infile.close()``` | ['홍길동 010-1234-5678₩n', '김철수 010-1234-5679₩n', '김영희 010-1234-5680₩n'] |

✓ lines = infile.readlines() : readlines()로 읽으면 파일에 저장된 각각의 줄이 리스트 안에 저장됩니다. 리스트 안의 하나의 항목은 파일에 저장된 한 줄에 해당합니다. 따라서 마지막에 붙은 '₩'에 주의하여야 합니다. '₩'은 우리가 텍스트 파일을 작성할 때 엔터키를 눌러서 입력된 줄과 줄을 분리하는 줄바꿈 기호입니다.

'₩₩'은 ₩(백슬래시) 기호 자체를 의미합니다. ₩은 문자열에서 특별한 의미를 가지는 기호라 그냥 ₩만 쓰면 특수 문자를 표시하게 됩니다. 예를 들어 ₩n은 줄 바꿈 기호이고 ₩t는 탭입니다.

파일에서 한 번에 하나의 줄만 읽어오는 함수는 파일 객체의 **readline()**이 있습니다.

| 코드 | 실행 결과 |
|---|---|
| ```python<br>infile = open("d:\\phones.txt","r")<br><br>line1 = infile.readline()<br>print(line1)<br><br>line2 = infile.readline()<br>print(line2)<br><br>infile.close()<br>``` | 홍길동  010-1234-5678<br><br>김철수  010-1234-5679 |

- `line1 = infile.readline()` : readline()는 한 번에 한 줄만 읽어서 문자열로 반환합니다.
- `print(line1)` : line1에 저장되어 있는 문자열의 마지막에 줄바꿈 기호 '\n'이 있어 print()를 수행하는 경우 다음 출력과 한 줄이 떨어져 있습니다.

하지만!! 우리는 파일에 몇 줄의 내용이 들어있는지 미리 알 수가 없습니다.

**파일의 크기가 커서 줄을 일일이 셀 수 없는 경우 rstrip()와 반복문을 적절하게 사용**하여 문제를 해결합니다.

| 코드 1 | 코드 2 |
|---|---|
| ```python<br>infile = open("d:\\phones.txt", "r")<br>line = infile.readline().rstrip()<br>while line != "":<br>    print(line)<br>    line = infile.readline().rstrip()<br><br>infile.close()<br>``` | ```python<br>infile = open("d:\\phones.txt", "r")<br><br>for line in infile :<br>    line = line.rstrip()<br>    print(line)<br><br>infile.close()<br>``` |

### 코드 1

- `line = infile.readline().rstrip()` : 파일에서 데이터를 읽을 때 줄의 맨 끝에 있는 줄바꿈 기호를 삭제하고 읽어야 합니다. 파이썬에서는 rstrip() 함수가 이런 작업을 합니다.
- `while line != "" :` : line의 문자열이 없을 때까지 데이터를 한 줄씩 읽어 옵니다.

☑ **for line in infile** : 파이썬에서 **line** 같은 파일 객체는 문자열의 컨테이너로 간주합니다. 따라서 파일에서 문자열을 읽을 때 **for** 루프를 이용하여 파일 객체에 대하여 반복하여도 됩니다. 실제로는 이 방법이 가장 많이 사용됩니다.

 파일에 데이터를 쓰려면 **write()** 함수를 이용합니다.

| 코드 | 실행 결과 : 파일 phones1.txt |
| --- | --- |
| `outfile = open("d:₩₩phones1.txt", "w")`<br><br>`outfile.write("전우치 010-1234-5678₩n")`<br>`outfile.write("홍길동 010-1234-5679₩n")`<br>`outfile.write("김서방 010-1234-5680₩n")`<br><br>`outfile.close()` | 전우치 010-1234-5678<br>홍길동 010-1234-5679<br>김서방 010-1234-5680 |

- `outfile = open("d:₩₩phones1.txt", "w")` : 파일에 데이터를 새로 쓰려면 open()으로 파일 객체를 생성할 때 쓰기 모드(w)를 사용해야 합니다. 만약 동일한 파일명이 디스크에 존재하면 기존의 파일은 없어지고 새로운 파일로 데이터가 덮어 써집니다.

- `outfile.write("전우치 010-1234-5678₩n")` : 문자열이 phones1.txt 파일에 저장됩니다. 줄 바꿈 기호 "₩n"이 없다면 파일 내용이 "전우치 010-1234-5678홍길동 010-1234-5679김서방 010-1234-5680" 와 같이 붙어서 보이게 됩니다.

 파일의 기존 내용에 새로운 데이터를 이어서 쓸 수 있습니다.

| 코드 | 실행 결과 : 파일 phones1.txt |
| --- | --- |
| `outfile = open("d:₩₩phones1.txt", "a")`<br><br>`outfile.write("강감찬 010-1234-5681₩n")`<br>`outfile.write("김유신 010-1234-5682₩n")`<br>`outfile.write("정약용 010-1234-5683₩n")`<br><br>`outfile.close()` | 전우치 010-1234-5678<br>홍길동 010-1234-5679<br>김서방 010-1234-5680<br>강감찬 010-1234-5681<br>김유신 010-1234-5682<br>정약용 010-1234-5683 |

- `outfile = open("d:₩₩phones1.txt", "a")` : 기존의 파일에 데이터를 이어서 쓰려면 open()으로 파일 객체를 생성할 때 추가 모드 (a)를 사용해야 합니다.

"a"는 "append"의 약자입니다.

# 06 파일에서 단어 단위로 읽어오기

텍스트 파일에서 데이터를 단어 단위로 읽어오려면 split() 함수를 사용합니다. split() 함수는 공백문자를 이용하여 문자열에서 단어들을 분리합니다. 단어와 단어 사이는 공백으로 나뉘어져 있습니다. 문자열 함수 중 **split()** 함수는 괄호 안에 아무런 값도 넣어 주지 않으면 공백(스페이스, 탭, 엔터 등)을 기준으로 문자열을 나누어 줍니다.

split() 함수를 이용하여 문자열을 분리해 보겠습니다.

| 코드 | 실행 결과 |
|---|---|
| `>>> a = "All's well that ends well"`<br>`>>> a.split()` | `["All's", 'well', 'that', 'ends',`<br>`'well']` |

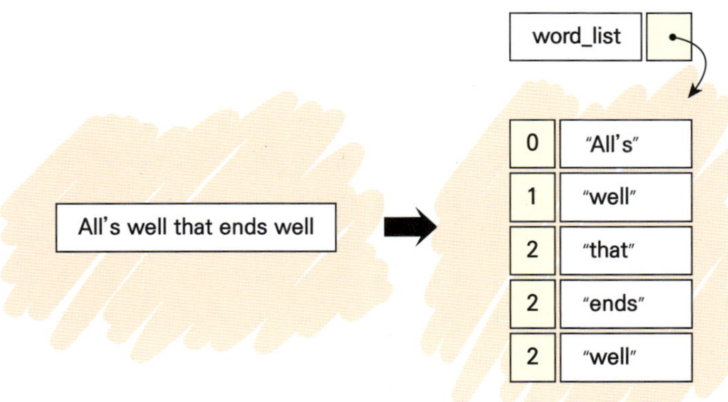

 'proverbs.txt' 파일에서 반복문과 split()를 이용하여 단어를 분리하여 출력해 보겠습니다.
'proverbs.txt' 파일은 현재 작성하는 파이썬 프로그램과 같은 위치에 저장되어 있습니다.

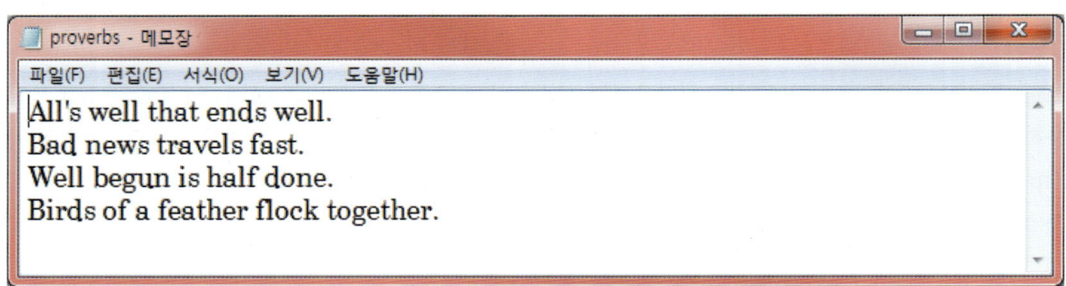


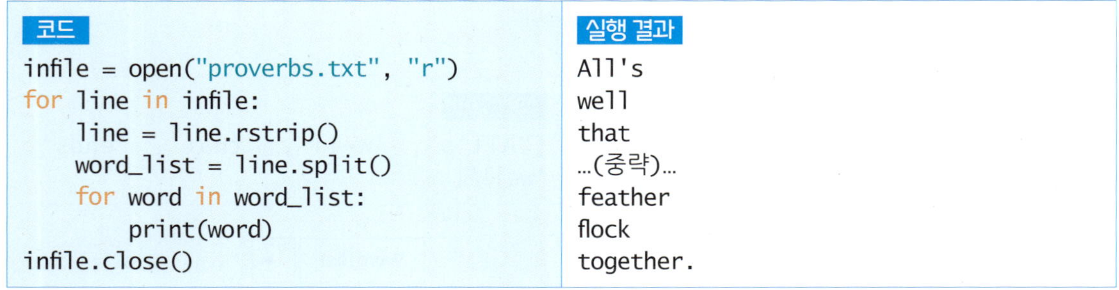

**코드**

```python
infile = open("proverbs.txt", "r")
for line in infile:
    line = line.rstrip()
    word_list = line.split()
    for word in word_list:
        print(word)
infile.close()
```

**실행 결과**

```
All's
well
that
...(중략)...
feather
flock
together.
```

# 07 CSV 파일을 사용해 보기

CSV 파일은 데이터 값을 쉼표(,)로 구분한 텍스트 파일입니다. CSV 파일은 엑셀, 메모장 같은 소프트웨어에서 열어 볼 수 있습니다. CSV 파일을 처리하기 위해서는 먼저 파이썬에서 기본으로 내장된 CSV 모듈을 import 하면 됩니다.

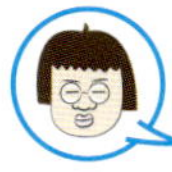 CSV 파일을 엑셀을 이용하여 만들어 보겠습니다. 아래와 같이 엑셀에서 자료를 작성한 후에 파일을 "input.csv"로 저장합니다.

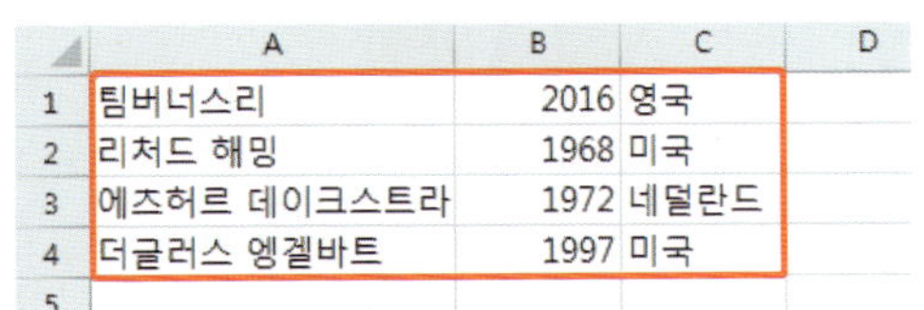

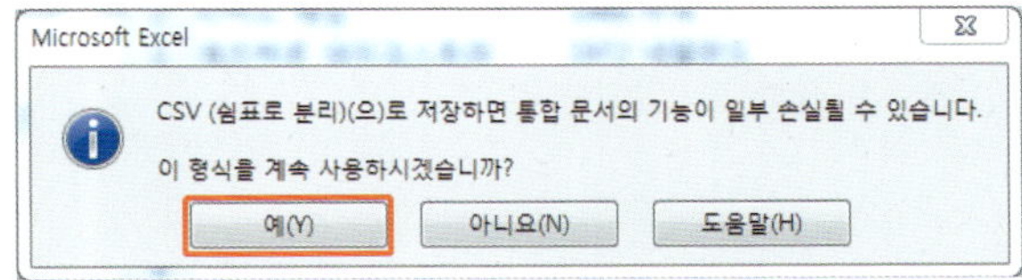

 split() 함수를 이용하여 문자열을 분리해 보겠습니다.

<table>
<tr><th>코드</th><th>실행 결과</th></tr>
<tr><td>

```python
import csv
f = open('d:\\input.csv','r')
data = csv.reader(f)

for line in data :
    print(line)

f.close()
```

</td><td>

```
['팀버너스리', '2016', '영국']
['리처드 해밍', '1968', '미국']
['에츠허르 데이크스트라', '1972', '네덜란드']
['더글러스 엥겔바트', '1997', '미국']
```

</td></tr>
</table>

- import csv : CSV 파일 처리를 위하여 모듈을 import합니다.
- data = csv.reader(f) : CSV 파일은 CSV 모듈에서 정의한 reader() 함수를 이용해서 읽습니다. open()을 통해 연 파일 오브젝트 f를 인자로 전달받아 CSV 파일의 첫 라인을 가리키는 위치를 반환합니다. CSV 파일의 내용을 줄 단위로 읽어와 data에 리스트 형태로 저장합니다.
- for line in data : 파일의 모든 행은 한 행씩 line을 통해 참조됩니다. line[0]은 파일 속 데이터의 첫째 열이고 line[1]은 둘째 열, line[2]는 셋째 열입니다. 즉, 첫 행을 예를 든다면 line[0]은 '팀버너스리', line[1]은 '2016', line[2]는 '영국'입니다.

# 파일 복사하기

컴퓨터의 가장 탁월한 기능 중 하나가 파일을 필요한 만큼 복사할 수 있다는 것입니다. 우리도 파일을 다루는 방법을 배웠으니 이제는 파일을 복사하는 프로그램을 작성해 보도록 하겠습니다. 파일 복사 프로그램은 복사할 원본 파일 이름과 출력 파일 이름을 입력하면 작업을 수행하도록 하겠습니다.

**실행 결과**

입력 파일 이름: d:\phones.txt
출력 파일 이름: d:\temp.txt

**생각 1 : 프로그램의 순서를 생각해 봅니다.**

원본 파일 준비 → 원본 파일과 복사본 파일 이름 사용자로부터 입력받기 →
원본 파일과 복사본 파일 열기 → 내용 복사 → 원본 파일과 복사본 파일 닫기

**생각 2 : 원본 파일을 준비합니다. 파일명은 "phones.txt"로 합니다.**

```
phones.txt - Windows 메모장

파일(F)  편집(E)  서식(O)  보기(V)  도움말
홍길동 010-1234-5678
김철수 010-1234-5679
김영희 010-1234-5680
```

**생각 3 : 입력 파일 이름과 출력 파일 이름을 사용자로부터 입력받아야 합니다.**

```python
infilename = input("입력 파일 이름: ");
outfilename = input("출력 파일 이름: ");
```

생각 4 : 복사하고 싶은 파일은 읽기 용도로 "r"모드로 열어야 합니다. 출력 파일은 쓰기 위해 "w"모드로 엽니다.

```python
infile = open(infilename, "r")
outfile = open(outfilename, "w")
```

생각 5 : 원본 파일의 내용 전체를 읽은 후에 복사본 파일에 그대로 쓰면 됩니다. read() 함수를 호출할 때, 인수에 아무것도 주지 않으면 파일 내용 전체가 변수에 문자열 형태로 읽힙니다. 파일에 데이터를 쓸 때는 write() 함수를 이용합니다.

```python
s = infile.read()
outfile.write(s)
```

생각 6 : 내용을 복사하는 작업이 다 끝나면 원본 파일과 복사본 파일을 닫습니다.

```python
infile.close()
outfile.close()
```

**소스코드**

```python
# 입력 파일 이름과 출력 파일 이름을 받습니다.
infilename = input("입력 파일 이름: ");
outfilename = input("출력 파일 이름: ");

# 입력과 출력을 위한 파일을 엽니다.
infile = open(infilename, "r")
outfile = open(outfilename, "w")

# 전체 파일을 읽습니다.
s = infile.read()

# 전체 파일을 씁니다.
outfile.write(s)

# 파일을 닫습니다.
infile.close()
outfile.close()
```

## copy()

우리가 Lab에서 살펴본 것처럼 간단한 프로그램을 작성하여 파일을 복사할 수도 있지만 시스템 모듈을 사용할 수도 있습니다. shutil이라는 모듈을 포함시킨 후에 copy() 함수를 사용하여도 됩니다.

```python
import shutil
shutil.copy("d:\\phones.txt", "d:\\temp.txt")
```

# 연설문 데이터 분석

'국민의, 국민에 의한, 국민을 위한 정부'라는 문구를 들어 보았나요? 에이브러햄 링컨 전 대통령의 게티즈버그 연설에 나오는 구절입니다. 이 연설은 미국 역사상 가장 많이 인용된 연설 중 하나이자, 가장 위대한 연설로 손꼽힙니다. 이 연설문의 총 단어 수와 단어들의 빈도를 분석하는 프로그램을 작성하여 데이터 분석을 해 보세요.

**생각 1 : 프로그램의 순서를 생각해 봅니다.**

게티즈버그 연설 원본 파일 준비 → 입력 및 출력 파일 열기 →

파일에서 데이터를 추출하여 단어별로 분리하고 정리(영어 소문자 처리, 콤마·쉼표 삭제 처리) →

파일에서 데이터를 추출하여 단어별 빈도를 딕셔너리에 저장 & 총 단어 수 계산 →

딕셔너리 결과 파일로 출력 및 파일 닫기

**생각 2 : 입력 파일을 만들어 보겠습니다. 인터넷 포털 사이트에서 '게티즈버그 연설'을 검색하면 연설의 영어 원문을 찾을 수 있습니다. 연설문을 메모장에 복사하여 저장합니다. 단, 각 문단 사이에 빈 줄이 들어가지 않게 자료를 정리합니다. 파일명은 "input.txt"로 합니다.**

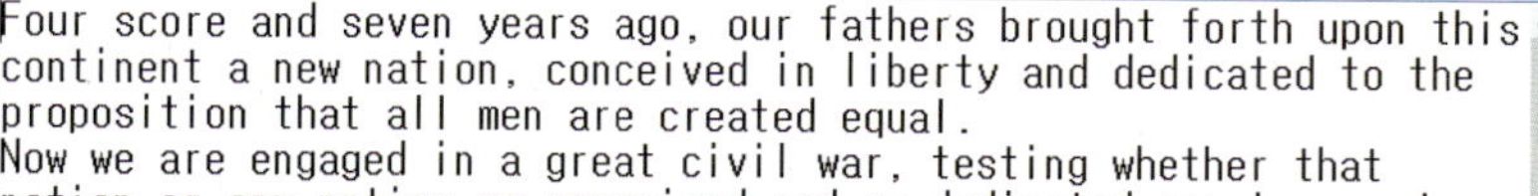

**생각 3 : 입력 파일(input.txt)은 읽기 용도로 "r" 모드로 열어야 합니다. 출력 파일(output.txt)은 쓰기 위해 "w"모드로 엽니다.**

 생각 4 : 입력 파일에서 추출한 단어와 그 단어의 빈도를 저장할 빈 딕셔너리를 만들겠습니다. 딕셔너리 이름은 'word_dic'입니다. 딕셔너리의 key는 단어입니다.

```python
word_dic = { }
```

 생각 5 : 입력 파일로부터 연설문을 한 문단(줄 바꿈이 발생하기 전)씩 가져와 단어별로 분리하겠습니다. 한 문단을 가져올 때는 반복문과 rstrip()을 사용하면 리스트 형태로 저장할 수 있습니다. 리스트에 저장된 문단을 split()를 이용하여 단어별로 분리합니다.

```python
for line in infile:
    line = line.rstrip()
    word_list = line.split()
    …(생략)…
```

생각 6 : 분리된 단어를 모두 영어 소문자로 바꾸고, 단어와 붙어있는 콤마(,)와 마침표(.)를 삭제하는 데이터 선처리 작업을 합니다.

```python
for word in word_list:
    word = word.lower()       # 소문자로 변경
    word = word.strip(',')    # 콤마 삭제
    word = word.strip('.')    # 마침표 삭제
```

생각 7 : 단어별 빈도를 카운트하는 작업을 합니다. 만약 word_dic 딕셔너리에 해당 단어가 없으면 딕셔너리에 키를 추가하고 값을 1로 합니다. 만약 word_dic 딕셔너리 해당 단어가 있다면 해당 단어키의 값을 1 증가시킵니다. 이때 총 단어의 수를 세는 total_count의 값도 각각의 상황에서 1씩 증가시킵니다.

```python
if word in word_dic :
    word_dic[word] += 1
    total_count += 1
else:
    word_dic[word] = 1
    total_count += 1
```

```python
result = ""
for key in sorted(word_dic.keys()) :
    result = key + " " + str(word_dic[key])+'\n'
    outfile.write(result)

print("총 단어 수 = ", total_count)
```



[잠깐!!] 이곳을 가리고 먼저 풀어 보세요!

**소스코드**

```python
# 입력 파일 출력 파일 열기
infile = open("input.txt", "r")
outfile = open("output.txt", "w")

word_dic = { }
total_count = 0

for line in infile:
    line = line.rstrip()
    word_list = line.split()

    for word in word_list:
        word = word.lower()          # 소문자로 변경
        word = word.strip(',')       # 콤마 삭제
        word = word.strip('.')       # 마침표 삭제

        if word in word_dic :
            word_dic[word] += 1
            total_count += 1
        else:
            word_dic[word] = 1
            total_count += 1
```

```python
# 단어별 빈도수를 결과파일에 저장하고 총 단어수를 화면에 출력
result = ""
for key in sorted(word_dic.keys()) :
    result = key + " " + str(word_dic[key])+'\n'
    outfile.write(result)

print("총 단어 수 = ", total_count)

# 입력 파일 출력 파일 닫기
outfile.close()
infile.close()
```

# 평균 강수량 통계



강수량은 비나 눈, 우박 등과 같이 구름으로부터 땅에 떨어져 내린 강수의 양을 말합니다. 우리나라의 경우 강수량은 대체로 남에서 북으로 갈수록 감소하나 풍향·지형 등의 영향으로 지역 차이가 큽니다. 기상자료개방포털(http://data.kma.go.kr/)을 방문하면 국내 기후 자료에 대한 자료를 쉽게 얻을 수 있습니다. 우리나라 10년(2009년~2019년)의 대관령 월평균 강수량만 파일에 저장하여 강수량의 합계와 평균을 구하는 프로그램을 작성해 보세요.

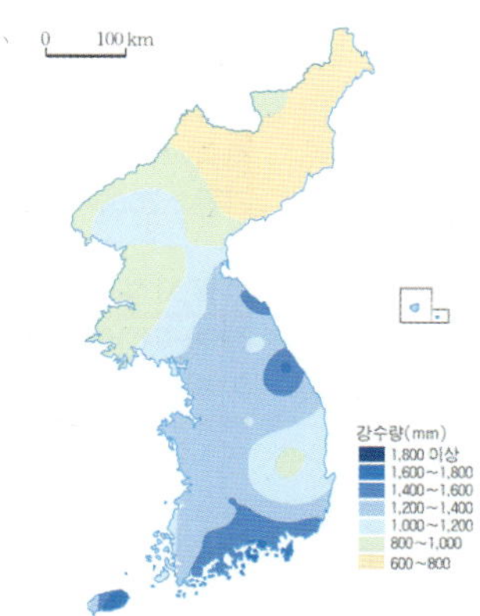



생각 1 : 프로그램의 순서를 생각해 봅니다.

| 사이트에서 자료 받아 파일로 준비하기 → 자료 파일 열어 강수량의 합계와 평균을 구하기 → |
|---|
| 강수량의 합계와 평균을 화면에 출력 → 자료 파일과 출력 파일 닫기 |

생각 2 : 기상자료개방포털(http://data.kma.go.kr/)에 방문하여 대관령의 강수량 자료를 'CSV'파일로 다운받습니다. 파일명은 'weather_input'으로 하겠습니다.

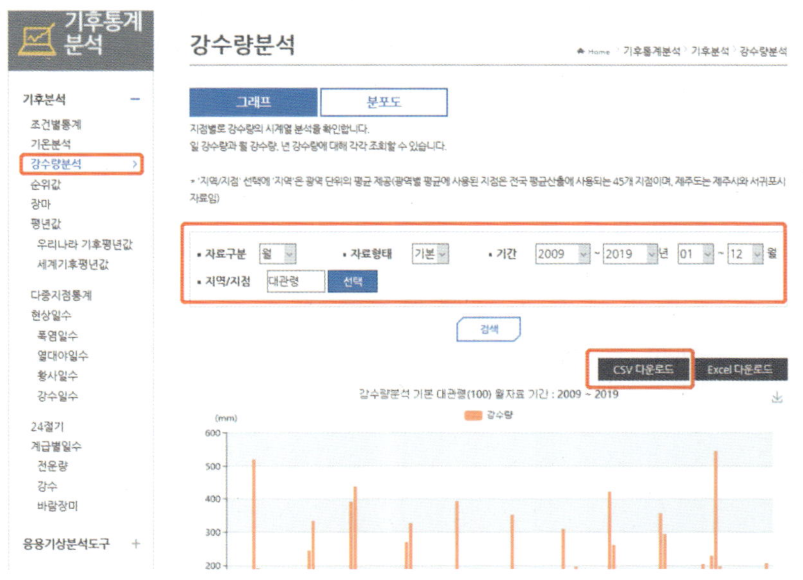

 생각 3 : 'weather_input.csv'를 메모장에서 열어서 필요 없는 자료는 삭제하여 데이터를 정리합니다.

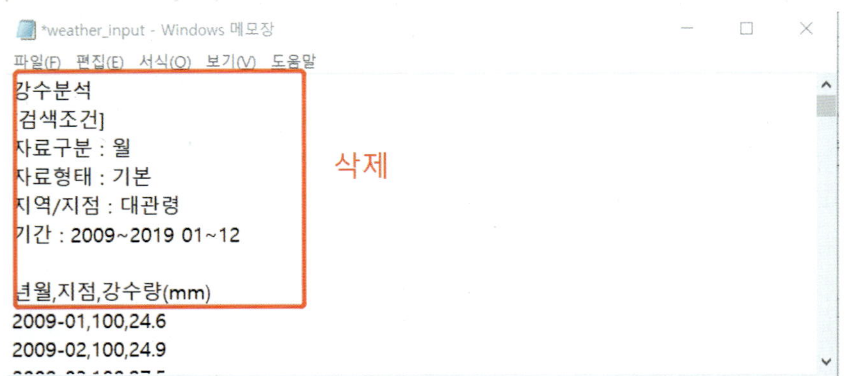

 생각 4 : 합계와 평균을 계산하기 위해 필요한 변수를 만들고 초기화합니다.

```python
count = 0        # 데이터의 개수를 세는 변수(평균 계산을 위해 필요)
sum = 0          # 합계 저장
```

 생각 5 : 반복문을 이용하여 weather_input.csv 파일에 있는 자료를 한 행씩 line을 통해 읽습니다. line[2]가 각 달의 강수량에 해당합니다.

```python
for line in data :
    print(line[2])
```

 생각 6 : 자료를 읽을 때마다 count와 sum의 값을 처리합니다. 파일에서 읽은 숫자는 문자열이므로 실수로 바꾸어 sum에 저장합니다.

```python
for line in data :
    count += 1
    sum += float(line[2])
```

**실행 결과**

강원도 2009년 01월부터 2019년 09월까지의 총 강수량:  13666.799999999996
강원도 2009년 01월부터 2019년 09월까지의 평균 강수량:  105.94418604651159

[잠깐!!] 이곳을 가리고 먼저 풀어 보세요!

**소스코드**

```python
import csv

# 입력 파일 출력 파일 열기
infile = open("d:\\weather_input.csv", "r")
data = csv.reader(infile)
count = 0
sum = 0

for line in data :
    count += 1
    sum += float(line[2])

print("강원도 2009년 01월 부터 2019년 09월까지의 총 강수량: ", sum)
print("강원도 2009년 01월 부터 2019년 09월까지의 평균 강수량: ", sum / count)
infile.close()
```

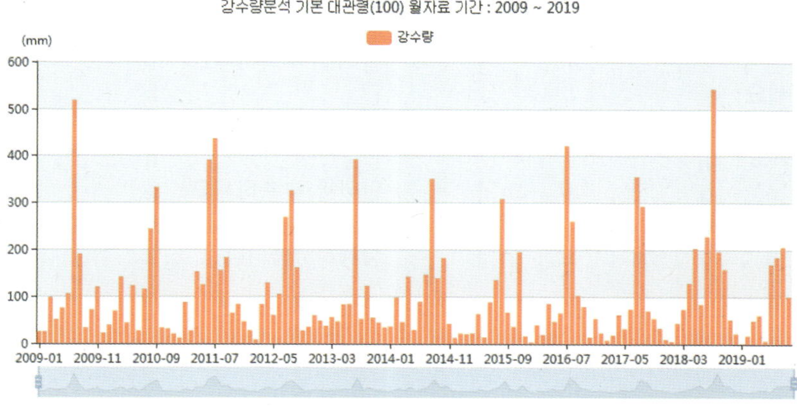

기상청 사이트에서 일별 자료를 참고하여 입력 파일을 만들고 강수량의 합계와 평균을 구하는 프로그램을 작성해 보세요. 강수량 외 다른 기상자료에 대해서도 평균을 구하는 프로그램을 작성해 보세요.

# 행맨

유명한 단어 게임으로 행맨(hangman)이라는 게임이 있습니다. 한 번에 하나의 글자만을 입력할 수 있으며 글자를 맞추면 해당 위치에 글자가 보이고 틀리게 되면 시도횟수가 하나 줄게 됩니다. 컴퓨터는 문제 파일에서 하나의 단어를 무작위로 출제하고 우리는 그 단어를 맞추는 행맨 프로그램을 작성해 보겠습니다.

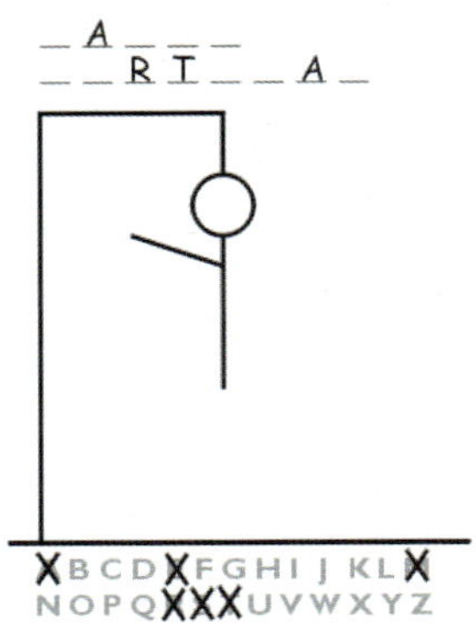



<table>
<tr><td valign="top" width="50%">

**실행 결과 1**

단어를 추측하세요: a
['_', 'a', '_', '_', '_', 'a', '_']
단어를 추측하세요: s
['_', 'a', '_', '_', '_', 'a', '_']
단어를 추측하세요: h
['h', 'a', '_', '_', '_', 'a', '_']
단어를 추측하세요: n
['h', 'a', 'n', '_', '_', 'a', 'n']
단어를 추측하세요: g
['h', 'a', 'n', 'g', '_', 'a', 'n']
단어를 추측하세요: m
['h', 'a', 'n', 'g', 'm', 'a', 'n']
성공입니다.

</td><td valign="top" width="50%">

**실행 결과 2**

단어를 추측하세요: a
['_', '_', '_', '_', '_', '_']
단어를 추측하세요: b
['_', '_', '_', '_', '_', '_']
...(중략)...
단어를 추측하세요: h
['_', '_', '_', 'h', '_', '_']
단어를 추측하세요: i
['_', '_', '_', 'h', '_', '_']
단어를 추측하세요: j
['_', '_', '_', 'h', '_', '_']
실패하였습니다.

</td></tr>
</table>

문제 파일 준비하기 → 문제 파일 열어 무작위로 단어를 1개 선정하기 →

모든 단어를 '_'로 문제 출제 후 사용자로부터 한 글자 입력받기 →

입력받은 글자가 단어에 있으면 해당 위치에서 글자가 보이고
나머지는 '_'로 처리함/ 시도횟수를 하나 줄임 →

시도횟수가 0보다 작아지거나 글자를 맞추면 프로그램을 종료



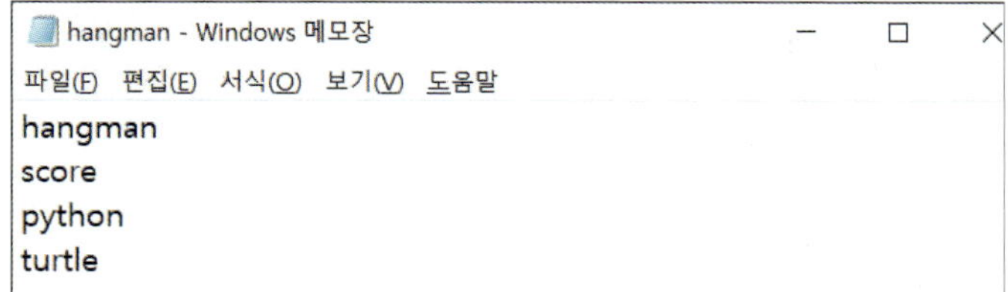




```python
import random
infile = open('d:\\hangman.txt','r')
lines = infile.readlines()
word = random.choice(lines).rstrip()
```

```python
turns = 10                          # 틀릴 기회

while turns > 0:
    turns -= 1

    if result == solution:
        print("성공입니다.")
        break                       # 반복문 중지

    if turns <= 0 :
        print("실패하였습니다.")
        break                       # 반복문 중지
```



```python
while turns > 0:
    guess = input("단어를 추측하세요: ")

    i = 0
    for c in word:
        if c == guess:
            result[i] = c
        i += 1
    print(result)       # result 리스트를 출력합니다.
```

**소스코드**

```python
import random

# 입력 파일 열기
infile = open("d:\\hangman.txt", "r")
lines = infile.readlines()
word = random.choice(lines).rstrip()
solution = list(word)
result = list('_' * len(word))      # list()는 문자열을 받아서 리스트로 변환합니다.
turns = 10

while turns > 0:
    guess = input("단어를 추측하세요: ")
    turns -= 1
    i = 0

    for c in word:
        if c == guess:
            result[i] = c
        i += 1

    print(result)

    if result == solution:
        print("성공입니다.")
        break

    if turns <= 0 :
        print("실패하였습니다.")
        break
infile.close()
```

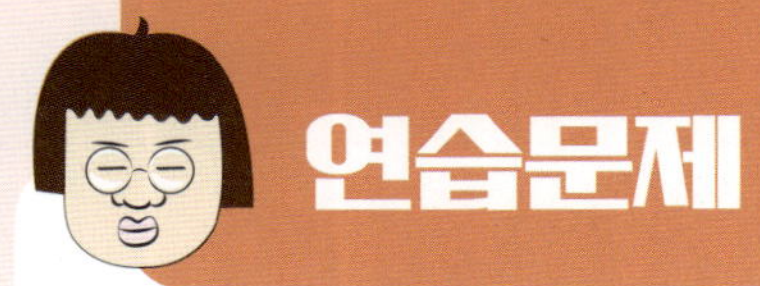



**1** 사용자로부터 파일 이름과 삭제할 문자열을 입력받습니다. 파일을 열어서 사용자가 원하는 문자열을 삭제한 후에 다시 파일에 쓰는 프로그램을 작성해 보세요.

> **word.txt 내용**
>
> Twinkle, twinkle, little star How I wonder what you are

> **실행 결과**
>
> 파일 이름을 입력하시오 : d:\words.txt
> 삭제할 문자열을 입력하시오 : star
> 변경된 내용이 파일에 저장되었습니다.

문자열을 파일에 쓰려면 많은 방법이 있지만, 다음과 같이 print()를 사용하여도 됩니다.

> **코드**
>
> ```
> print(modified_s, file = outfile, end = "")
> ```

**2** 다음과 같이 텍스트 파일 "data.txt"에 실숫값들이 저장되어 있다고 가정합니다. 한 줄에 하나의 실수만 저장되어 있습니다. 이 파일을 읽어서 합계와 평균을 계산한 후에 이것을 "output.txt" 파일에 저장하는 프로그램을 작성해 보세요.

| data.txt 내용 | output.txt 내용 |
|---|---|
| 23.0 | 합계=328.6 |
| 51.0 | 평균=65.72 |
| 68.5 | |
| 82.9 | |
| 103.2 | |

파일에서 한 줄씩 읽는 것이 편리합니다.

**코드**

```
line = infile.readline()
```

**3** 수학능력시험에 나오는 영어 지문을 input.txt에 저장하고 사용자가 입력하는 단어가 나오는 빈도를 계산하는 프로그램을 작성해 보세요.

| input.txt 내용 | 실행 결과 |
| --- | --- |
| Twinkle, twinkle, little star How I wonder what you are Up above the world so high Like a diamond in the sky Twinkle, twinkle little star How I wonder what you are When the blazing sun is gone When he nothing shines upon Then you show your little light Twinkle, twinkle, all the night Twinkle, twinkle, little star How I wonder what you are | 단어 입력: twinkle<br>twinkle빈도: 8<br><br>단어 입력: love<br>love빈도: 0 |

"LAB 연설문 데이터 분석"처럼 파일에 나오는 단어를 key로, 나오는 횟수를 value로 하여 딕셔너리를 만든 후에 사용자가 입력한 단어를 딕셔너리에서 찾습니다. 해당하는 키가 없으면 빈도는 0입니다.

- **파일은 컴퓨터 전원이 꺼져도 없어지지 않습니다.** 변수에 들어있는 값들은 컴퓨터 전원이 꺼지면 없어집니다.
- **파일을 읽을 때는 파일을 열고, 데이터를 읽은 후에, 파일을 닫는 절차가 필요합니다.**
- 파일을 열 때는 `open()` 함수, 닫을 때는 `close()` 함수를 사용합니다.
- 파일을 열 때는 읽기(r), 쓰기(w), 추가(a) 모드가 있습니다. 파일 사용 목적에 따라 적절하게 모드를 선택합니다.
- 파일을 처리할 때 반복문과 문자열 변수, 리스트, 딕셔너리를 적절하게 함께 사용하면 효과적인 프로그램이 됩니다.
- **CSV 파일을 처리할 때는 '`import csv`'를 먼저 추가해야 합니다.**

# 제 **11** 장
## 모듈과 라이브러리를
## 사용해 봅시다

### 학습 내용

01. 모듈과 라이브러리를 학습합니다.

02. tkinter 모듈을 사용하는 방법을 학습합니다.

03. 필로우(Pillow) 라이브러리를 사용하는 방법을 학습합니다.

04. 맷플롯립(Matplotlib) 라이브러리를 사용하는 방법을 학습합니다.

# 01 모듈

모듈(module)은 사전적으로 '어떤 것의 일부' 또는 '부품'을 뜻합니다. 비슷한 의미로 컴퓨터에서도 모듈은 특정 기능을 하는 컴퓨터 시스템을 말합니다. 컴퓨터 프로그램에서 모듈은 기능별 단위로 분할한 것으로 파이썬에서는 데이터, 함수, 클래스 등을 모아서 파일로 저장해 놓은 것입니다. 우리가 앞에서 잘 만들어 놓은 함수를 '.py' 확장자로 저장하여 모듈로 가져와서 사용할 수도 있습니다.

import를 이용하여 모듈을 가져옵니다.

| 코드 | 실행 결과 |
|---|---|
| ```python<br>import math<br>result = math.gcd(255, 300)<br>print(result)<br>``` | 15 |

- ✔ `import math` : import 키워드를 이용하여 math 모듈을 사용하기 위해 가져옵니다. import는 외부의 파일에서 작성한 함수를 현재 코드에서 사용할 수 있게 해주는 예약어입니다. 'import 모듈1, 모듈2' 와 같은 형식으로 여러 개의 모듈을 가져와서 사용할 수 있습니다.
- ✔ `result = math.gcd(255, 300)` : math 모듈 안에 있는 gcd() 함수를 쓰기 위해서는 '모듈.함수()' 와 같은 형식으로 사용합니다. 변수 result에는 255와 300의 최대공약수(gcd)가 저장됩니다.

모듈 이름 없이 함수 이름만 쓰고 싶은 경우 from 키워드를 이용합니다.

| 코드 | 실행 결과 |
|---|---|
| ```python<br>from math import *<br>result = gcd(255, 300)<br>print(result)<br>``` | 15 |

- ✔ `from math import *` : from 키워드를 이용하여 모듈 이름을 붙이지 않고도 함수의 이름만으로도 해당 모듈의 함수를 사용할 수 있도록 합니다. '*' 기호는 '모든 것'을 의미합니다. 즉, math 모듈의 모든 것을 가져와 모듈의 이름을 붙이지 않고 함수를 사용할 수 있습니다.
- ✔ `result = gcd(255, 300)` : 'math.gcd(255, 300)'으로 사용하지 않아도 됩니다.

| | |
|---|---|
| ```>>> import sys```<br>```>>> print(sys.builtin_module_names)``` | ```>>> import math```<br>```>>> dir(math)``` |
| 파이썬에서 제공하는 표준 모듈의 목록을 확인할 수 있습니다. | 모듈별로 제공되는 함수는 dir() 함수를 통해서 확인할 수 있습니다. |

우리가 사용하는 프로그램은 대부분 아이콘이나 메뉴를 마우스로 클릭하거나 창 또는 대화상자 등을 띄워 컴퓨터와 의사소통을 합니다. 이러한 방식을 그래픽 사용자 인터페이스(GUI: Graphical User Interface)라고 합니다.

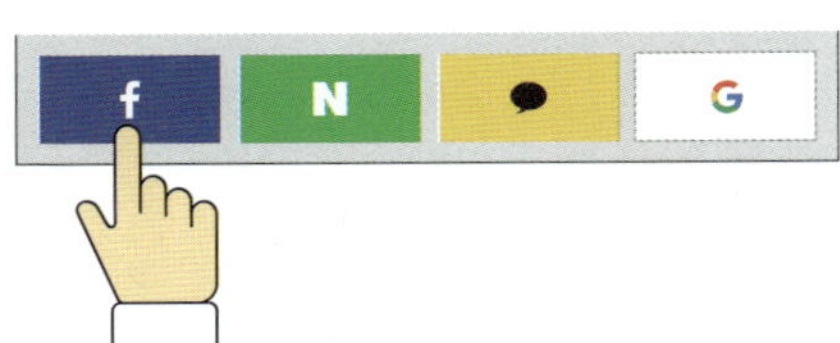


사용자 인터페이스는 사용자가 내리는 명령을 컴퓨터가 알아듣도록 바꿔 전달하는 기능입니다.

지금까지 우리는 대부분의 파이썬 프로그램의 결과를 파이썬 쉘 화면에 문자로 확인을 하였습니다. 물론 turtle 모듈을 사용하여 화면에 그림을 그리고 약간의 이벤트를 처리해 보았습니다. turtle 모듈은 내용이 어렵지 않고, 사용하기가 쉽지만 다양한 그림을 그리기 힘들고 속도가 느린 단점이 있었습니다(물론 속도 조정은 할 수 있습니다.). 게임과 같은 애플리케이션을 작성하려면 상당히 빠른 그래픽이 필요합니다. 또 마우스와 키보드에서 입력도 받을 수 있어야 합니다. [1]

---

이미지 출처(왼쪽) : https://www.amazon.com/Temple-Elemental-Evil-Classic-Greyhawk-Adventure/dp/B00009MGVE

이미지 출처(오른쪽) : https://www.youtube.com/watch?v=GYzXXPkMz2w

파이썬에서는 그래픽 프로그램을 개발하기 위한 다양한 모듈들이 있습니다. 그 중 tkinter가 가장 많은 지지를 받고 있습니다. tkinter는 "Tk interface"의 약자입니다. 만약 tkinter가 없었다면 많은 사용자에게 파이썬은 그다지 매력적이지 못했을 수도 있었을 겁니다.

tkinter는 파이썬을 설치할 때 기본으로 포함되는 그래픽 모듈입니다. tkinter를 이용하면 윈도우를 생성하고 버튼이나 레이블과 같은 위젯을 이용하여서 사용자와 상호작용하는 프로그램을 작성할 수 있습니다. 또 사각형이나 원 등의 기본적인 도형을 빠르게 그릴 수도 있습니다. tkinter를 이용하여 프로그램을 작성하다 보면 파이썬 프로그래밍의 여러 가지 개념을 쉽게 이해할 수 있을 것입니다.

# 03 tkinter의 위젯들

 tkinter에서는 다음과 같은 다양한 위젯을 제공합니다. 우리는 이번 장에서 필수적인 위젯만을 엄선하여 학습할 것입니다.

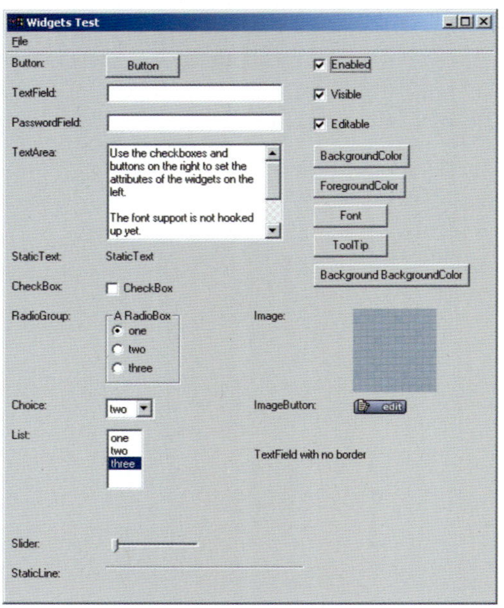

(이미지 출처: pythoncard.sourceforge.net)

| 위젯 | 설명 |
| --- | --- |
| Button | 간단한 버튼으로 명령을 수행할 때 사용합니다. |
| Canvas | 화면에 무엇인가를 그릴 때 사용합니다. |
| Checkbutton | 2가지의 구별되는 값을 가지는 변수를 표현합니다. |
| Entry | 한 줄의 텍스트를 입력받는 필드입니다. |
| Frame | 컨테이너 클래스입니다. 프레임은 경계선과 배경을 가지고 있습니다. 다른 위젯들을 그룹핑(묶기)하는 데 사용됩니다. |
| Label | 텍스트나 이미지를 표시합니다. |
| Listbox | 선택 사항을 표시합니다. |
| Menu | 메뉴를 표시합니다. 풀다운 메뉴나 팝업 메뉴가 가능합니다. |
| Menubutton | 메뉴 버튼입니다. 풀다운 메뉴가 가능합니다. |

| Message | 텍스트를 표시합니다. Label 위젯과 비슷합니다. 하지만 자동적으로 주어진 크기로 텍스트를 축소할 수 있습니다. |
| --- | --- |
| Radiobutton | 여러 값을 가질 수 있는 변수를 표시합니다. |
| Scale | 슬라이더를 끌어서 값을 입력하는 데 사용합니다. |
| Scrollbar | 캔버스, 엔트리, 리스트 박스, 텍스트 위젯을 위한 스크롤바를 제공합니다. |
| Text | 형식을 가지는 텍스트를 표시합니다. 여러 가지 스타일과 속성으로 텍스트를 표시할 수 있습니다. |
| Toplevel | 최상위 윈도우로 표시되는 독립적인 컨테이너 위젯입니다. |
| LabelFrame | 경계선과 제목을 가지는 프레임 위젯의 변형입니다. |
| PanedWindow | 자식 위젯들을 크기조절이 가능한 패널로 관리하는 컨테이너 위젯입니다. |
| Spinbox | 특정한 범위에서 값을 선택하는 엔트리 위젯의 변형입니다. |

tkinter에서 제공하는 위젯은 크게 두 가지로 나눌 수 있습니다.

### ① 단순 위젯

단순한 위젯으로서 Button, Canvas, Checkbutton, Entry, Label, Message 등이 여기에 속합니다.

### ② 컨테이너 위젯

컨테이너란 화물을 능률적이고 경제적으로 수송하기 위해 사용하는 상자를 의미합니다. 컨테이너 위젯은 다른 위젯을 안에 포함할 수 있는 위젯으로서 Frame, Toplevel, LabelFrame, PanedWindow 등이 여기에 속합니다.

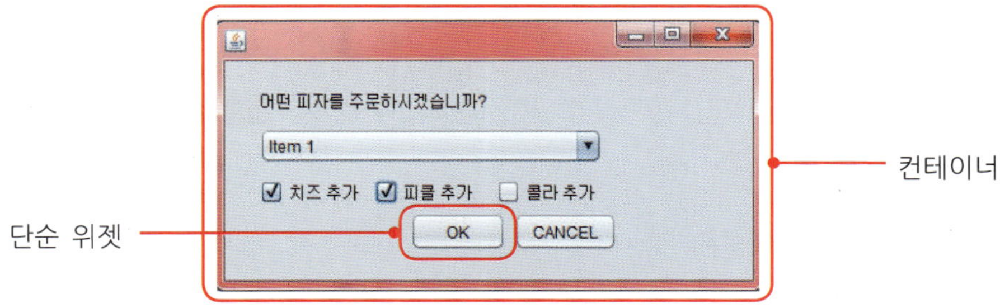

 tkinter를 사용하여 간단히 빈 윈도우 창을 하나 띄어 보겠습니다.

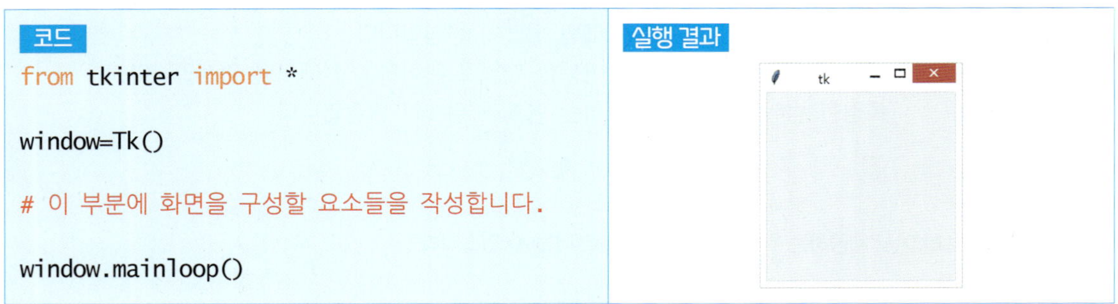

**코드**

```python
from tkinter import *

window=Tk()

# 이 부분에 화면을 구성할 요소들을 작성합니다.

window.mainloop()
```

**실행 결과**

- ✔ `from tkinter import *` : 'tkinter' 모듈에 있는 모든 함수를 사용할 수 있도록 가져옵니다.
- ✔ `window=Tk()` : Tk()는 가장 기본이 되는 윈도우를 반환합니다. Tk()를 통해 윈도우 객체를 생성하면 화면에 하나의 윈도우가 생성됩니다. 이 윈도우를 'window'로 부르게 됩니다. 이 윈도우 안에 여러 가지 위젯을 추가할 수 있습니다.
- ✔ `window.mainloop()` : 이벤트 루프라는 것을 발생하는 함수입니다. 이벤트 루프라는 것은 이용자가 윈도우(창)를 닫을 때까지 윈도우(창)에서 발생하는 마우스 클릭, 키보드 누르기 등 여러 가지 이벤트가 감지되어 처리될 수 있도록 하는 함수입니다.

위의 코드를 실행하여 생성된 윈도를 종료하기 위해서는 오른쪽 상단의 ❌ 을 클릭합니다.

 윈도우에 버튼을 추가해 보겠습니다.

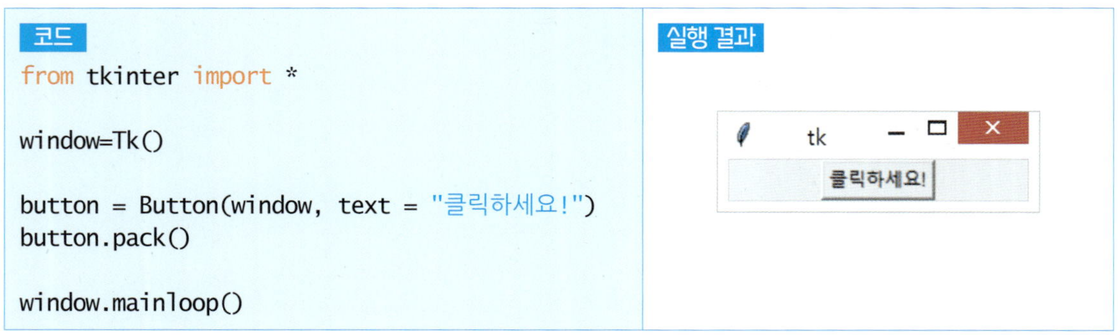

**코드**

```python
from tkinter import *

window=Tk()

button = Button(window, text = "클릭하세요!")
button.pack()

window.mainloop()
```

**실행 결과**

◎ button = Button(window, text = "클릭하세요!") : Button()으로 버튼 위젯을 생성합니다. Button() 첫 번째 매개변수는 window가 전달됩니다. 버튼이 올라갈 곳이 window이기 때문입니다. 두 번째 매개변수로는 버튼에 표시되는 "클릭하세요!"라는 텍스트가 전달됩니다.

◎ button.pack() : pack()은 위젯을 최대한 압축하여 윈도우에 표시하라는 의미입니다. 버튼을 생성하더라도 pack() 함수를 호출하지 않으면 화면에 버튼이 나타나지 않습니다.

그런데 말입니다~ 작성한 윈도우에서 "클릭하세요!" 버튼을 클릭하면 아무런 일이 발생하지 않습니다.

# [tkinter] 윈도우 배치 관리자

버튼이나 레이블 같은 위젯들은 컨테이너 내부에 배치됩니다. 컨테이너 내부의 어떤 위치에 어떤 크기로 배치되는가를 프로그래머가 하나하나 구체적으로 지정할 수도 있습니다. 그러나 이러한 방법은 윈도우의 크기가 바뀌거나 사용자들의 서로 다른 컴퓨터 환경에 따라 일일이 다시 설정해줘야 하는 어려움이 있습니다.

이러한 문제점을 해결하기 위해 파이썬에서는 위젯 배치 관리자(layout manager)를 이용하여 자동으로 관리하고 있습니다. 배치 관리자는 컨테이너 안에 있는 위젯의 크기와 위치를 자동으로 관리해줍니다. 파이썬은 pack(압축 배치 관리자), place(절대 배치 관리자 또는 absolute라고도 함), grid(격자 배치 관리자)로 3종류의 배치 관리자가 있습니다.

① pack : 압축 배치 관리자
② place : 절대 배치 관리자 또는 absolute라고도 합니다.
③ grid : 격자 배치 관리자

압축 배치 관리자(pack)는 버튼 윈도우를 생성할 때 살펴보았습니다.

절대 위치 배치 관리자(place geometry manager)를 살펴보겠습니다.

```python
from tkinter import *
window = Tk()

w = Label(window, text="박스 #1", bg="red", fg="white")
w.place(x=0, y=0)
w = Label(window, text="박스 #2", bg="green",
fg="black")
w.place(x=20, y=20)
w = Label(window, text="박스 #3", bg="blue", fg="white")
w.place(x=40, y=40)

window.mainloop()
```



- w.place(x=0, y=0) : place()는 좌표에 해당하는 x와 y의 매개변수를 통해 절대 위치를 사용하여 위젯을 배치합니다. (0, 0)의 좌표에 위젯을 배치합니다.

격자 배치 관리자(grid geometry manager)를 살펴보겠습니다.

격자 배치 관리자는 버튼, 레이블과 같은 위젯을 표 형태로 배치합니다. 격자 배치 관리자는 위젯이 올라가는 윈도우를 하나의 판으로 보고 행과 열로 나눕니다. 위젯이 배치될 행(row)과 열(column)을 지정하면 해당 위치의 셀에 위젯이 채워집니다. 위젯이 채워지는 행과 열의 크기는 자동으로 지정됩니다.

만약 버튼, 레이블, 엔트리 위젯의 배치가 다음과 같다고 한다면 윈도우에는 같은 격자가 만들어진 것입니다. 격자의 행, 열의 번호는 다음과 같습니다.

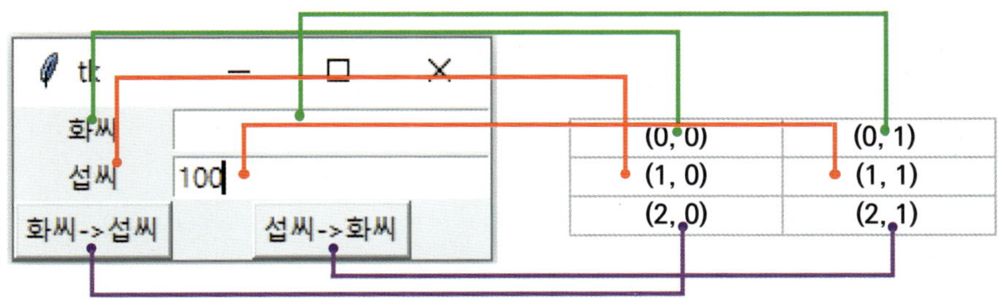

```
코드

from tkinter import *

window = Tk()

l1 = Label(window, text="화씨")
l2 = Label(window, text="섭씨")
l1.grid(row=0, column=0)
l2.grid(row=1, column=0)

e1 = Entry(window)
e2 = Entry(window)
e1.grid(row=0, column=1)
e2.grid(row=1, column=1)

b1 = Button(window, text="화씨->섭씨")
b2 = Button(window, text="섭씨->화씨")
b1.grid(row=2, column=0)
b2.grid(row=2, column=1)

window.mainloop()
```

- l1 = Label(window,text="화씨") : 윈도우에 텍스트를 표시하려면 tkinter의 레이블(Label) 위젯이 필요합니다.
- e1 = Entry(window) : 윈도우에서 사용자로부터 텍스트를 입력받기 위해서는 tkinter의 엔트리 (Entry) 위젯이 필요합니다. 엔트리 위젯이 올라갈 곳은 window이므로 Entry(window)로 매개변수를 전달합니다.
- e1.grid(row=0, column=1) : 엔트리 위젯을 (row=0, column=1) 위치에 배치합니다.

# 06 [tkinter] 버튼 이벤트 처리 #1

버튼이 클릭되었을 때 '어떤 일'을 하려면 프로그래머가 특별한 처리를 해줘야 '어떤 일'이 생깁니다. 이러한 것을 이벤트 처리라고 합니다. 버튼을 클릭하면 '안녕하세요?'라는 메시지를 출력하도록 이벤트 처리를 하겠습니다. 이벤트 처리를 위해서는 함수가 필요합니다.

 버튼을 클릭할 때마다 파이썬 쉘에 "안녕하세요?" 텍스트가 출력됩니다.

**코드**

```python
from tkinter import *

def process():
    print("안녕하세요?")

window = Tk()

button = Button(window, text="클릭하세요!", command=process)
button.pack()

window.mainloop()
```

**실행 결과**

안녕하세요?

**윈도우 창**

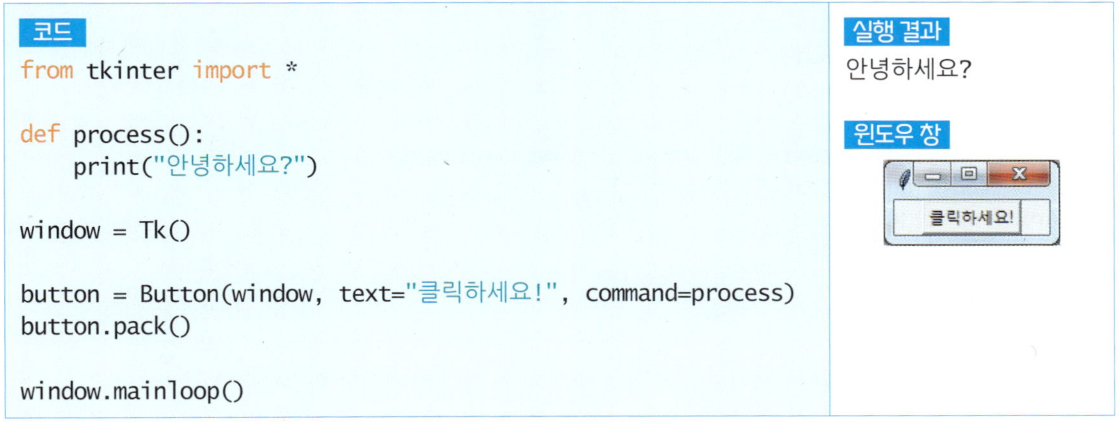

✓ button = Button(window, text="클릭하세요!", command=process) : 버튼을 생성할 때, 매개변수 command를 추가합니다. command의 값은 우리가 작성한 함수의 이름으로 하면 됩니다. 버튼이 클릭되면 매개변수 command의 값인 process라는 함수가 호출되게 됩니다.

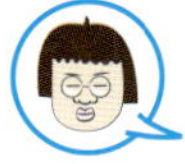 화씨->섭씨 버튼을 클릭하여 섭씨의 엔트리에 '100'이 보여지는 이벤트 처리를 해보겠습니다.

```python
from tkinter import *

def process():
    e2.insert(0, "100")

window  = Tk()

l1 = Label(window , text="화씨")
l2 = Label(window, text="섭씨")
l1.grid(row=0, column=0)
l2.grid(row=1, column=0)

e1 = Entry(window)
e2 = Entry(window)
e1.grid(row=0, column=1)
e2.grid(row=1, column=1)

b1 = Button(window, text="화씨->섭씨", command=process)
b2 = Button(window, text="섭씨->화씨")
b1.grid(row=2, column=0)
b2.grid(row=2, column=1)

window.mainloop()
```

- def process() : b1 버튼이 클릭되었을 때 수행해야 할 작업을 정의한 함수입니다.

- e2.insert(0, "100") : e2 엔트리 위젯이 0번째 위치에 "100"이 출력되게 합니다.

- b1 = Button(window, text="화씨->섭씨", command=process) : "화씨->섭씨" 버튼은 b1에 해당합니다. b1이 클릭되었을 때 process()가 호출되도록 command값을 설정하여 버튼과 함수를 연결해줍니다.

## 이벤트(Event)란?

이벤트라고 하면 우리는 흔히들 깜짝 생일 파티, 프러포즈를 생각합니다. 하지만 컴퓨터에서 이벤트는 어떤 사건을 의미합니다. 컴퓨터 입장에서 '사건'이라는 것은 무엇을 의미할까요? 컴퓨터 입장에서의 '사건'은 '사용자가 클릭했을 때', '스크롤을 내리거나 올렸을 때', '입력 칸의 내용을 바꾸었을 때' 같은 것을 의미합니다.

일상생활에서 이벤트는 우리에게 갑자기 발생하는 '사건'이므로 우리는 '이벤트'가 언제 생길지 기다립니다. 컴퓨터도 프로그램의 시작부터 순서에 따라 실행하는 것이 아니라 이벤트가 일어날 때까지 기다리다 이벤트가 일어나면 알맞은 작업을 그때 실행합니다.

 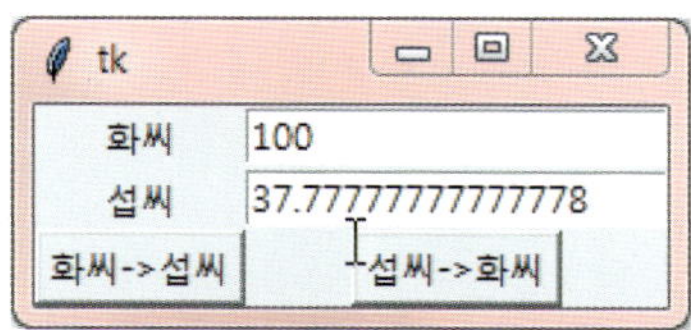

화씨->섭씨 버튼을 클릭하면 화씨 엔트리에 입력된 화씨온도가 섭씨온도로 계산되어 섭씨 엔트리에 출력되도록 하는 이벤트 처리를 해 보겠습니다.

**코드**

```python
from tkinter import *

def process():
    temperature = float(e1.get())
    mytemp = (temperature-32)*5/9
    e2.insert(0, str(mytemp))

window = Tk()

l1 = Label(window, text="화씨")
l2 = Label(window, text="섭씨")
l1.grid(row=0, column=0)
l2.grid(row=1, column=0)

e1 = Entry(window)
e2 = Entry(window)
e1.grid(row=0, column=1)
e2.grid(row=1, column=1)

b1 = Button(window, text="화씨->섭씨", command=process)
b2 = Button(window, text="섭씨->화씨")
b1.grid(row=2, column=0)
b2.grid(row=2, column=1)

window.mainloop()
```

<ul>
<li>◈ def process() : 버튼 b1이 클릭되었을 때 수행해야 할 작업을 정의한 함수입니다.</li>
<li>◈ temperature = float(e1.get()) : 화씨 엔트리인 e1에서 입력된 값을 가져오려면 get()을 사용하면 됩니다. 엔트리에 입력된 값은 temperature에 저장합니다.</li>
<li>◈ mytemp = (temperature-32)*5/9 : 화씨온도를 섭씨온도로 변환하여 mytemp에 저장합니다.</li>
<li>◈ e2.insert(0, mytemp) : mytemp의 값을 e2엔트리에 삽입되도록 합니다.</li>
</ul>

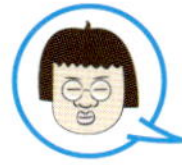 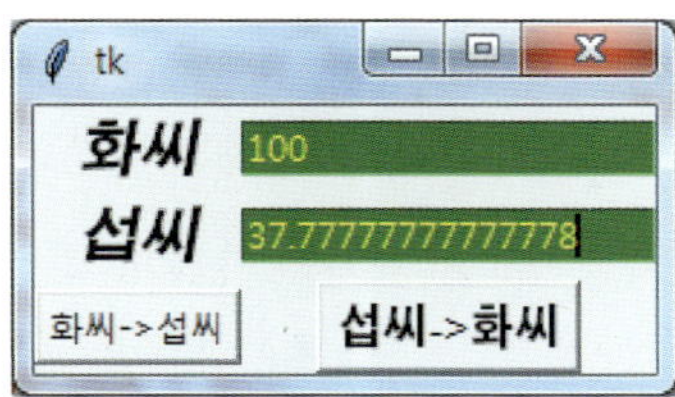

# 08 [tkinter] 위젯의 색상과 폰트 변경하기

우리가 작성한 온도 변환기의 색상과 폰트를 약간 변경해서 좀 더 알록달록 꾸며보겠습니다.



**코드**

```python
from tkinter import *

def process():
    temperature = float(e1.get())
    mytemp = (temperature-32)*5/9
    e2.insert(0, str(mytemp))

window = Tk()

l1 = Label(window, text="화씨", font='helvetica 16 italic')
l2 = Label(window, text="섭씨", font='helvetica 16 italic')
l1.grid(row=0, column=0)
l2.grid(row=1, column=0)

e1 = Entry(window, bg="green", fg="yellow")
e2 = Entry(window, bg="green", fg="yellow")
e1.grid(row=0, column=1)
e2.grid(row=1, column=1)

b1 = Button(window, text="화씨->섭씨", command=process)
b2 = Button(window, text="섭씨->화씨", font='helvetica 12')
b1.grid(row=2, column=0)
b2.grid(row=2, column=1)

window.mainloop()
```

- e1 = Entry(window, bg="green", fg="yellow") : 대부분의 tkinter 위젯은 배경(bg)과 전경(fg) 변수를 사용하여 위젯의 색상을 지정할 수 있습니다. 버튼의 배경색과 전경색은 다음과 같은 형식으로 지정이 가능합니다.

- l1 = Label(window, text="화씨", font='helvetica 16 italic') : 글꼴이 helvetica이고 크기가 16폰트이며 이탤릭체로 '화씨' 글자를 보여줍니다.

# [tkinter] 윈도우 창 메뉴 만들기

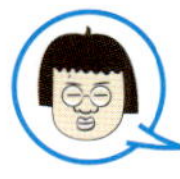

윈도우 창의 메뉴를 생성하는 방법을 살펴보겠습니다.

<table>
<tr><th>코드</th><th>실행 결과</th></tr>
<tr><td>

```python
from tkinter import *

def open():
    pass

def quit():
    window.quit()

window = Tk() # 윈도우를 생성합니다.

menubar = Menu(window)

filemenu = Menu(menubar)

filemenu.add_command(label="열기", command=open)
filemenu.add_command(label="종료", command=quit)

menubar.add_cascade(label="파일", menu=filemenu)

window.config(menu=menubar)
window.mainloop()
```

</td><td>

</td></tr>
</table>

- `def open()` : 파일 메뉴에서 "열기"를 선택하였을 때 호출되는 함수입니다.
- `def quit()` : 파일 메뉴에서 "종료"를 선택하였을 때 호출되는 함수입니다.
- `menubar = tk.Menu(window)` : Menu()를 사용하여 윈도우 안에 메뉴를 생성합니다.
- `filemenu = tk.Menu(menubar)` : 메뉴바에 "파일" 메뉴를 생성합니다.
- `filemenu.add_command(label="열기", command=open)` : "파일" 메뉴 안에 "열기" 메뉴항목을 추가합니다.
- `filemenu.add_command(label="종료", command=quit)` : "파일" 메뉴 안에 "종료" 메뉴항목을 추가합니다.
- `fmenubar.add_cascade(label="파일", menu=filemenu)` : "파일" 메뉴를 누르면 아래로 다른 메뉴가 확장되도록 합니다.
- `window.config(menu=menubar)` : 윈도우 창의 메뉴로 menubar를 지정합니다.

# 10 [tkinter] MyPaint 프로그램

 마우스만으로 엄청난 걸작을 그리는 마우스 그림의 천재 화가 두근이는 윈도우의 그림판과 같은 MyPaint 프로그램을 작성하려고 합니다.

먼저 우리는 캔버스 위젯과 마우스 이벤트에 대해 살펴봐야 합니다.

**코드**

```python
from tkinter import *

def paint(event):
    x1, y1 = (event.x-1), (event.y+1)
    x2, y2 = (event.x-1), (event.y+1)
    canvas.create_oval(x1, y1, x2, y2)

window = Tk()
canvas = Canvas(window)
canvas.pack()
canvas.bind("<B1-Motion>", paint)
window.mainloop()
```

**실행 결과**



- ✅ `canvas = Canvas(window)` : tkinter에서 그림을 그리려면 캔버스(Canvas)라는 위젯이 필요합니다. Canvas 위젯은 화면에 무언가를 그릴 때 많이 사용합니다. 캔버스 위젯에는 많은 모양을 그릴 수 있는 함수를 가지고 있습니다.
- ✅ `canvas.pack()` : 생성한 캔버스를 압축 배치 관리 방식으로 배치합니다.
- ✅ `canvas.create_oval(x1, y1, x2, y2)` : 캔버스 위젯에서 타원이 다음과 같이 (x1, y1)와 (x2, y2)로 정의되는 사각형 안에 그려집니다. 형식은 'canvas.create_oval(x1, y1, x2, y2, option, ...)' 입니다. 이 작은 원들이 점처럼 모여 선이 되는 것입니다.

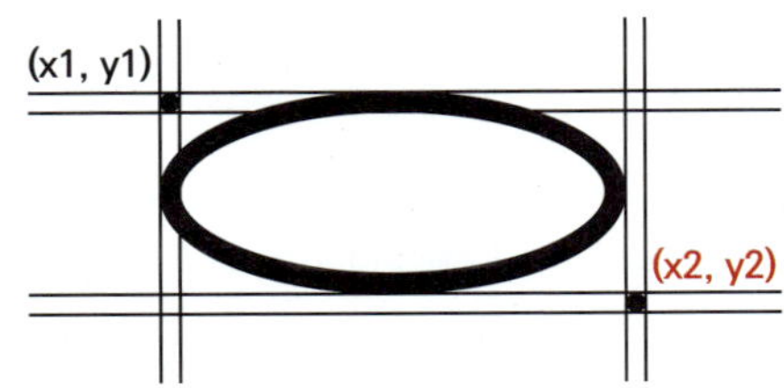

- canvas.bind("<B1-Motion>", paint) : 마우스를 드래그하여 움직일 때마다 마우스 이벤트 처리를 해야 합니다. 마우스의 버튼을 클릭하면 발생하는 이벤트는 "마우스 왼쪽 버튼 클릭 : <Button-1> / 마우스 중간 버튼 클릭 : <Button-2> / 마우스 오른쪽 버튼 클릭 : <Button-3>"입니다. bind()는 이벤트와 이벤트가 발생했을 때 수행하는 함수(핸들러)를 연결시키는 역할을 합니다. 왼쪽 버튼을 누른 상태에서 캔버스에서 발생하는 "<B1-Motion>" 이벤트를 paint() 함수와 연결합니다.

- def paint(event) : 이벤트 핸들러는 event라는 하나의 파라미터를 갖습니다. event는 Tkinter Event Object로서 몇 개의 속성(attribute)들이 있습니다. 여기서 event.x, event.y는 위젯의 좌상단에서의 상대적 마우스 위치입니다.

# 11 라이브러리

 라이브러리(library)가 도서관이라는 의미가 있는 것처럼 파이썬 프로그래밍에서 유용하게 사용하는 것들을 도서관처럼 모아놓았다고 생각하면 됩니다. 도서관은 우리에게 도움이 되는 책들을 잘 정리하여 모아둔 곳입니다. 도서관을 잘 이용할 줄 알면 우리가 똑똑해지는 것처럼 라이브러리를 잘 활용하면 파이썬의 실력이 일취월장할 것입니다.

파이썬을 설치하면 다양한 모듈과 라이브러리가 기본적으로 설치됩니다. 모듈과 라이브러리를 잘 사용하면 프로그래밍이 쉽고 효과적일 수 있습니다. 만약 프로그래밍하다 이것만으로 부족하다면 다른 유명 모듈과 패키지를 설치해서 쓸 수도 있습니다. 파이썬의 세계에는 훌륭한 모듈과 라이브러리가 많습니다. 파이썬이 단기간에 큰 인기를 얻을 수 있었던 이유도 엄청난 양의 라이브러리가 있었기 때문입니다. 좋은 모듈과 라이브러리를 선택하여 잘 사용하는 것이 프로그래밍에서 프로그래밍을 잘 하는 핵심이 될 수 있습니다.

 PIL(Python Imaging Library) 또는 필로우(Pillow)

파이썬에서 영상처리 라이브러리를 찾는다면 누구나 PIL(Python Imaging Library)이라고 할 것입니다. 하지만 최근에는 업데이트가 잦지 않다는 단점이 있습니다. 필로우는 PIL와 호환성을 유지하면서 쉽게 사용할 수 있도록 한 라이브러리입니다. 파이썬의 **tkinter** 모듈과의 호환성도 가지고 있습니다. 필로우는 http://www.pythonware.com/products/pil/에서 다운받을 수 있으나 **pip** 도구를 사용하면 훨씬 설치가 쉽습니다.

 맷플롯립(Matplotlib)

맷플롯립은 파이썬에서 자료를 차트(chart)나 플롯(plot)으로 시각화(visualization)하는 라이브러리입니다.

 넘파이(NumPy)

넘파이는 통계, 선형 대수, 행렬 계산, 금융 운용 등을 포함한 과학 계산과 수학 작업에 많이 사용되는 라이브러리입니다. 금융 시장 분석가나 회계 담당자는 넘파이(NumPy)를 사용하면 좋습니다.

 Scrapy

웹에서 자료를 모을 때 사용하는 라이브러리입니다.

 파이게임(Pygame)

파이썬으로 게임을 제작하기 위한 프레임워크입니다. 파이게임은 캔버스와 그래픽 그리기, 다채널 사운드 처리, 클릭 이벤트 처리, 충돌 감지 등의 작업을 지원합니다.

# 12 필로우(Pillow) 설치

 pip 명령

파이썬 패키지를 설치할 때 가장 많이 사용하는 도구가 바로 **pip**입니다. 자세한 내용은 https://pypi.python. org/pypi/pip를 참고하면 됩니다. **pip**는 파이썬 3.8.1 이상 버전을 설치하면 기본적으로 포함됩니다. 따라서 자신의 컴퓨터에서 명령 프롬프트를 열고 다음과 같이 입력해 보세요. 파이썬을 설치할 때 반드시 PATH를 변경하겠다고 체크했어야 **pip**를 어디서나 실행할 수 있습니다.

```
d:\>pip

Usage:
  pip <command> [options]

Commands:
...
```

 **pip**를 이용하여 필로우 라이브러리를 설치해 보겠습니다.

다음과 같이 입력하면 됩니다. 성공적으로 설치되었다고 나오고 맨 끝에 **pip**를 최신 버전으로 업그레이드 하라고 나옵니다. 이것은 무시하여도 됩니다.

```
d:\>pip install Pillow
Collecting Pillow
  Downloading Pillow-3.3.0-cp35-cp35m-win32.whl (1.3MB)
    100% |############################| 1.3MB 867kB/s
Installing collected packages: Pillow
Successfully installed Pillow-3.3.0
You are using pip version 8.1.1, however version 8.1.2 is available.
You should consider upgrading via the 'python -m pip install --upgrade pip' command.
```

 만약 다음과 같은 메시지가 나오고 설치가 실패하면 **pip** 버전을 업그레이드해야 합니다.

```
You are using pip version 7.1.2, however version 8.1.2 is available.
You should consider upgrading via the 'python -m pip install --upgrade pip' command.
```

**pip** 버전 업그레이드는 "python -m pip install --upgrade pip" 명령어로 할 수 있습니다.

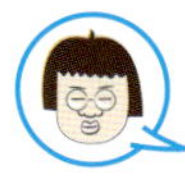 **13** [Pillow] 윈도우에 이미지 표시하기

이미지 파일을 윈도우에 보이도록 해 보겠습니다.

필로우 라이브러리를 설치하였으면 올바르게 동작하는지 체크해야 할 것입니다. 이미지 파일을 하나 읽어서 tkinter를 이용하여 윈도우에 표시해 보겠습니다. 필로우는 많은 이미지 포맷을 지원합니다. 필로우는 BMP, EPS, GIF, IM, JPEG, MSP, PCX, PNG, PPM, TIFF, WebP, ICO, PSD, PDF 등의 형식을 지원한다고 합니다.

**코드**

```python
from PIL import Image, ImageTk
import tkinter as tk

window = tk.Tk()
canvas = tk.Canvas(window, width=500, height=500)
canvas.pack()

img = Image.open("d:\\lenna.png")

tk_img = ImageTk.PhotoImage(img)

canvas.create_image(250, 250, image=tk_img)

window.mainloop()
```

**실행 결과**

- from PIL import Image, ImageTk : PIL 모듈에서 몇 개의 클래스를 포함시킵니다.
- import tkinter as tk : tkinter 모듈을 포함시킵니다. 여기서 주의할 점이 있습니다. tkinter 모듈을 포함시킬 때는 반드시 이와 같이 해야 합니다. 이제까지처럼 'from tkinter import *'를 사용한다면 여러 가지 클래스 이름이 중복되어서 문제가 발생합니다. tkinter 모듈과 PIL 모듈 안에 들어 있는 클래스들이 충돌하게 됩니다.
- window = tk.Tk() : 윈도우를 생성합니다.
- canvas = tk.Canvas(window, width=500, height=500) : 윈도우 안에 캔버스를 500*500 크기로 생성합니다.
- canvas.pack() : 불필요한 공간을 없애고 위젯이 컨테이너에 패킹되어 컨테이너에 배치됩니다.
- img = Image.open("d:\\lenna.png") : 이미지 파일을 열 때 Image.open()을 사용합니다.
- tk_img = ImageTk.PhotoImage(img) : tk 형식으로 이미지를 변환합니다.
- canvas.create_image(250, 250, image=tk_img) : tkinter의 캔버스에 이미지를 표시합니다.

# 14 [Pillow] 이미지 처리

필로우의 rotate()를 이용하여 이미지를 45° 회전하여 윈도우에 보이도록 해 보겠습니다.

**코드**

```python
from PIL import Image, ImageTk
import tkinter as tk

window = tk.Tk()
canvas = tk.Canvas(window, width=500,
height=500)
canvas.pack()

im = Image.open("d:\\lenna.png")

out = im.rotate(45)    # 이미지를 45° 회전합니다.

tk_img = ImageTk.PhotoImage(out)

canvas.create_image(250, 250, image=tk_img)
window.mainloop()
```

**실행 결과**

필로우의 `filter()`를 이용하여 이미지를 흐리게 처리하여 윈도우에 보이도록 해 보겠습니다.



```python
from PIL import Image, ImageTk, ImageFilter
import tkinter as tk

window = tk.Tk()
canvas = tk.Canvas(window, width=500,
height=500)
canvas.pack()

im = Image.open("d:\\lenna.png")

out = im.filter(ImageFilter.BLUR) # 이미지를 흐리
게 합니다.

tk_img = ImageTk.PhotoImage(out)

canvas.create_image(250, 250, image=tk_img)
window.mainloop()
```

## 이미지 처리

이미지를 회전하거나 흐리게 하는 것은 영상처리의 한 분야입니다. 영상처리는 아주 방대한 분야입니다. 관심이 있다면 관련 자료를 찾아보세요. 필로우의 각종 함수에 대한 정보는 https://pillow.readthedocs.io/en/3.3.x/에서 찾을 수 있습니다.

# [Pillow] 이미지 처리 기능을 윈도우의 메뉴와 연결

회전하기와 흐리게 하는 이미지 처리 기능을 윈도우 창의 메뉴와 연결하여 메뉴의 선택만으로 이미지 처리가 이루어지도록 해 보겠습니다.

**코드**

```python
from PIL import Image, ImageTk, ImageFilter
import tkinter as tk
from tkinter import filedialog as fd


im = None
tk_img = None


def open():               # "열기"메뉴
    global im, tk_img
    fname = fd.askopenfilename()
    im = Image.open(fname)
    tk_img = ImageTk.PhotoImage(im)
    canvas.create_image(250, 250, image=tk_img)
    window.update()


def quit():               # "종료"메뉴
    window.quit()
```

```python
def image_rotate():
    global im, tk_img
    out = im.rotate(45)
    tk_img = ImageTk.PhotoImage(out)
    canvas.create_image(250, 250, image=tk_img)
    window.update()


def image_blur():
    global im, tk_img
    out = im.filter(ImageFilter.BLUR)
    tk_img = ImageTk.PhotoImage(out)
    canvas.create_image(250, 250, image=tk_img)
    window.update()

window = tk.Tk()                      # 윈도우를 생성합니다.
canvas = tk.Canvas(window, width=500, height=500)
canvas.pack()

menubar = tk.Menu(window)             # 메뉴를 생성합니다.
filemenu = tk.Menu(menubar)
ipmenu = tk.Menu(menubar)

filemenu.add_command(label="열기", command=open)          # 파일 메뉴
filemenu.add_command(label="종료", command=quit)

ipmenu.add_command(label="영상회전", command=image_rotate) # 영상처리 메뉴
ipmenu.add_command(label="영상흐리게", command=image_blur)

menubar.add_cascade(label="파일", menu=filemenu)
menubar.add_cascade(label="영상처리", menu=ipmenu)

window.config(menu=menubar)
window.mainloop()
```

- def open() : 파일 메뉴에서 "열기"를 선택하였을 때 호출되는 함수입니다.

- fname = fd.askopenfilename() : askopenfilename()는 사용자가 파일 대화상자를 통해 파일을 선택할 수 있게 합니다.

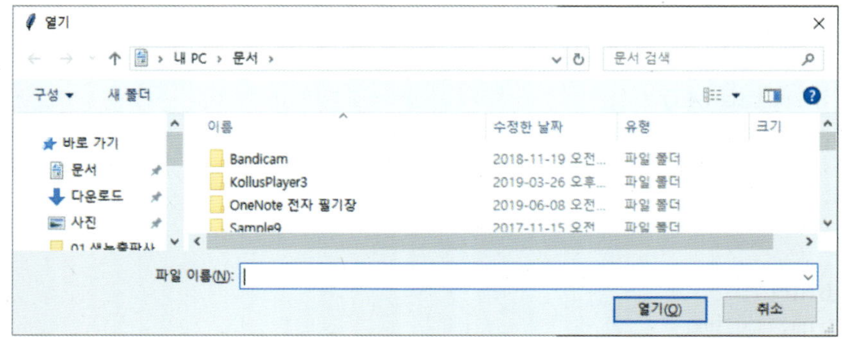

- def quit() : 파일 메뉴에서 "종료"를 선택하였을 때 호출되는 함수입니다.
- def image_rotate() : 영상처리 메뉴에서 "영상회전"을 선택하였을 때 호출되는 함수입니다.
- global im, tk_img : 실행되는 함수들이 open()에서 읽은 영상 데이터를 사용하기 때문에 im과 tk_img 변수를 전역 변수로 하였습니다.
- def image_blur() : 영상처리 메뉴에서 "영상흐리게"를 선택하였을 때 호출되는 함수입니다.

# 16 맷플롯립(Matplotlib) 설치

복잡한 자료를 숫자나 텍스트보다는 그래프나 차트로 데이터를 시각화하여 이해하고 분석하는 것이 효과적일 때가 많습니다. 파이썬에서도 데이터를 시각화하는데 편리한 라이브러리가 여러 가지 있습니다. 그중 가장 많이 사용하는 라이브러리로 맷플롯립이 있습니다. 맷플롯립은 mat : 매트랩이라는 유명한 수치해석 및 데이터 시각화 프로그램, plot : 그래프 그리기, lib: 라이브러리에서 알 수 있듯이 그래프, 차트, 히스토그램 등으로 데이터를 시각화(visualization)하는데 편리한 파이썬 라이브러리입니다. 맷플롯립으로 할 수 있는 일들은 다음과 같습니다.

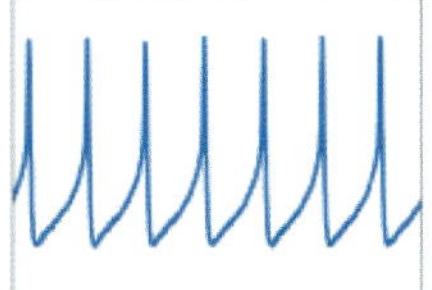 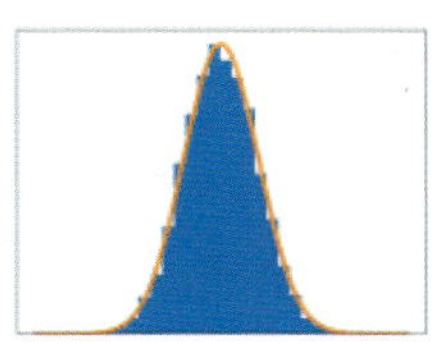 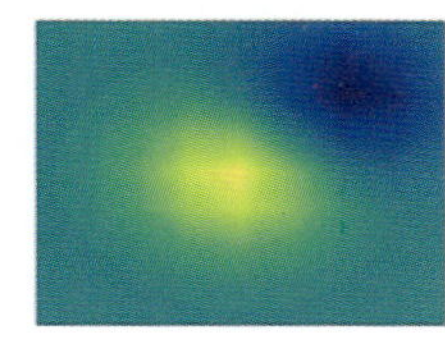 

 먼저, pip를 이용하여 맷플롯립 라이브러리를 설치해 보겠습니다.

https://sourceforge.net/projects/matplotlib/files/matplotlib/에서 다운받아 모듈을 설치합니다. 윈도우 콘솔창에서 'python -m pip install matplotlib'이라고 입력합니다.

```
c:₩>python -m pip install matplotlib
Collecting matplotlib
   Downloading https://files.pythonhosted.org/packages/39/ae/60ec3ec8f8a18c5eef71
c6dff7ed0dfa0cd2f2d57b6691e595e2bc43325f/matplotlib-3.1.1-cp36-cp36m-win32.whl
(8.9MB)
     |################################| 8.9MB 6.8MB/s
...(생략)...
0f9d07b4fe144b3/numpy-1.17.2-cp36-cp36m-win32.whl (10.8MB)
     |################################| 10.8MB 1.6MB/s
Collecting kiwisolver>=1.0.1 (from matplotlib)
   Downloading https://files.pythonhosted.org/packages/15/14/a7ae5a7d5fae78b40dd
0d388d83010330cba2df1721b1bd91a8b99044141/kiwisolver-1.1.0-cp36-none-win32.whl
(44kB)
     |################################| 51kB 1.7MB/s
...(생략)...
Installing collected packages: cycler, numpy, kiwisolver, matplotlib
Successfully installed cycler-0.10.0 kiwisolver-1.1.0 matplotlib-3.1.1
numpy-1.17.2
```

 **아나콘다**

맷플롯립를 이용하여 데이터 시각화(data visualization)를 사용할 때에는 과학용 파이썬 배포판인 아나콘다(Anaconda)를 설치해서 Jupyter Notebook을 사용하면 편리합니다.

#  17 [Matplotlib] 그래프 그리기 기초

(1, 1), (2, 2), (3, 3)을 선으로 잇는 간단한 그래프를 만들어 보도록 하겠습니다.

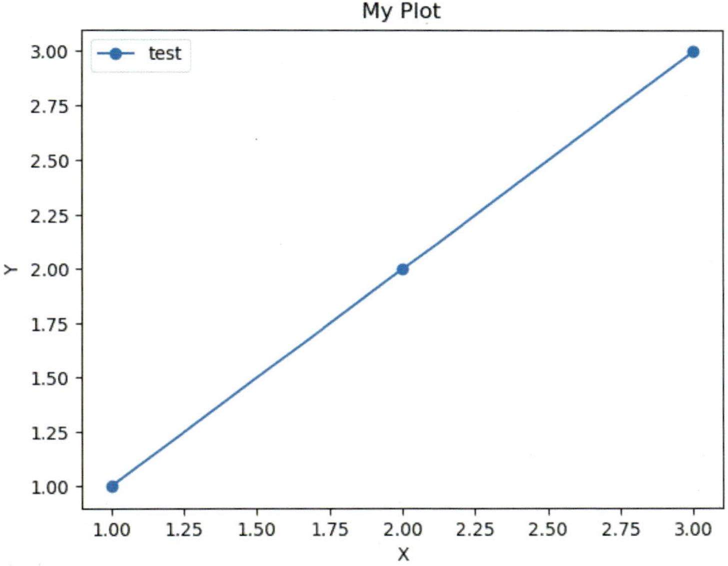

**코드**

```python
from matplotlib import pyplot as plt

x = [1, 2, 3]
y = [1, 2, 3]

plt.plot(x, y, marker='o')
plt.title("My Plot")
plt.xlabel("X")
plt.ylabel("Y")
plt.legend(['test'])
plt.show()
```

- `from matplotlib import pyplot as plt` : 맷플롯립을 사용하기 위해서는 먼저 `matplotlib.pyplot`을 import 합니다. `pyplot`을 다른 이름으로 사용할 수 있지만, 일반적으로 `plt` 이름으로 사용합니다.
- `x = [1, 2, 3]` : (1, 1), (2, 2), (3, 3)점에서 x좌표의 값들의 리스트입니다.
- `y = [1, 2, 3]` : (1, 1), (2, 2), (3, 3)점에서 y좌표의 값들의 리스트입니다.

✅ `plt.plot(x, y, marker='o')` : plt.plot()는 값을 서로 연결해서 라인 형태의 그래프를 그리는 함수입니다. plt.plot([x축 데이터], [y축 데이터])의 꼴로 사용할 수 있습니다. 마지막의 `marker='o'`은 주어진 좌표의 점을 찍어주는 역할을 합니다. plt.plot()의 인수는 다양합니다.

ex) <code>plt.plot(x, y, marker='o', linestyle='--', color='r')</code>

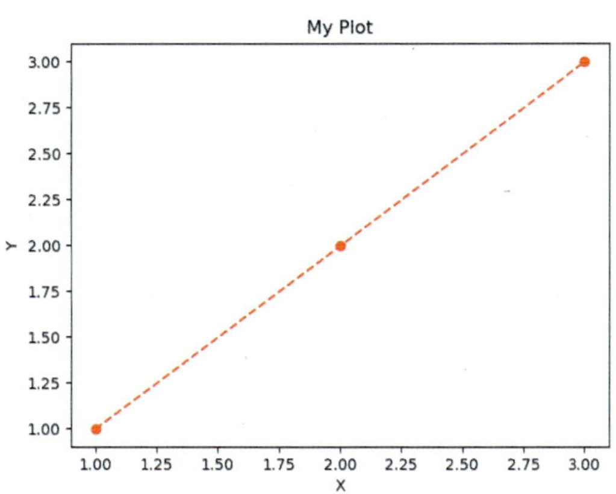

✅ `plt.title("My Plot")` : 그래프의 제목을 설정합니다.

✅ `plt.xlabel("X")` : 그래프의 x축 라벨을 설정합니다.

✅ `plt.legend(['test'])` : 그래프의 범례를 설정합니다. `plt.legend([라인1범례, 라인2범례])` 함수를 사용하여 각 라인에 대한 범례를 순서대로 지정합니다.

맷플롯립 그래프와 관련된 영어 명칭을 알아두면 그래프를 그릴 때 고생을 덜 하게 됩니다.

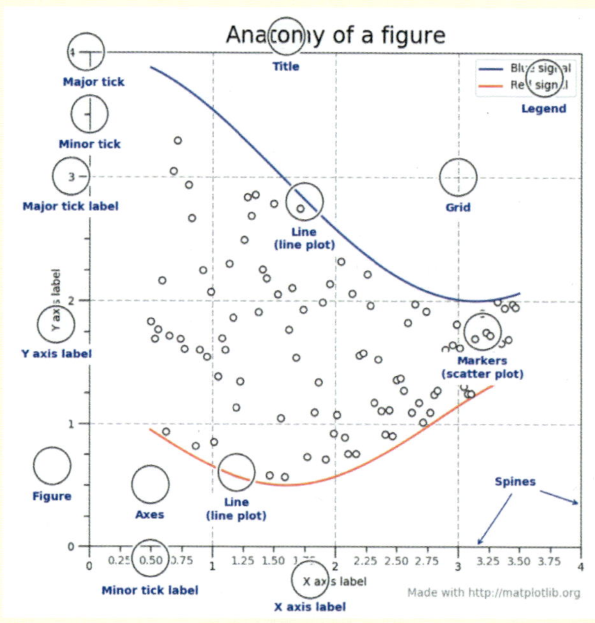

# 18 [Matplotlib] 강수량 그래프 만들기

우리나라 2009년의 대관령 월평균 강수량을 그래프로 그려보겠습니다.

10장에서 사용한 CSV 파일에서 2009년 자료만 추출하고 편집하여 활용하거나 기상자료개방포털(http://data.kma.go.kr/)에 방문하여 2009년의 대관령 강수량 자료에 대한 자료를 다운 받습니다.

그림에서 A열은 월, B열은 대관령 지점 번호, C열은 강수량입니다.

|   | A | B | C |
|---|---|---|---|
| 1 | 1 | 100 | 24.6 |
| 2 | 2 | 100 | 24.9 |
| 3 | 3 | 100 | 97.5 |
| 4 | 4 | 100 | 50.4 |
| 5 | 5 | 100 | 74.9 |
| 6 | 6 | 100 | 105.2 |

**코드**

```python
from matplotlib import pyplot as plt
import csv
from matplotlib import font_manager, rc

font_name = font_manager.FontProperties(fname="c:\Windows\Fonts\malgun.ttf").get_name()
rc('font', family=font_name)

infile = open("d:\\weather_input.csv", "r")
data = csv.reader(infile)

x = [ ]
y = [ ]

for line in data:
    x.append(line[0])
    y.append(float(line[2]))

plt.plot(x, y, marker='o')
plt.title("2009년 대관령 월평균 강수량")
plt.xlabel("월")
plt.ylabel("강수량(mm)")
plt.show()
infile.close()
```

- `from matplotlib import pyplot as plt` : 맷플롯립을 사용하기 위해 `matplotlib.pyplot`을 `import` 합니다.
- `import csv` : CSV 파일을 사용하기 위해 모듈을 `import` 합니다.
- `from matplotlib import font_manager, rc`

  `font_name = font_manager.FontProperties(fname="c:/Windows/Fonts/malgun.ttf").get_name( )`

  `rc('font', family=font_name)`

  : 기본적으로 맷플롯립에서는 한글이 깨집니다. 그래프의 제목이나 x, y축의 이름을 한글로 작성하면 'ㅁㅁㅁㅁㅁ' 같은 식으로 깨져서 나옵니다. 위 코드는 맷플롯립에서 사용하는 폰트를 한글 지원이 가능한 것으로 바꾸는 코드입니다. 한글의 글꼴은 '맑은고딕'체로 하였습니다.
- `infile = open("d:₩₩weather_input.csv", "r")` : CSV 파일을 읽기용으로 엽니다.
- `data = csv.reader(infile)` : CSV 파일의 내용을 줄 단위로 읽어와 `data`에 리스트 형태로 저장합니다.
- `x = [ ]` : x좌표의 값들을 담을 리스트로 우선 빈 리스트로 생성합니다.
- `y = [ ]` : y좌표의 값들을 담을 리스트로 우선 빈 리스트로 생성합니다.
- `for line in data:`

  `    x.append(line[0])`

  `    y.append(float(line[2]))`

  : `line[0]`은 '월' 데이터 `line[2]`는 '강수량' 데이터에 해당합니다. 리스트 변수 x와 y에 각각 추가합니다.
- `plt.plot(x, y, marker='o')` : '월'은 x축, '강수량'은 y축으로 하여 그래프를 그립니다.

2009년 대관령 월평균 강수량

- tkinter에서는 먼저 최상위 윈도우를 생성하고 레이블이나 버튼을 추가합니다.

- 이벤트를 처리할 때는 버튼의 command 매개변수에 이벤트를 처리하는 함수의 이름을 적습니다.

- 파이썬은 윈도우에 위젯을 배치할 때 압축(pack) 배치 관리자, 격자(grid) 배치 관리자, 절대(place) 배치 관리자를 제공합니다.

- 파이썬을 설치하면 다양한 모듈과 라이브러리가 기본적으로 설치됩니다.

- 필로우(Pillow)는 파이썬에서의 영상처리 라이브러리입니다.

- 필로우(Pillow)에서 rotate(), filter() 등을 이용하여 이미지를 처리할 수 있습니다.

- 맷플롯립(Matplotlib)은 데이터를 시각화(visualization)하는데 편리한 파이썬 라이브러리입니다.

- 맷플롯립(Matplotlib)에서 plot()로 라인 형태의 그래프를 그릴 수 있습니다.

# 제 **12** 장
## 프로젝트를 수행해 봅시다

## 학습 내용

01. 이차함수의 그래프를 작성하는 프로그램을 작성합니다.

02. 통계에서 사용하는 대푯값을 구하는 프로그램을 작성합니다.

03. 토끼와 거북이가 경주하는 게임을 작성합니다.

04. 앵그리 터틀 게임을 작성합니다.

05. 터틀 아스테로이드 게임을 작성합니다.

06. 틱택토 게임을 작성합니다.

07. 우리나라 인구 분석을 하는 프로그램을 작성합니다.

08. 42개 국가 통화의 실시간 환전 계산 프로그램을 작성합니다.

09. 사진에서 얼굴을 인식하여 모자이크 처리를 하는 프로그램을 작성합니다.

$y=f(x)=ax^2+bx+c=0\ (a\neq0)$로 나타내지는 함수를 이차함수라고 합니다. 우리는 8장에서 터틀 그래픽을 이용하여 이차함수의 그래프를 그려보았습니다.

Matplotlib을 이용하여 이차함수 그래프를 그리는 프로그램을 작성해 보겠습니다.

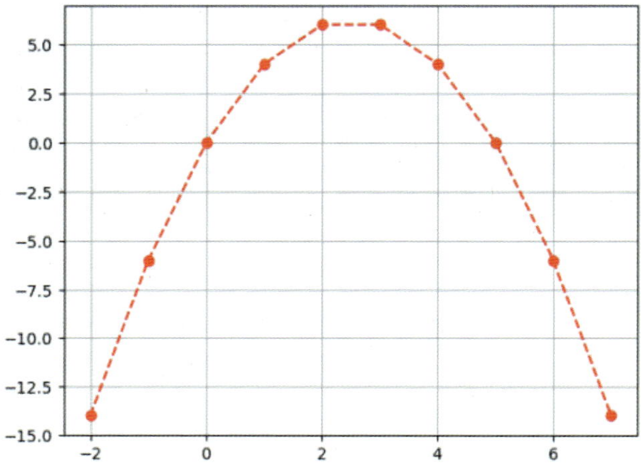

**코드**

```python
from matplotlib import pyplot as plt
import numpy as np

x = np.arange(-2, 8)
y = - x**2 + 5*x +1

plt.plot(x, y, marker='o', linestyle='--', color='r')

plt.grid()
plt.show()
```

✅ import numpy as np

 x = np.arange(-2, 8)

 : numpy 모듈의 arange(start, stop, step)는 step의 크기만큼 일정하게 떨어져 있는 숫자들을
   반환해 주는 함수입니다. start와 step은 생략할 수 있으며 생략되었을 때 start = 0, step = 1이
   기본값이 됩니다. 위 코드를 수행하면 x에 [-2 -1 0 1 2 3 4 5 6 7]이 저장됩니다.

✅ plt.plot(x, y, marker='o', linestyle='--', color='r') : $f(x)=-x^2+5x+1$의 그래프가
   그려집니다. $x$가 [-2 -1 0 1 2 3 4 5 6 7]일 때 대응하는 $f(x)$의 값이 dot로 찍히고 '--'의 빨간
   선으로 그래프는 그려집니다.

✅ plt.grid() : 그래프에서 눈금 선이 그려집니다.

# 대푯값을 구해봅시다

대푯값(representative value)은 어떤 데이터를 대표하는 값으로 통계에서 사용되는 용어입니다. 우리는 통계를 통해 데이터에서 다양한 의미를 찾아낼 수 있습니다. 대푯값에는 평균, 중앙값, 최빈값이 있습니다.

 6, 7, 7, 8, 8, 10, 9, 3, 5, 2, 7, 2, 6의 평균을 구하는 프로그램을 작성해 보겠습니다.

$$평균 = \frac{변량의\ 총합}{변량의\ 개수} = \frac{(계급값) \times (도수)의\ 총합}{도수의\ 총합}$$

| 코드 | 실행 결과 |
|---|---|
| `data = [6, 7, 7, 8, 8, 10, 9, 3, 5, 2, 7, 2, 6]`<br>`length = len(data)`<br>`average = sum(data) / length`<br>`print(average)` | 6.153846153846154 |

☑ `length = len(data)` : `len(data)`는 리스트 변수 data의 길이 정보(요소들의 개수)를 반환합니다. 리스트 변수 data의 길이는 length에 저장됩니다.

☑ `average = sum(data) / length` : `sum(data)`는 리스트 변수 data의 요소들의 합을 반환합니다. 리스트 변수의 요소들의 합을 리스트 변수의 개수로 나누면 평균이 됩니다.

 6, 7, 7, 8, 8, 10, 9, 3, 5, 2, 7, 2, 6의 중앙값을 구하는 프로그램을 작성해 보겠습니다.

중앙값은 데이터 중에서 가운데 있는 값입니다. 가운데에 있는 데이터가 둘이라면 두 수의 평균을 구합니다. 그래서 데이터를 작은 수부터 큰 수 순서대로 정렬해야 합니다.

<table>
<tr><td>



```python
data = [6, 7, 7, 8, 8, 10, 9, 3, 5, 2, 7, 2, 6]
data.sort()
print(data)

n = len(data)
print('원소 개수:', n)

middle = n//2

if n % 2 == 1:
    print('중앙값은:', data[middle])
else:
    print('중앙값은:', (data[middle-1]+data[middle])/2)
```

</td><td>



```
[2, 2, 3, 5, 6, 6, 7, 7, 7,
8, 8, 9, 10]
원소 개수: 13
중앙값은: 7
```

</td></tr>
</table>

✔ data.sort() : 리스트 변수 data에 있는 값들을 작은 수부터 큰 수 순서대로 정렬합니다(오름차순).

✔ middle = n//2 : 리스트에서의 중앙 위치를 찾습니다.

✔ if n % 2 == 1 : 원소의 개수가 홀수이면 중앙값은 middle 위치에 있습니다.

✔ print('중앙값은:', (data[middle-1]+data[middle])/2) : 원소의 개수가 짝수이면 가운데 있는 데이터가 2개이므로 두 수의 평균을 구합니다.

 6, 7, 7, 8, 8, 10, 9, 3, 5, 2, 7, 2, 6의 최빈값을 구하는 프로그램을 작성해 보겠습니다.

최빈값은 가장 자주 나온 숫자. 데이터에서 가장 많이 등장한 숫자입니다.

<table>
<tr><td>



```python
data = [6, 7, 7, 8, 8, 10, 9, 3, 5, 2, 7, 2, 6]
frequency = {}

for i in data:
    frequency[i] = data.count(i)

max_frequency = 0

for i in frequency:
    print(i,'의 횟수: ', frequency[i])
    if(frequency[i] > max_frequency) :
        max_frequency = frequency[i]
        max_frequency_num = i

print('최빈수=', max_frequency_num)
```

</td><td>



```
6 의 횟수:  2
7 의 횟수:  3
8 의 횟수:  2
10 의 횟수:  1
9 의 횟수:  1
3 의 횟수:  1
5 의 횟수:  1
2 의 횟수:  2
최빈수= 7
```

</td></tr>
</table>

- ✅ frequency = {} : 최빈값을 구하는데 딕셔너리를 이용하겠습니다. {2:2의 개수, 3:3의 개수, … }로 자료를 저장하겠습니다.
- ✅ max_frequency = 0 : 가장 높은 빈도수를 저장하는 변수입니다.
- ✅ frequency[i] = data.count(i) : count(i)는 리스트 안에 i가 몇 개 있는지 조사하여 그 개수를 돌려주는 함수입니다. data 리스트에 있는 각 숫자의 횟수를 frequency 딕셔너리에 저장합니다.
- ✅ for i in frequency :

```
    print(i,'의 횟수: ', frequency[i])
    if(frequency[i] > max_frequency) :
        max_frequency = frequency[i]
        max_frequency_num = I
```

: frequency 딕셔너리를 훑으면서 data 리스트에 있었던 데이터 숫자들의 빈도를 출력합니다. 그리고 max_frequency보다 더 많은 빈도를 가진 데이터를 찾으면 max_frequency의 값을 수정하고 해당 딕셔너리의 key값을 max_frequency_num에 저장합니다.
- ✅ print('최빈수=', max_frequency_num) : max_frequency_num에 가장 자주 나온 숫자의 정보가 있으므로 이것을 출력합니다.

## Numpy 라이브러리

Numpy는 Numerical Python의 줄임말로서 고성능의 수치 계산을 위해 만들어진 것으로 데이터 통계분석에 많이 사용되는 파이썬 라이브러리입니다. 우리는 Numpy의 np.mean(), np.median(), np.var(), np.std() 등을 이용하여 평균, 중앙값, 분산, 표준편차 등을 쉽게 구할 수 있습니다.

# 토끼와 거북이의 경주

여러분이 다 아시는 것처럼 우리의 터틀은 달리기 경주에서 토끼를 이겼던 히어로입니다. 어느날 파이썬을 공부한 토끼가 히어로 터틀에게 다시 달리기 경주를 신청하였습니다. 파이썬을 공부한 토끼는 히어로 터틀을 이기기 위해 달리기 경주를 시뮬레이션해보기로 합니다. 토끼와 히어로 터틀이 서로 경쟁하면서 경주하는 시뮬레이션 프로그램을 파이썬의 터틀 그래픽을 이용해 작성해 봅시다.

터틀 그래픽에서 자주 사용되는 다양한 기능을 살펴보겠습니다.

아래의 표의 함수들을 모두 외울 필요는 없습니다. 다만, 어떤 기능의 함수가 있는지 우리가 알고 있다면 찾아서 쓰기 편합니다.

| 함수 | 인수 | 설명 |
| --- | --- | --- |
| forward() | 픽셀값 | 거북이를 지정된 거리만큼 앞으로 이동한다. |
| backward() | 픽셀값 | 거북이를 지정된 거리만큼 뒤로 이동한다. |
| right() | 각도 | 거북이를 시계 방향으로 회전시킨다. |
| left() | 각도 | 거북이를 반시계 방향으로 회전시킨다. |
| penup() | None | 거북이의 펜을 올린다. 그림이 그려지지 않는다. |
| pendown() | None | 거북이의 펜을 내린다. 그림이 그려진다. |
| up() | None | 거북이의 펜을 올린다. 그림이 그려지지 않는다. |
| down() | None | 거북이의 펜을 내린다. 그림이 그려진다. |
| color() | 색상 이름 | 거북이 펜의 색상을 변경한다. |
| fillcolor() | 색상 이름 | 다각형을 채우는 색상을 변경한다. |
| heading() | None | 현재의 방향을 반환한다. |
| position() | None | 현재 위치를 반환한다. |
| goto() | x, y | 거북이를 (x, y) 위치로 이동시킨다. |
| begin_fill() | None | 채워진 다각형을 시작한다. |
| end_fill() | None | 채워진 다각형을 닫는다. |

| 함수 | 인수 | 설명 |
| --- | --- | --- |
| dot() | None | 현재 위치에 점을 남긴다. |
| stamp() | None | 현재 위치에 거북이 모양을 남긴다. |
| shape() | 모양 이름 | 거북이의 모양을 'arrow', 'classic', 'turtle', 'circle' 중의 하나로 변경한다. |

 토끼와 거북이의 경주 시뮬레이션 프로그램의 순서를 생각해봅시다.

터틀 2개를 터틀 그래픽에 생성 → 터틀을 구분하기 위해 2개의 터틀을 핑크와 파란색으로 바꿔주기 → 실제 경주 → 핑크 터틀은 '토끼'로 파란 터틀은 '거북이' 이미지로 모양을 바꿔주기 → 토끼와 거북이의 경주 시뮬레이션

 터틀 2개를 터틀 그래픽에 생성할 수 있습니다.

| 코드 | 실행 결과 |
| --- | --- |
| <pre>import turtle

t1 = turtle.Turtle()   # 첫 번째 거북이 생성
t2 = turtle.Turtle()   # 두 번째 거북이 생성</pre> | |

위 코드를 실행하면 화살표 1개밖에 보이지 않습니다. 왜 그럴까요? 당황하지 마세요. t1, t2 거북이의 위치를 특별히 정하지 않아 두 개의 거북이가 겹쳐서 1개로 보이는 것입니다.

 그럼 거북이들을 구별하기 위하여 모양을 토끼와 거북이로 바꾸어 보겠습니다.

| 코드 | 실행 결과 |
| --- | --- |
| <pre>import turtle

screen = turtle.Screen()
image1 = "d:\\rabbit.gif"
image2 = "d:\\turtle.gif"
screen.addshape(image1)
screen.addshape(image2)

t1 = turtle.Turtle()   # 토끼
t2 = turtle.Turtle()   # 거북이

t1.shape(image1)
t1.penup()
t1.goto(-300, 0)</pre> | 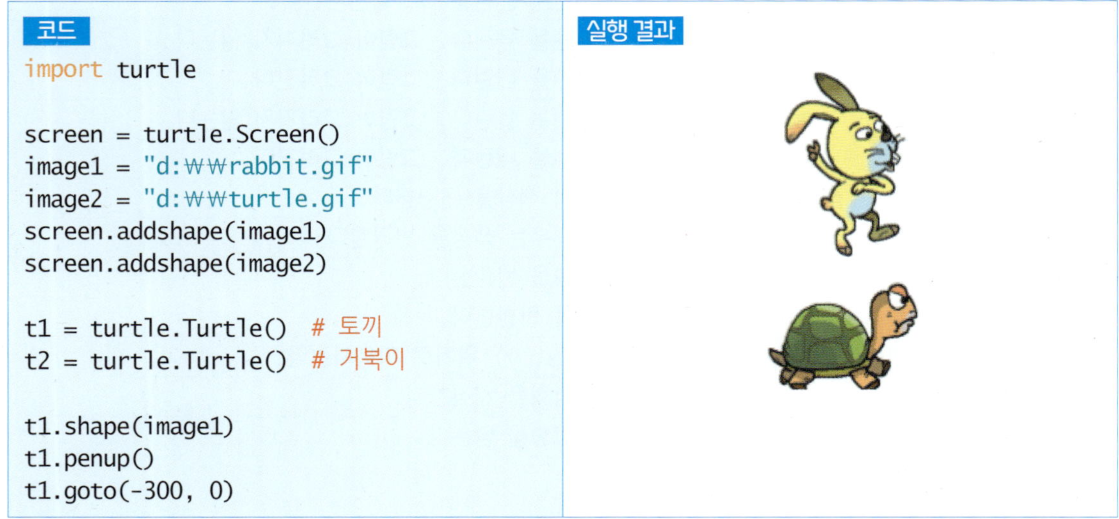 |

```
t2.shape(image2)
t2.penup()
t2.goto(-300, -200)

t1.pendown()
t2.pendown()
```

✅ screen = turtle.Screen() : 터틀 그래픽에 이미지를 가져오려면 Screen 객체를 만든 후에 addshape()를 통해 이미지를 설정할 수 있습니다.

✅ image1 = "d:\\rabbit.gif" : 이미지 파일이 있는 경로를 image1 변수에 저장합니다.

✅ screen.addshape(image1) : screen에 image1을 가져옵니다.

✅ t1.shape(image1) : t1 거북이의 모양을 토끼인 image1로 바꿉니다.

✅ t1.penup()

t1.goto(-300, 0)

: 거북이를 출발선으로 이동해보겠습니다. 이때에는 선이 그려지면 안 되므로 펜을 올리고 이동을 합니다. 또 특정한 좌표로 바로 이동하는 goto(x, y) 함수를 사용합니다. 파이썬 터틀 그래픽의 좌표계는 오른쪽 그림과 같습니다. 출발선은 x좌표 −300을 기준으로 t1 거북이는 (−300, 0), t2 거북이는 (−300, −200)으로 합니다.

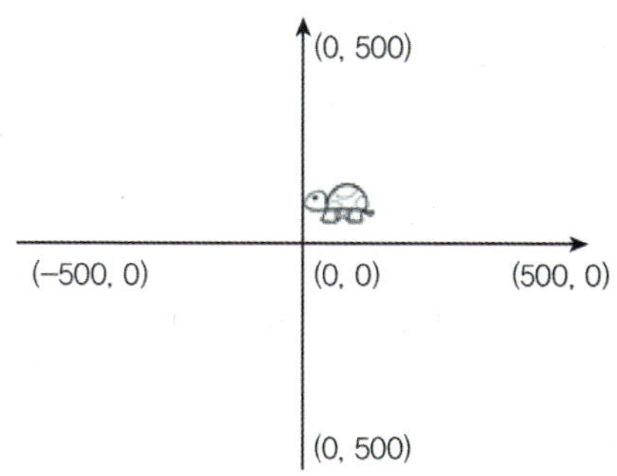


✅ t1.pendown() : t1 거북이가 달리기를 시작하면 그 흔적을 남기기 위해 펜을 down합니다. t2 거북이의 경우는 "t2.pendown()"으로 코드를 작성합니다.

참고로 터틀 그래픽에서는 pensize()로 토끼와 거북이에 해당되는 t1, t2가 그리는 선의 굵기를 조정할 수도 있습니다.

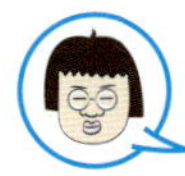 경주를 실제로 하는 부분을 작성해 보겠습니다.

토끼와 거북이는 10번 정도 반복하면서 한 번 반복할 때마다 난수만큼 앞으로 이동하도록 합니다.

<table>
<tr><td>



```python
import random

for i in range(10):
    d1 = random.randint(1, 60)
    t1.forward(d1)
    d2 = random.randint(1, 60)
    t2.forward(d2)
```

</td><td>

</td></tr>
</table>

✅ d1 = random.randint(1, 60) : 1에서 60 사이의 난수 값을 d1에 저장합니다.

✅ t1.forward(d1) : d1에 저장된 난수 값만큼 t1 거북이가 전진합니다.

 **터틀 그래픽 공식문서**

터틀 그래픽은 학생들에게 프로그래밍을 소개하는 대중적인 방법의 하나입니다. 터틀 그래픽은 1966년에 Logo라는 교육용 프로그래밍 언어 일부로 개발되었습니다. 터틀 그래픽의 공식 문서는 다음과 같습니다. https://docs.python.org/3/library/turtle.html

토끼와 거북이의 경주 프로그램 전체 소스를 살펴보면 다음과 같습니다.



```python
import turtle
import random

screen = turtle.Screen()
image1 = "d:\\rabbit.gif"
image2 = "d:\\turtle.gif"
screen.addshape(image1)
screen.addshape(image2)

t1 = turtle.Turtle()    # 토끼
t2 = turtle.Turtle()    # 거북이

t1.shape(image1)        # t1거북이의 모양은 거북이 형태로 지정
t1.pensize(5)           # t1거북이의 펜의 굵기를 5로 지정


t2.shape(image2)
t2.pensize(5)

t1.penup()
t1.goto(-300, 0)

t2.penup()
t2.goto(-300, -100)

t1.pendown()            # 달리기 경주 준비
t2.pendown()
for i in range(10):     # 본격적인 경주가 이루어지는 부분입니다.
    d1 = random.randint(1, 60)
    t1.forward(d1)
    d2 = random.randint(1, 60)
    t2.forward(d2)
```

숲속의 겁나 빠른 달팽이가 토끼와 거북이의 경주에 같이 도전합니다.
앞의 프로그램을 수정하여 달팽이도 함께 시뮬레이션해 보세요.

# 앵그리 터틀 게임

앵그리 버드를 경쟁자로 생각하는 앵그리 터틀은 포물선 운동의 2인자입니다. 앵그리 터틀은 앵그리 버드를 이기기 위하여 어떻게 하면 포물선 운동을 잘 할 수 있는지 연구하기 위해 시뮬레이션 프로그램을 제작하기로 합니다.

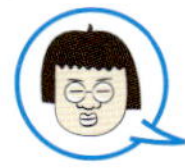

앵그리 터틀 시뮬레이션 프로그램의 순서를 생각해 봅시다.

터틀을 터틀 그래픽에 생성 → 방향키로 터틀이 점프할 각도 조정 →
'스페이스바'키를 눌러 터틀 발사 → 터틀의 포물선 운동

이 게임의 주인공은 포물선 운동을 하는 터틀입니다. 터틀을 포물선 운동을 시키기 위해  많은 변수가 필요합니다.

거북이에 대한 다음과 같은 전역 변수를 선언하겠습니다.

| 타입 | 변수명 | 설명 |
|---|---|---|
| 정수형<br>(int) | v | 거북이의 속도 |
| | vx | 거북이의 x방향 속도 |
| | vy | 거북이의 y방향 속도 |
| | x | 거북이의 현재 x좌표 |
| | y | 거북이의 현재 y좌표 |

고등학교 물리시간에 배운 포물선 운동을 생각해 보세요.

앵그리 터틀은 공중에 포물선을 그리며 비행을 합니다. 터틀의 움직임을 어떻게 계산해야 할까요?

(1) 터틀의 초기 속도는 사용자가 입력한 속도와 각도에 따라 설정하겠습니다. 앵그리 터틀 시뮬레이션에서
터틀의 초기 속도는 1초에 50픽셀로 하겠습니다. 터틀이 발사될 때의 각도는 터틀 그래픽의 heading()
함수를 이용하여 구할 수 있습니다.

**코드**

```
velocity = 50                    #초기 속도 50픽셀/sec
angle = player.heading()         #초기 각도
```

(2) 포물선 운동을 하는 터틀의 초기 x 방향과 y 방향의 속도인 vx와 vy는 초기 속도와 각도에 따라서
설정되어야 합니다. vx와 vy는 삼각함수를 이용하면 됩니다. 파이썬에서 삼각함수를 사용하려면 math
모듈을 포함해야 합니다.

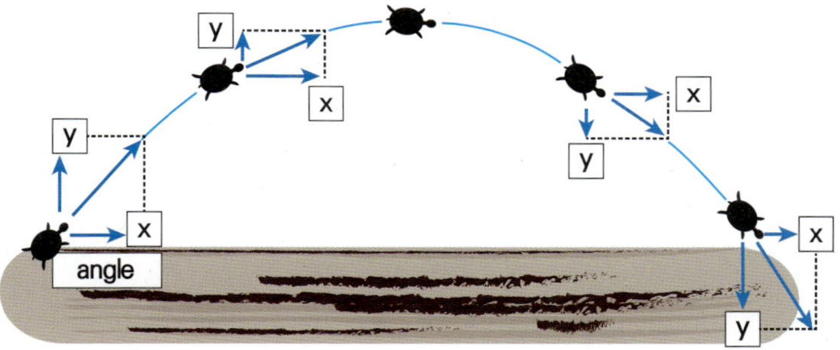


**코드**

```
import math
vx = velocity * math.cos(angle * 3.14 / 180.0)        # 도->라디안
vy = velocity * math.sin(angle * 3.14 / 180.0)        # 도->라디안
```

(3) 터틀의 x 방향 속도는 변하지 않는 것으로 가정하겠습니다. 물론 실제 상황에서는 공기의 저항을
받겠지만 이것은 무시하겠습니다. 터틀의 y 방향 속도는 중력 가속도 때문에 점점 느려질 것입니다.
따라서 시간이 흐를수록 vy에서 중력 가속도 만큼을 빼줘야 합니다. 중력 가속도는 원래 9.8이지만
게임에서는 픽셀 단위로 계산해야 하므로 10으로 하겠습니다.

**코드**

```
vx = vx              # 초기 속도에서 변하지 않음
vy = vy - 10         # 초기 속도에서 중력 가속도 만큼 점점 느려짐
```

(4) 마지막으로, 터틀의 현재 위치는 어떻게 계산하면 될까요? 현재 위치는 이전 위치에 (속도 * 시간)을 더하면 됩니다. 시간은 단위시간 1이 흘렀다고 가정하면 다음과 같이 단순히 현재 위치에 속도를 더하면 됩니다.

**코드**

```python
x = x + vx
y = y + vy
```

앵그리 터틀 게임 전체 소스를 살펴보면 다음과 같습니다.

**소스코드**

```python
import turtle
import math

player = turtle.Turtle()
player.shape("turtle")
screen = player.getscreen()

def turnleft():
    player.left(5)                                   # 왼쪽으로 5도 회전

def turnright():
    player.right(5)                                  # 오른쪽으로 5도 회전

def fire():
    x = 0
    y = 0
    velocity = 50                                    # 초기 속도 50픽셀/sec
    angle = player.heading()                         # 초기 각도
    vx = velocity * math.cos(angle * 3.14 / 180.0)   # 도->라디안으로 바꿈
    vy = velocity * math.sin(angle * 3.14 / 180.0)   # 도->라디안으로 바꿈

    while player.ycor() >= 0:
        vx = vx
        vy = vy - 10
        x = x + vx
        y = y + vy
        player.goto(x, y)

screen.onkeypress(turnleft, "Left")
screen.onkeypress(turnright, "Right")
screen.onkeypress(fire, "space")
screen.listen()
```

# 05 터틀 아스테로이드 게임

우주선을 충돌시켜서 소행성을 파괴하는 아주 유명한 아스테로이드 게임처럼 엄청나게 튼튼한 터틀 우주선도 소행성에 충돌하여 소행성을 파괴할 수 있습니다. 터틀 아스테로이드 게임은 ←, →키로 거북이의 이동 방향을 조정하고 ↑로 행성을 향해 전진하여 행성을 파괴하는 게임입니다.

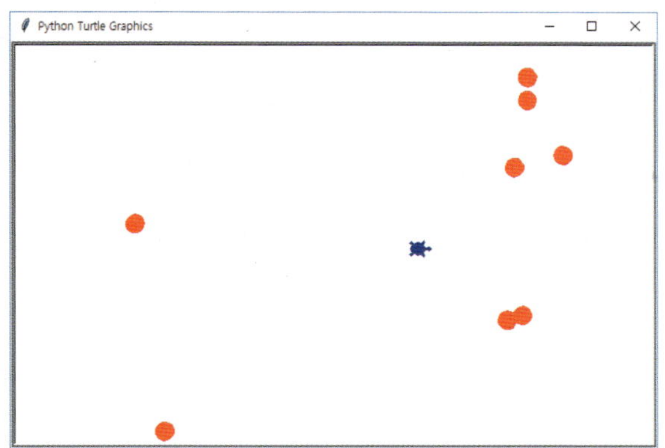

터틀 아스테로이드 프로그램의 순서를 생각해 봅시다.

소행성 생성하여 배치 및 소행성 움직이기 →

터틀 우주선 생성 후 사용자가 터틀을 조정할 수 있도록 함 →

터틀이 소행성을 만나면 'clear'가 나타나도록 함

소행성을 생성하여 배치하고 소행성이 조금씩 움직이도록 하겠습니다.

**코드**

```python
import turtle, random

asteroids = [ ]
for i in range(10):
    a1 = turtle.Turtle()
    a1.color("red")    # 소행성은 빨간색입니다.
    a1.shape("circle")
    a1.penup()
    a1.speed(0)
    a1.goto(random.randint(-300, 300), random.randint(-300, 300))
    asteroids.append(a1)    # 소행성 리스트에 추가합니다.
```

**실행 결과**

- ✅ asteroids = [ ] : 소행성 공백 리스트를 생성합니다.
- ✅ for i in range(10) : 소행성이 될 10개의 터틀을 생성할 반복문입니다.
- ✅ a1.goto(random.randint(-300, 300), random.randint(-300, 300)) : 소행성을 (-300, 300) 사이의 위치에 임의로 배치합니다.

 터틀 우주선을 사용자가 화살표 키를 이용하여 우주선의 방향을 회전할 수 있도록 합니다.

키보드에서 키가 눌렀을 때, 이벤트가 발생하고 이 이벤트를 처리하는 함수를 정의하고 호출해보겠습니다. 사용자가 ←키와 →키를 눌렀을 때는 터틀이 왼쪽, 오른쪽 방향으로 30°씩 회전하고 ↑키를 눌렀을 20 픽셀씩 현재 터틀의 방향에서 앞으로 전진합니다.

<table>
<tr><td>

**코드**

```python
import turtle

player = turtle.Turtle()
player.color("blue")
player.shape("turtle")
player.penup()
player.speed(0)

screen = player.getscreen()
def turnleft():
    player.left(30)     # 왼쪽으로 30도 회전한다.

def turnright():
    player.right(30)    # 오른쪽으로 30도 회전한다.

def turnup():
    player.forward(20)

screen.onkeypress(turnleft, "Left")
screen.onkeypress(turnright, "Right")
screen.onkeypress(turnup)
screen.listen()
```

</td><td>

**실행 결과**

</td></tr>
</table>

- ✅ screen.onkeypress(turnleft, "Left")
  screen.onkeypress(turnright, "Right")
  screen.onkeypress(turnup)
  : screen.onkeypress() 함수에 우리가 작성한 함수 이름을 전달하면 이벤트를 처리하는 함수로 등록됩니다. 현재는 ←키를 누르면 turnleft() 함수, →키를 누르면 turnright() 함수, ↑키를 누르면 turnup()가 호출되는 것으로 등록되어 있습니다.
- ✅ screen = player.getscreen() : 이벤트가 이루어지는 화면객체를 screen으로 얻습니다.

◆ screen.listen() : 화면 객체 screen에서 키보드 이벤트를 기다립니다.

일정한 시간 간격으로 연속적으로 우주선과 소행성을 이동시키고 소행성과 우주선이 충돌하면 소행성은 사라지고 "Clear"글자의 흔적만 남도록 처리하겠습니다.

**코드**

```python
def play():
    player.forward(2)                        # 터틀 우주선2픽셀 전진

    for a in asteroids:                      # 리스트에 저장된 모든 소행성에 대하여
        a.right(random.randint(-180, 180))   # 소행성들이 -180~180 사이의 값으로
        a.forward(2)

        if player.distance(a) < 20 :
            player.write("clear")
            a.ht()

    screen.ontimer(play, 10)                 # 10ms가 지나면 play()를 다시 호출합니다.

screen.ontimer(play, 10)
```

◆ for a in asteroids:
　　　　a.right(random.randint(-180, 180))

　　　　a.forward(2)

　　: 리스트에 저장된 모든 소행성에 대하여 소행성들이 –180~180 사이의 값으로 오른쪽으로 회전을 하여 2픽셀 이동합니다.

◆ screen.ontimer(play, 10) : 주어진 시간이 지나면 인수로 지정한 함수를 호출합니다.

◆ if player.distance(a) < 20 :

　　　　player.write("clear")

　　　　a.ht()

　　: 만약 터틀 우주선 player와 소행성 a와의 거리가 20픽셀보다 작으면 터틀 우주선은 "clear" 글씨를 출력하고 소행성 a는 ht()에 의해 스크린에서 사라집니다.

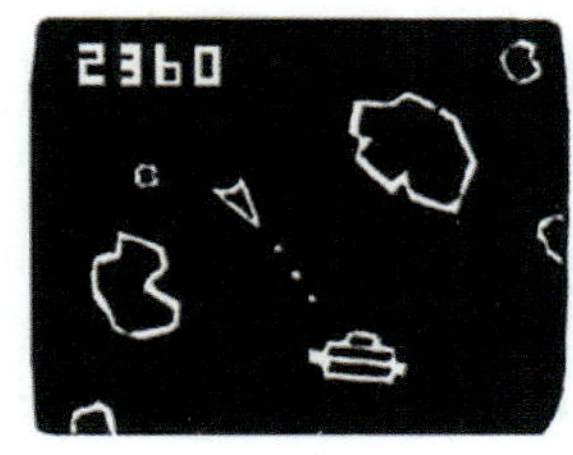

터틀 아스테로이드 게임의 전체 소스를 살펴보면 다음과 같습니다.



```python
import turtle, random

player = turtle.Turtle()
player.color("blue")
player.shape("turtle")
player.penup()
player.speed(0)
screen = player.getscreen()

asteroids = [ ]                         # 공백 리스트를 생성합니다.
for i in range(10):                     # 10개의 터틀을 생성합니다.
    a1 = turtle.Turtle()
    a1.color("red")
    a1.shape("circle")
    a1.penup()
    a1.speed(0)
    a1.goto(random.randint(-300, 300), random.randint(-300, 300))
    asteroids.append(a1)                # 생성된 터틀을 리스트에 추가합니다.

def turnleft():
    player.left(30)                     # 왼쪽으로 30도 회전합니다.

def turnright():
    player.right(30)                    # 오른쪽으로 30도 회전합니다.

def turnup():
    player.forward(20)

screen.onkeypress(turnleft, "Left")
screen.onkeypress(turnright, "Right")
screen.onkeypress(turnup)
screen.listen()

def play():
    player.forward(2)                   # 2픽셀 전진
    for a in asteroids:
        a.right(random.randint(-180, 180))
        a.forward(2)

        if player.distance(a) < 20 :
            player.write("clear")
            a.ht()

    screen.ontimer(play, 10)            # 10ms가 지나면 play()를 다시 호출

screen.ontimer(play, 10)
```

# 06 틱택토 게임

틱택토(tic-tac-toe) 게임은 두 명이 번갈아 가며 O와 X를 3×3판에 써서 같은 글자를 가로, 세로, 혹은 대각선상에 놓이도록 하는 놀이입니다. 터틀 그래픽을 이용하여 틱택토 게임을 작성해 보겠습니다.

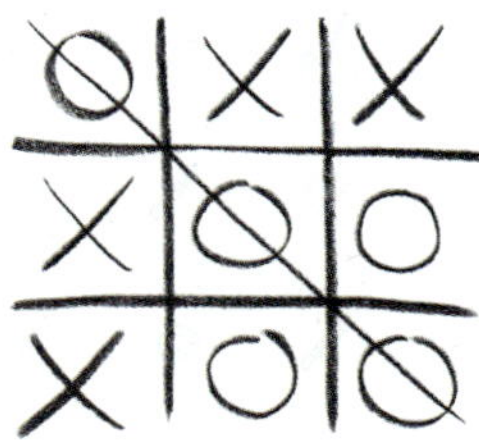

틱택토 게임 프로그램의 순서를 생각해봅시다.

| 3 * 3 게임판 만들기 | → | 클릭한 위치에 O, X 그리기 |

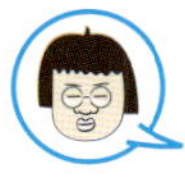
3*3 게임판을 만들어 보겠습니다.

**코드**

```python
import turtle

t = turtle.Turtle()
window = turtle.Screen()

window.setup(600,600)
window.bgcolor("black")

t.hideturtle()
t.speed(10)
t.pensize(10)
t.pencolor("white")
down()
forward(600)
up()


#가로선 그리기
for i in range(3):
    t.up()
    t.goto(-300, i*200-300)
```

**실행 결과**

```python
    t.down()
    t.forward(600)

t.left(90)

#세로선 그리기
for i in range(1,3):
    t.up()
    t.goto(i*200-300, -300)
    t.down()
    t.forward(600)

t.pencolor("green")
t.up()
```

✅ import turtle : 터틀 모듈을 포함합니다.

✅ 보드의 원점은 중심이고 600×600 크기입니다.

 게임판에 'X'와 'O'를 그리는 함수를 작성해 보겠습니다.

각각의 칸들은 0 ~ 8까지의 번호가 있습니다.

| 0 | 1 | 2 |
|---|---|---|
| 3 | 4 | 5 |
| 6 | 7 | 8 |

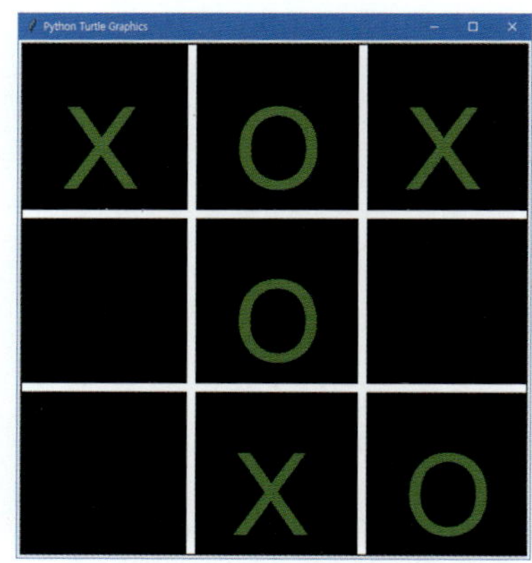

```python
# X표시를 그린다.
def draw_x(x, y):
    t.up()
    t.goto(x+50, y-200)
    t.down()
    t.write("X",font=('Arial', 100, 'normal'))

# O표시를 그린다.
def draw_o(x, y):
    t.up()
    t.goto(x+50, y-200)
    t.down()
    t.write("O",font=('Arial', 100, 'normal'))

# 전체 보드를 그린다.
def draw(board) :
    x = -300
    y = 300
    for piece in board:
        if piece == "X":
            draw_x(x, y)
        elif piece == "O":
            draw_o(x, y)

        x = x + 200
        if x >= 300:
            x = -300
            y = y - 200
```

✔ def draw_x(x, y) : 틱택토 게임 판의 한 칸에 'X'모양을 그리는 함수입니다.

✔ def draw_o(x, y) : 틱택토 게임 판의 한 칸에 'O'모양을 그리는 함수입니다.

✔ board = ["X", "O", "X","", "O", "", "", "X", "O"] : 리스트 항목 0번부터 8번은 틱택토 게임판의 0번부터 8번 칸에 그려질 "X", "O" 또는 빈 칸("")의 정보를 가지고 있습니다.

✔ for piece in board: board 리스트를 모두 훑으면서 'X', 'O' 항목에 맞게 그림을 그리는 함수를 호출합니다.

✔ x = x + 200 : 게임판 한 칸의 크기는 200 픽셀 정도입니다. x에 200을 더하면 오른쪽으로 1칸 이동하게 됩니다.

✔ if x >= 300:

    x = -300

    y = y - 200

: 만약 각 행의 마지막 칸에 도착하면 한 줄 아래 가장 왼쪽 칸으로 이동해야 합니다.

 게임이 시작할 때 모두 빈칸이었다가 사용자가 클릭하는 칸에 'X', 'O'가 번갈아가며 나타납니다.

```
코드
board = ["", "", "","", "", "", "", "", ""]
nextTurn = "X"

# 사용자가 보드를 클릭하면 해당되는 칸을 찾는다.
def clicked(x, y):
    global nextTurn, board
    print(x, " ", y)
    column = (x + 300) // 200
    row = -(y - 300) // 200
    cell = column + row * 3
    cell = int(cell)
    print(row, " ", column)
    board[cell] = nextTurn

    if nextTurn == "X": nextTurn = "O"
    else: nextTurn = "X"
    draw(board)

draw(board)
window.onscreenclick(clicked)
turtle.mainloop()
turtle.bye()
```

- ✅ board = ["", "", "","", "", "", "", "", ""] : 게임이 시작하는 처음에는 모든 칸이 빈칸이 되도록 합니다.

- ✅ nextTurn = "X" : "X"와 "O" 중 어떤 것이 그려져야 하는지에 대한 정보를 저장하는 변수입니다. 사용자가 처음 빈칸을 클릭하면 "X"로 시작합니다.

- ✅ column = (x + 300) // 200

  row = -(y - 300) // 200

  cell= column + row * 3

  cell = int(cell)

  : 마우스가 클릭되었을 때 매개변수로 넘어온 마우스의 (x, y) 좌표 정보를 이용하여 틱택토 게임판에서의 칸 번호를 계산합니다.

- ✅ board[cell] = nextTurn : 클릭한 칸에 들어갈 'X' 또는 'O'에 대한 정보 nextTurn을 리스트에 저장합니다.

- ✅ window.onscreenclick(clicked) : 마우스가 클릭되었을 때 clicked 함수를 호출합니다.

- ✅ turtle.mainloop() : 사용자가 윈도우를 닫기 전까지 윈도우에 입력되는 마우스 클릭이나 마우스 이동 등 모든 이벤트를 받아서 처리해 주는 무한대기 루프 함수입니다.

틱택토 게임 전체 소스를 살펴보면 다음과 같습니다.

```python
import turtle

t = turtle.Turtle()
window = turtle.Screen()

window.setup(600,600)
window.bgcolor("black")

t.hideturtle()
t.speed(10)
t.pensize(10)
t.pencolor("white")

#가로선 그리기
for i in range(3):
    t.up()
    t.goto(-300, i*200-300)
    t.down()
    t.forward(600)

t.left(90)

#세로선 그리기
for i in range(1,3):
    t.up()
    t.goto(i*200-300, -300)
    t.down()
    t.forward(600)

t.pencolor("green")
t.up()

# X표시를 그린다.
def draw_x(x, y):
    t.up()
    t.goto(x+50, y-200)
    t.down()
    t.write("X",font=('Arial', 100, 'normal'))
```

```python
# 0표시를 그린다.
def draw_o(x, y):
    t.up()
    t.goto(x+50, y-200)
    t.down()
    t.write("0",font=('Arial', 100, 'normal'))

board = ["", "", "","", "", "", "", "", ""]
nextTurn = "X"

# 전체 보드를 그린다.
def draw(board) :
    x = -300
    y = 300
    for piece in board:
        if piece == "X":
            draw_x(x, y)
        elif piece == "0":
            draw_o(x, y)
        x = x + 200
        if x >= 300:
            x = -300
            y = y - 200

# 사용자가 보드를 클릭하면 해당되는 칸을 찾는다.
def clicked(x, y):
    global nextTurn, board
    print(x, " ", y)
    column = (x + 300) // 200
    row = -(y - 300) // 200
    cell = column + row * 3
    cell = int(cell)
    print(row, " ", column)
    board[cell] = nextTurn

    if nextTurn == "X": nextTurn = "0"
    else: nextTurn = "X"

    draw(board)

draw(board)
window.onscreenclick(clicked)
turtle.mainloop()
turtle.bye()
```

# 우리나라 인구 분석

국제연합(UN)이 정한 바에 의하면, 65세 이상 노인 인구 비율이 전체 인구의 7% 이상을 차지하는 사회를 고령화 사회 또는 노령화 사회라고 하고, 14% 이상이면 고령사회, 21% 이상이면 초고령 사회라고 합니다. 아래의 그래프를 참고하면 우리나라도 2000년대부터는 고령화 사회가 시작된 것입니다.

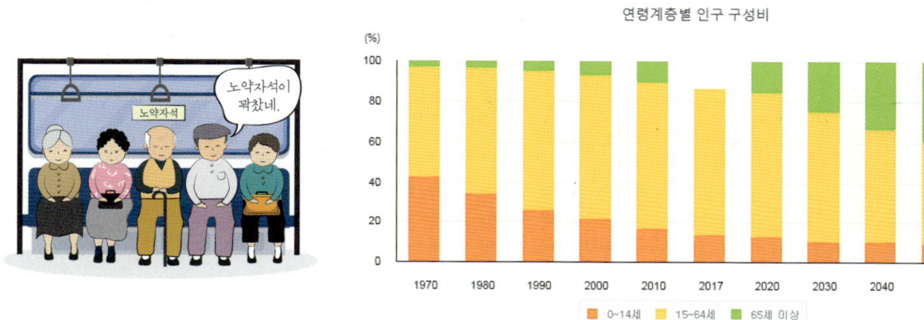


그렇다면 우리나라에서 여성 평균 연령이 가장 높은 지역은 어디일까요? 그 지역은 어디인지 자료를 찾아 통계를 내는 프로그램을 작성해 보도록 하겠습니다.

전국 평균 연령 공공 데이터 찾기

'전국 평균 연령'이라는 키워드로 인터넷 검색을 해봅니다. 다양한 검색 결과가 나오는데 그 중 공공데이터(data.go.kr)에서 자료를 찾아볼 수 있습니다.

이곳에서는 다양한 공공데이터가 제공되어 있으니 구경해 보세요!

공공데이터 사이트 내에서 '전국 평균 연령'에 대하여 검색을 하게 되면 행정안전부의 주민등록 인구통계 페이지에 들어갈 수 있습니다. 평균 연령 데이터를 다운받으려고 보면 시도별, 시군구별, 읍면동별 데이터가 각각 csv 파일로 제공된다는 것을 알 수 있습니다. csv 파일이란 쉼표를 기준으로 항목을 구분하여 저장한 데이터 파일을 말합니다.

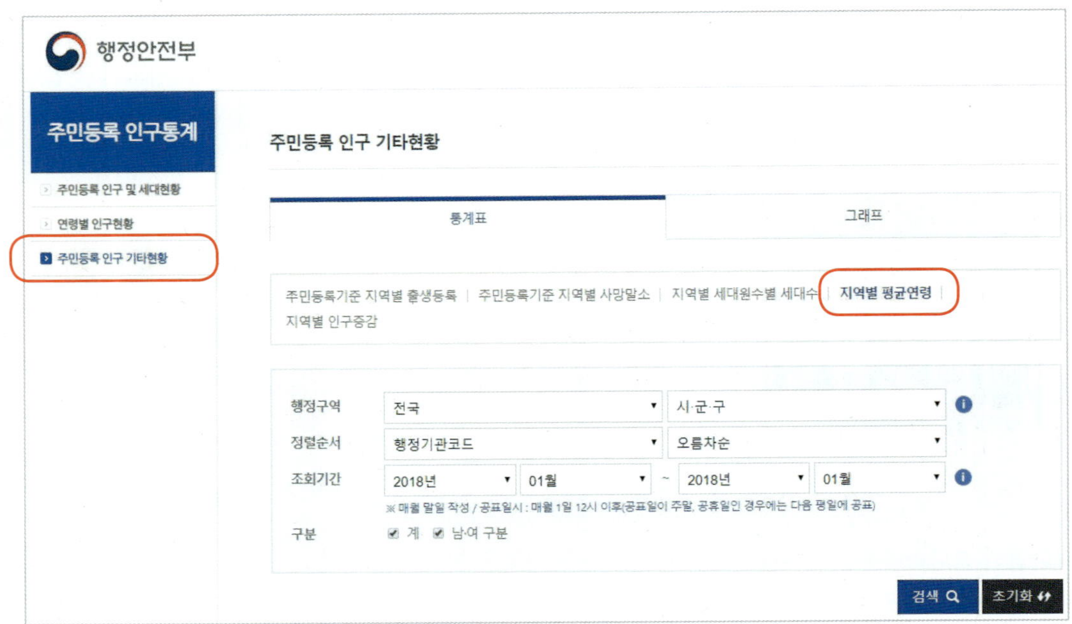

| | A | B | C | D | E | F |
|---|---|---|---|---|---|---|
| 1 | 행정구역 | 2018년01 | 2018년01 | 2018년01월_평균연령 | | |
| 2 | 전국 (1) | 40.4 | 42.7 | 41.6 | | |
| 3 | 서울특별시 | 40.8 | 42.6 | 41.7 | | |
| 4 | 부산광역시 | 42.1 | 44.7 | 43.4 | | |
| 5 | 대구광역시 | 40.3 | 43.1 | 41.7 | | |
| 6 | 인천광역시 | 39.6 | 41.4 | 40.5 | | |
| 7 | 광주광역시 | 38.5 | 40.8 | 39.7 | | |
| 8 | 대전광역시 | 39.1 | 41.1 | 40.1 | | |
| 9 | 울산광역시 | 38.7 | 40.5 | 39.6 | | |
| 10 | 세종특별자 | 36 | 37.3 | 36.7 | | |
| 11 | 경기도 (4 | 39 | 40.7 | 39.8 | | |
| 12 | 강원도 (4 | 42.6 | 45.7 | 44.1 | | |
| 13 | 충청북도 | 41.1 | 43.8 | 42.4 | | |
| 14 | 충청남도 | 41.2 | 44 | 42.6 | | |
| 15 | 전라북도 | 42.1 | 45.3 | 43.7 | | |
| 16 | 전라남도 | 43.2 | 47 | 45.1 | | |
| 17 | 경상북도 | 42.6 | 46.2 | 44.4 | | |

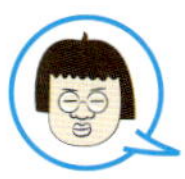 CSV 파일 처리

CSV 파일을 읽기 위해서는 파이썬에 기본 내장된 **csv** 모듈을 import합니다. 다음 csv 파일을 열고 파일객체를 **csv.reader**(파일객체)에 넣으면 됩니다. csv 파일에서 읽어온 내용은 **for** 반복문을 통해 각 행별로 접근할 수 있습니다.

**코드**
```python
import csv
data = csv.reader(open('age.csv', 'r'),delimiter=",")
next(data)

for row in data:
    print(row)
```

**실행 결과**
```
['행정구역', '2018년01월_남자 평균연령', '2018년01월_여
자 평균연령', '2018년01월_평균연령']
['전국  (1)', '40.4', '42.7', '41.6']
['서울특별시  (1100000000)', '40.8', '42.6', '41.7']
['부산광역시  (2600000000)', '42.1', '44.7', '43.4']
['대구광역시  (2700000000)', '40.3', '43.1', '41.7']
… (생략) …
```

> 지역 옆에 있는 (1100000000)은 지역 코드입니다.
> 이 숫자는 직접 csv 파일을 열어 직접 지울 수 있습니다.

 csv 파일에서 필요한 정보만 출력하는 프로그램을 작성해 보겠습니다. 여성 평균 연령 정보만 추출해 보겠습니다.

**코드**
```python
import csv
data = csv.reader(open('age.csv','r'),
delimiter=",")

for row in data:
    print(row[0], row[2])
```

**실행 결과**
```
행정구역 2018년01월_여자 평균연령
전국  (1) 42.7
서울특별시  (1100000000) 42.6
부산광역시  (2600000000) 44.7
대구광역시  (2700000000) 43.1
… (생략) …
```

✅ data = csv.reader(open('age.csv','r'), delimiter=",") : csv.reader() 함수는 csv 파일의 내용을 리스트(list) 타입으로 리턴합니다.

✅ for row in data:

    print(row[0], row[2])

: 행정구역과 여자 평균연령은 리스트의 첫 번째, 세 번째 열에 있으므로 row[0], row[2]에 해당합니다.

 여성 평균 연령이 가장 높은 지역과 그 지역 평균 연령을 출력하는 프로그램을 작성해 보겠습니다.

**코드**

```python
import csv
data = csv.reader(open('age.csv','r'),delimiter=",")

next(data)
next(data)

woman = {'age':0, 'loc':''}

for row in data :
    row[2] = float(row[2])
    if woman['age'] < row[2]:
        woman['age'] = row[2]
        woman['loc'] = row[0]

print('여성 평균 연령이 가장 높은 지역은', woman['loc'],'이고 평균 연령은', woman['age'],'입니다.')
```

**실행 결과**

여성 평균 연령이 가장 높은 지역은 전라남도 (4600000000) 이고 평균 연령은 47.0입니다.

- next(data) : next() 함수를 사용하여 각 입력 파일에서 헤더 행을 제거합니다. 즉, 파일의 다음 부분을 제거합니다.
- woman = {'age':0, 'loc':''}: 여성 평균 연령이 가장 높은 지역과 그 지역 평균 연령을 저장하기 위해 딕셔너리를 이용했습니다. 개발자의 취양에 따라 알맞은 자료형을 선택하시면 됩니다.
- row[2] = float(row[2]) : 처음 csv 파일에서 읽은 row[2]의 값은 문자열이기 때문에 실수로 변환해 줍니다.
- if woman['age'] < row[2]:
      woman['age'] = row[2]
      woman['loc'] = row[0]
  : 현재 저장된 평균연령(woman['age']) 값보다 새로 읽은 지역의 평균 연령(row[2])의 값이 높으면 woman['age']와 woman['loc']의 값을 새로운 지역으로 갱신합니다.

 **도전과제**

통계자료를 바탕으로 우리나라에서 남녀 성별에 따라 평균 연령이 가장 높은 지역과 가장 낮은 지역은 어디인지 찾아주는 프로그램을 작성해 보세요.

# 08 42개국 통화 실시간 환전 계산기

앞의 8장 LAB에서 환전 계산기 프로그램을 작성해 보았습니다. 이제 두근이는 이제 42개국을 여행하면서 치킨 레시피를 공부하고 싶습니다. 이번에는 두근이를 위해 매번 바뀌는 환율을 거의 실시간으로 그 정보를 가져와 환전 계산을 해주는 프로그램을 작성해 보겠습니다.


```
환율 계산기 서비스 되는 통화는 다음과 같습니다.
'INR', 'CAD', 'SEK', 'ILS', 'ZAR', 'USD', 'JPY', 'NOK', 'HUF', 'ISK', 'AUD', 'BGN', 'EUR', 'MXN',
'CNY', 'CZK', 'KRW', 'IDR', 'PLN', 'TRY', 'GBP', 'BRL', 'THB', 'CHF', 'PHP', 'SGD', 'NZD', 'MYR',
'HKD', 'HRK', 'DKK', 'RON'
가지고 계시는 통화를 입력하세요 예)KRW, CNY : KRW
금액을 자연수로 입력하세요: 100000
환전을 원하는 통화를 입력하세요 예)KRW, CNY : EUR
KRW 100000 --> EUR 72.36 입니다.
```

환전 계산기 프로그램의 순서를 생각해봅시다.

| 환율 계산을 위한 라이브러리 설치 | → | 환전 가능한 통화 목록 출력하기 |
|---|---|---|

→ | 사용자로부터 돈, 환전 전 국가, 환전 후 국가 정보 입력받기 | → | 환전 결과 출력 |

명령 프롬프트에서 pip를 이용하여 환율 변환 모듈인 CurrencyConverter를 설치합니다. 'pip install currencyconverter'를 입력하여 라이브러리를 설치합니다. "Successfully installed currency converter-0.17.1"를 확인하셨다면 정상적으로 설치가 완료된 것입니다.


```
C:\>pip install currencyconverter
Collecting currencyconverter
  Downloading CurrencyConverter-0.17.1-py3-none-any.whl (554 kB)
     ---------------------------------------- 554.5/554.5 KB 2.7 MB/s eta 0:00:00
Installing collected packages: currencyconverter
Successfully installed currencyconverter-0.17.1
WARNING: You are using pip version 22.0.4; however, version 22.2.2 is available.
```

 CurrencyConverter 라이브러리에서 지원하는 통화를 출력하겠습니다. 예를 들어 KRW=원화, USD=달러, CNY=위안화를 의미합니다. 이 모듈에서 사용되는 정보는 European Central Bank의 환율 데이터를 바탕으로 사용합니다.



```python
from currency_converter import CurrencyConverter

cc = CurrencyConverter( )
print(cc.currencies)
```



```
'CNY', 'MTL', 'JPY', 'CAD', 'RON', 'SIT', 'DKK', 'KRW', 'SGD', 'HUF', 'HRK', 'NOK', 'TRL', 'USD',
'EUR', 'CHF', 'IDR', 'LVL', 'PLN', 'CYP', 'CZK', 'THB', 'SKK', 'BGN', 'AUD', 'ISK', 'INR', 'RUB',
'EEK', 'MXN', 'TRY', 'PHP', 'LTL', 'HKD', 'GBP', 'SEK', 'BRL', 'ROL', 'ZAR', 'MYR', 'ILS', 'NZD'
```

- `from currency_converter import CurrencyConverter` : CurrencyConverter 라이브러리를 import하여 currency_converter에 있는 모듈을 가져와 모듈의 이름을 붙이지 않고 함수를 사용할 수 있도록 합니다.
- `cc = CurrencyConverter()` : CurrencyConverter 객체를 생성하여 cc로 가리키게 합니다.
- `print(cc.currencies)` : cc 객체의 currencies 는 현재 지원하고 있는 통화가 무엇인지에 대해서 확인할 수 있습니다.

 사용자로부터 환전하려는 통화와 금액 등의 정보를 입력받습니다. 변수 a, b에 통화 정보를 저장하고, a_money 는 정수로 금액을 입력받습니다. a, b에 저장되는 영문은 대문자로만 저장이 되도록 합니다. `str.upper()`를 활용하여 문제를 해결할 수 있습니다.



```python
a = input("가지고 계시는 통화를 입력하세요 예)KRW, CNY : ")

a_money = input("금액을 자연수로 입력하세요: ")
a_money = int(a_money)

b = input("환전을 원하는 통화를 입력하세요 예)KRW, CNY : ")
```

실행 결과와 같이 환전된 통화는 소수점 두 번째 자리까지만 출력합니다.

환전 계산기 프로그램 전체 소스를 살펴보면 다음과 같습니다.

코드

```python
from currency_converter import CurrencyConverter

cc = CurrencyConverter('http://www.ecb.europa.eu/stats/eurofxref/eurofxref.zip')

print("환율 계산기가 서비스 되는 통화는 다음과 같습니다.")
print(cc.currencies)

a = input("가지고 계시는 통화를 입력하세요 예)KRW, CNY : ")

a_money = input("금액을 자연수로 입력하세요: ")
a_money = int(a_money)

b = input("환전을 원하는 통화를 입력하세요 예)KRW, CNY : ")

a = str.upper(a)
b = str.upper(b)

print(a,a_money,'-->', b, round(cc.convert(a_money, a, b), 2), "입니다.")
```

- cc = CurrencyConverter('http://www.ecb.europa.eu/stats/eurofxref/eurofxref.zip') : cc = CurrencyConverter()처럼 기존의 데이터를 바탕으로 환율이 변환되는 것이 아니라 ECB 은행에서 정보를 업데이트하여 최신의 환율 정보를 가져옵니다. 단, 인터넷이 가능해야 합니다.
- a = str.upper(a) : 변수 a에 저장된 문자열을 모두 대문자로 바꿔줍니다.
- print(a,a_money,'-->', b, round(cc.convert(a_money, a, b), 2), "입니다.") : round() 를 이용하여 cc.convert()로부터 리턴되어 온 환전 값을 원하는 소수 자리 수까지 출력합니다.

# 09 사람 얼굴 자동 모자이크 처리 프로그램

두근이는 '파이썬체스터'라는 조기 축구회 회원입니다. 파이썬체스터 조기 축구회의 회원은 100명이나 됩니다. 그리고 파이썬체스터 단체 사진을 찍어 인스타그램에 올리려고 합니다. 그런데 회원들의 초상권을 위해 얼굴은 모자이크 처리하고 싶은데 100명의 얼굴을 일일이 모자이크하려니 어마무시합니다. 단체사진에서의 사람들 얼굴을 자동으로 인식하여 모자이크 처리하는 프로그램을 작성해 보겠습니다.

사람 얼굴 자동 모자이크 프로그램의 순서를 생각해봅시다.

| 이미지 처리를 위한 라이브러리 설치 | → | 단체 사진 준비 |
| → 이미지 파일 열기 | → 이미지에서 얼굴 찾기 | → 찾은 얼굴을 모자이크 처리하기 |

명령 프롬프트에서 **pip**를 이용하여 환율 변환 모듈인 opencv-python을 설치합니다. OpenCV(Open Source Computer Vision Library)는 컴퓨터 비전(영상 및 이미지) 라이브러리입니다. OpenCV는 물체 인식, 얼굴 인식, 제스처 인식을 비롯해 자율주행 자동차, OCR 판독기, 불량 검사기 등에 활용할 수 있습니다.

'pip install opencv-python'를 입력하여 라이브러리를 설치합니다. 'Successfully installed'라는 문구를 확인했다면 정상적으로 설치가 완료된 것입니다.

```
C:\>pip install opencv-python
Collecting opencv-python
  Downloading opencv_python-4.6.0.66-cp36-abi3-win_amd64.whl (35.6 MB)
     ------------------------------------ 35.6/35.6 MB 161.1 kB/s eta 0:00:00
Collecting numpy>=1.17.3
  Downloading numpy-1.23.3-cp310-cp310-win_amd64.whl (14.6 MB)
     ------------------------------------ 14.6/14.6 MB 171.4 kB/s eta 0:00:00
Installing collected packages: numpy, opencv-python
Successfully installed numpy-1.23.3 opencv-python-4.6.0.66
```

 단체 사진 이미지를 파이썬 프로그램과 같은 디렉터리에 group.jpg로 저장합니다.

 OpenCV를 이용하여 이미지 파일을 엽니다.



```python
import cv2

img = cv2.imread('group.jpg')

cv2.imshow('face find', img)
cv2.waitKey(0)
cv2.destroyAllWindows()
```

✔ `img = cv2.imread('group.jpg')` : 이미지 입력 함수(cv2.imread)를 통해 로컬 경로의 이미지 파일을 읽어올 수 있습니다. 이미지 파일 이름은 'group.jpg'입니다. 이미지 입력 함수의 형식은 cv2.imread(파일 경로, flags)입니다. 여기서 **flags**는 이미지를 초기에 불러올 때 적용할 초기 상태를 의미합니다.



cv2.IMREAD_UNCHANGED : 원본 사용
cv2.IMREAD_GRAYSCALE : 1 채널, 그레이스케일 적용
cv2.IMREAD_COLOR : 3 채널, BGR 이미지 사용
cv2.IMREAD_ANYDEPTH : 이미지에 따라 정밀도를 16/32비트 또는 8비트로 사용
cv2.IMREAD_ANYCOLOR : 가능한 3 채널, 색상 이미지로 사용
cv2.IMREAD_REDUCED_GRAYSCALE_2 : 1 채널, 1/2 크기, 그레이스케일 적용
cv2.IMREAD_REDUCED_COLOR_2 : 3 채널, 1/2 크기, BGR 이미지 사용

✅ cv2.imshow('face find', img)

　cv2.waitKey(0) : 이미지 표시함수 cv2.imshow( )와 키 입력 대기 함수 cv2.waitKey(0)로 윈도우 창에 이미지를 띄웁니다. 키 입력 대기 함수를 사용하지 않으면 윈도우 창이 유지되지 않으므로 프로그램이 종료됩니다.

✅ cv2.destroyAllWindows( ) : 모든 윈도우 창 제거함수로 모든 윈도우 창을 닫습니다.

얼굴 감지는 컴퓨터 이미지 파일에서 사람의 얼굴 위치와 크기를 결정하는 기술입니다. 우리가 작성하는 프로그램은 OpenCV를 이용하여 얼굴을 감지할 것입니다. OpenCV에는 캐스케이드 분류기(Cascade Classifier)라는 API가 내장되어있습니다. 이 케스케이드 분리기는 최초 얼굴 인식을 위해 개발되어 탑재되어 왔으나 현재는 물체 인식의 영역까지 지원하고 있습니다. OpenCV 공식문서(https://docs.opencv.org/)를 보면 케스케이드 분류기의 얼굴 인식에 대한 설명이 나와 있습니다. OpenCV를 이용하여 얼굴과 눈을 인식하는 프로그램은 다음과 같습니다.

---

**이미지 인식 과정**

(1) 이미지 가져오기
(2) 이미지 흑백으로 변환
(3) 이미지에서 얼굴인식
(4) 얼굴 위치 정보 가져오기(사각형)
(5) 이미지에서 얼굴 위치 부분의 이미지 가져오기

---

**코드**

```python
import cv2
img = cv2.imread('img.jpg')

face = cv2.CascadeClassifier(cv2.data.haarcascades + 'haarcascade_frontalface_default.xml')
eye = cv2.CascadeClassifier(cv2.data.haarcascades + 'haarcascade_eye.xml')

gray = cv2.cvtColor(img, cv2.COLOR_BGR2GRAY)

faces = face.detectMultiScale(gray, 1.9,5)

for(x, y, w, h) in faces:
    cv2.rectangle(img, (x, y), (x+w, y+h), (255, 0, 0), 2)

    roi_gray = gray[y:y+h, x:x+w]
    roi_color = img[y:y+h, x:x+w]

    eyes = eye.detectMultiScale(roi_gray)

    for (ex, ey, ew, eh) in eyes:
        cv2.rectangle(roi_color, (ex, ey), (ex+ew, ey+eh), (0, 255, 0), 2)

cv2.imshow('face find', img)
cv2.waitKey(0)
cv2.destroyAllWindows()
```

✅ face = cv2.CascadeClassifier(cv2.data.haarcascades + 'haarcascade_frontalface_default.xml')

eye = cv2.CascadeClassifier(cv2.data.haarcascades + 'haarcascade_eye.xml') : 얼굴과 눈을 찾기 위한 알고리즘이 적용된 XML 파일을 불러옵니다. haar cascade에는 웃음, 고양이 얼굴, 사람의 전신, 상반신 등을 검출하는 알고리즘이 있습니다.

✅ gray = cv2.cvtColor(img, cv2.COLOR_BGR2GRAY) : 얼굴을 찾기 위해 이미지를 흑백으로 변경합니다. OpenCV의 얼굴인식 알고리즘은 얼굴을 인식하기 위해 흑백의 명도를 이용하는 것이 유리합니다

✅ faces = face.detectMultiScale(gray, 1.9, 5) : detectMultiScale()는 오브젝트를 사각형으로 검출하는데 이때 사각형 좌측 상단의 좌표와 우측 하단의 좌표를 반환합니다. detectMultiScale( ) 함수는 다음과 같은 형식을 갖습니다.

> detectMultiScale(검출하고자 하는 이미지, 이미지에서 얼굴 크기가 서로 다른 것을 보상해주는 값,
> 오브젝트 사이의 최소 간격, 오브젝트의 최소 크기)

✅ for(x, y, w, h) in faces :

cv2.rectangle(img, (x, y), (x+w, y+h), (255, 0, 0), 2) : rectangle로 얼굴에 사각형을 그린 후 눈은 얼굴이 검출된 영역 안에서만 검출할 것이기 때문에 ROI를 생성합니다.

rectangle( ) 함수는 다음과 같은 형식을 갖습니다.

> rectangle(이미지, (시작점 X,Y), (끝나는점 X,Y), 윤곽선 색, 선 굵기)

✅ eyes = eye.detectMultiScale(roi_gray)

for (ex, ey, ew, eh) in eyes :

cv2.rectangle(roi_color, (ex, ey), (ex+ew, ey+eh), (0, 255, 0), 2) : 눈을 찾아 녹색 네모 표시를 합니다.

찾은 얼굴은 모자이크 처리합니다. 모자이크 처리를 할 때는 특별히 복잡한 알고리즘을 사용할 필요는 없습니다. 사진을 축소하기 위해 사용하는 cv2.resize( ) 함수를 이용하여 모자이크 처리를 하겠습니다.



```python
import cv2
img = cv2.imread('img.jpg')

(...중략...)

for(x, y, w, h) in faces:
    (...중략...)
    mosaic = cv2.resize(img[y: y + h, x: x + w], None, fx=0.05, fy=0.05,
interpolation=cv2.INTER_NEAREST)
    img[y: y + h, x: x + w] = cv2.resize(mosaic, (w, h), interpolation=cv2.INTER_
NEAREST)

cv2.imshow('face find', img)
cv2.waitKey(0)
cv2.destroyAllWindows()
```

✅ mosaic = cv2.resize(img[y: y + h, x: x + w], None, fx=0.05, fy=0.05, interpolation=cv2.
INTER_NEAREST) : cv.resize()는 주로 사진을 축소하기 위해 사용합니다. 첫 번째 인수는 다시 확대하는 처리의 영역을 얼굴 부분으로 지정합니다. 사진을 축소할 때와 확대할 때는 사진을 리사이즈 하지 않도록 interpolation에 cv2.INTER_NEAREST를 설정합니다. 두 번째 인수에 None을 지정하면 축소 후 사이즈를 지정하지 않게 됩니다. 그리고 배율에 해당하는 fx와 fy를 사용합니다. 만약 fx = fy = 0.1과 fx = fy = 0.5의 경우를 살펴보면 아래 그림과 같습니다.

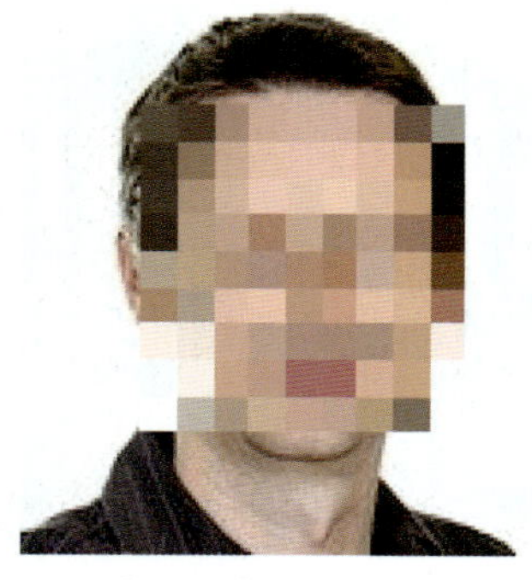

fx = fy = 0.1

fx = fy = 0.5

사람 얼굴 자동 모자이크 처리 프로그램 전체 소스를 살펴보면 다음과 같습니다.

코드

```python
import cv2
img = cv2.imread('img.jpg')

face = cv2.CascadeClassifier(cv2.data.haarcascades + 'haarcascade_frontalface_
default.xml')
gray = cv2.cvtColor(img, cv2.COLOR_BGR2GRAY)

faces = face.detectMultiScale(gray, 1.9,5)

for(x, y, w, h) in faces:
    mosaic = cv2.resize(img[y: y + h, x: x + w], None, fx = 0.05, fy = 0.05,
interpolation = cv2.INTER_NEAREST)
    img[y: y + h, x: x + w] = cv2.resize(mosaic, (w, h), interpolation=cv2.INTER_
NEAREST)

cv2.imshow('face find', img)
cv2.waitKey(0)
cv2.destroyAllWindows()
```

# memo

# 부록

# 연습문제 정답

정말 세심하게 배려해 주셨군요.

우리는 여러분의 학습을 꼼꼼하게 챙겨드리죠!
문제를 해결하는 방법은 다양합니다. 다양한 방법으로 문제를 해결하도록 도전해 보세요.

**1.**

```
print("환영합니다.")
print("파이썬의 세계에 오신 것을 환영합니다.")
print("파이썬은 강력합니다.")
```

**2.**

```
>>> print(7*24)
168
```

**3.**

```python
import turtle
t = turtle.Turtle()
t.shape("turtle")

t.up()
t.goto(-150, 0)
t.down()
t.circle(80)

t.up()
t.goto(0, 0)
t.down()
t.circle(80)

t.up()
t.goto(150, 0)
t.down()
t.circle(80)

t.up()
t.goto(-80, -100)
t.down()
t.circle(80)

t.up()
t.goto(80, -100)
t.down()
t.circle(80)
```

부록 연습문제 정답

## 1.

```python
n1 = int(input("첫 번째 숫자를 입력하시오: "))
n2 = int(input("두 번째 숫자를 입력하시오: "))
n3 = int(input("세 번째 숫자를 입력하시오: "))

average = (n1 + n2 + n3) / 3

print(n1, n2, n3,"의 평균은", average, "입니다.")
```

## 2.

```python
import turtle
t = turtle.Turtle()
t.shape("turtle")

side=50
t.forward(side)
t.left(120)
t.forward(side)
t.left(120)
t.forward(side)
t.left(120)
```

3.

```python
import turtle
t = turtle.Turtle()
t.shape("turtle")

radius=50
t.up()
t.goto(0, 0)
t.down()
t.circle(radius)

radius = radius + 20
t.up()
t.goto(100, 0)
t.down()
t.circle(radius)

radius = radius + 20
t.up()
t.goto(200, 0)
t.down()
t.circle(radius)
```

**1.**

```python
x = int(input("x: "))
y = int(input("y: "))

print("두 수의 합: ", x+y)
print("두 수의 차: ", x-y)
print("두 수의 곱: ", x*y)
print("두 수의 평균: ", (x+y)/2)
print("큰 수: ", max(x, y))
print("작은 수: ", min(x, y))
```

**2.**

```python
r = float(input("r: "))
h = float(input("h: "))

vol = 3.141592*r**2 * h
print("원기둥의 부피: ", vol)
```

**3.**

```python
number = int(input("정수를 입력하시오: "))

sum = 0
sum = sum + number % 10
number = number // 10
sum = sum + number % 10
number = number // 10
sum = sum + number % 10
number = number // 10
sum = sum + number % 10
number = number // 10
print("자릿수의 합: ", str(sum))
```

4.

```python
mass = float(input("물체의 무게를 입력하시오(킬로그램): "))
velocity = float(input("물체의 속도를 입력하시오(미터/초): "))


energy = 0.5 * mass * velocity **2
print("물체는  " + str(energy) + " (줄)의 에너지를 가지고 있다.")
```

5.

```python
import turtle
t = turtle.Turtle()
t.shape("turtle")

x1 = int(input("x1: "))
y1 = int(input("y1: "))
x2 = int(input("x2: "))
y2 = int(input("y2: "))
dist = ((x1 - x2) ** 2 + (y1 - y2) ** 2) ** 0.5

t.up()
t.goto(x1, y1)
t.down()
t.goto(x2, y2)

t.write("점의 길이="+str(dist))
```

**1.**

```python
print('나는 ' + str(12) + '개의 사과를 먹었다.')
```

**2.**

```
applegrape
appleappleapple
```

**3.**

```python
str = input("문자열을 입력하시오: ")
s = str[0:2] + str[-2:]

print(s)
```

**4.**

```python
str = input("평문: ")
print("암호문: "+str[-1: :-1])
```

**1.**

```
20살 이상
```

**2.**

```python
age = 20
if age < 20:
    print('20살 미만')
elif age >= 30 and age <= 50:
    print('30살 이상이고 50살 이하')
else:
    print('20살 이상이고 30살 미만')
```

**3.**

```python
score = int(input("성적을 입력하시오: "))

if score >= 90:
    print("A학점입니다.")
elif score >= 80:
    print("B학점입니다.")
elif score >= 70:
    print("C학점입니다.")
elif score >= 60:
    print("D학점입니다.")
else :
    print("F학점입니다.")
```

**4.**

```python
temp = int(input("현재 온도를 입력하시오: "))

if temp >= 25:
    print("반바지를 추천합니다.")
else:
    print("긴바지를 추천합니다.")
```

**5.**

```python
import random
x = random.randint(1, 100)
y = random.randint(1, 100)

ans = int(input(str(x)+"-"+str(y)+"="))

if ans == x -y :
    print("맞았습니다.")
else :
    print("틀렸습니다.")
```

**6.**

```python
n = int(input("정수를 입력하시오: "))

if n%2==0 and n%3==0:
    print("2와 3으로 나누어떨어집니다.")
else :
    print("2와 3으로 나누어떨어지지 않습니다.")
```

7.

```python
import random

solution = random.randint(0, 99)

user = int(input("복권번호를 입력하세요(0에서 99 사이): "))

digit1 = solution // 10
digit2 = solution % 10

u_digit1 = user // 10
u_digit2 = user % 10

print("당첨번호는", solution, "입니다.")

if (digit1 == u_digit1 and digit2 == u_digit2):
    print("상금은 100만 원입니다.")
elif (digit1 == u_digit1
        or digit1 == u_digit2
        or digit2 == u_digit1
        or digit2 == u_digit2):
    print("상금은 50만 원입니다.")
else:
    print("상금은 없습니다.")
```

**1.**

```python
for i in range(2, 101):
    if i%2==0 :
        print(i,end = " ")
```

**2.**

```python
for i in range(2, 10) :
    for j in range(1, 10) :
        print(i ,"*" , j, "=" , i*j)
```

**3.**

```python
import turtle

myPen = turtle.Turtle()
myPen.speed(0)
myPen.color("#FF0000")

for j in range (1,10):
    for i in range (1,6):
        myPen.left(144)
        myPen.forward(200)
    myPen.left(10)
```

4.

```python
import turtle
import random

t = turtle.Turtle()
t.shape("turtle")

for j in range (1,10):
    t.up()
    x = random.randint(-200, 200)
    y = random.randint(-200, 200)
    r = random.randint(10, 200)
    t.goto(x, y)
    t.down()
    t.circle(r)
```

5.

```
digit sum
4       4
3       7
2       9
1       10
```

6.

```python
year = 0
balance = 1000

while balance <= 2000 :
    year = year + 1
    interest = balance * 0.07
    balance = balance + interest
print(year, "년이 걸립니다.")
```

7.

```python
import turtle

t = turtle.Turtle()
t.shape("turtle")

for i in range(5):
    t.forward(200);
    t.right(90)
    t.forward(20);
    t.right(90)
    t.forward(200);
    t.left(90)
    t.forward(20);
    t.left(90)
```

8.

```python
ans = 0
while ans != 3*9:
    ans = int(input("3*9 = "))
print("맞았습니다.")
```

9.

```python
import turtle
t = turtle.Turtle()
t.shape("turtle")
t.color('red', 'yellow')
t.begin_fill()
while True:
    t.forward(200)
    t.left(170)
    if abs(t.pos()) < 1:
        break
t.end_fill()
```

**1.**

```python
alist = [ ]
sum = 0

for i in range(5):
    i = int(input("정수를 입력하시오: "))
    alist.append(i)

for i in alist:
    sum += i
avg = sum/len(alist)
print("평균=", avg)
```

**2.**

```python
import random
counters = [0, 0, 0, 0, 0, 0]

for i in range(1000):
    value = random.randint(0, 5)
    counters[value] = counters[value] + 1

for i in range(6) :
    print("주사위가 ", i+1, "인 경우는 ", counters[i], "번")
```

**3.**

```python
import turtle
t = turtle.Turtle()

color_list = ["yellow", "blue", "red", "orange", "green"]
t.pendown()
t.width(5)
for i in color_list:
    t.color(i)
    for j in range(5):
        t.right(72)
        t.forward(100)

    t.left(72)
```

4.

```python
import turtle
import random


t = turtle.Turtle()
s = turtle.Screen()

def draw_shape(t, c, length, sides, x, y):
    t.up()
    t.goto(x, y)
    t.down()
    t.fillcolor(c)
    angle = 360.0 / sides
    t.begin_fill()
    for dist in range(sides):
        t.forward(length)
        t.left(angle)
    t.end_fill()

for i in range(10):
    color = random.choice(['white', 'yellow', 'blue', 'skyblue', 'orange', 'green'])
    side_length = random.randint(10, 100)
    sides = random.randint(3, 10)
    x = random.randint(-200, 200)
    y = random.randint(-200, 200)
    draw_shape(t, color, side_length, sides, x, y)
```

**1.**

```python
def happyBirthday(person):
    print("Happy Birthday to you!")
    print("Happy Birthday to you!")
    print("Happy Birthday, dear " + person)
    print("Happy Birthday to you!")

name = input("이름을 입력하시오: ")
happyBirthday(name)
```

**2.**

```python
def sumProblem(x, y):
    sum = x + y
    sentence = "정수" + str(x) + "+"+str(y)+"의 합은?"
    print(sentence)

def main():
    a = int(input("첫 번째 정수: "))
    b = int(input("두 번째 정수: "))
    sumProblem(a, b)

main()
```

**3.**

```python
PI = 3.14159265358979

def circleArea(radius):
    return PI*radius*radius

def circleCircumference(radius):
    return 2*PI*radius

def main():
    print('반지름이 5인 원의 면적:', circleArea(5))
    print('반지름이 5인 원의 둘레:', circleCircumference(5))

main()
```

**4.**

```python
import turtle
t = turtle.Turtle()
t.shape("turtle")
t.color("black", "white")
s = turtle.Screen(); s.bgcolor('skyblue');

def draw_snowman(x, y):
    t.up()
    t.goto(x, y)
    t.down()
    t.begin_fill()
    t.circle(20)
    t.end_fill()
    t.goto(x, y-25)
    t.setheading(135)
    t.forward(50)
    t.backward(50)

    t.setheading(30)
    t.forward(50)
    t.backward(50)
    t.setheading(0)

    t.begin_fill()
    t.circle(15)
    t.end_fill()
    t.goto(x, y-70)
    t.begin_fill()
    t.circle(30)
    t.end_fill()

draw_snowman(0, 0)
draw_snowman(100, 0)
draw_snowman(200, 0)
```

5.

```python
import turtle
t = turtle.Turtle()
t.shape("turtle")
t.speed(0)

def hexagon():
    for i in range(6):
        turtle.forward(100)
        turtle.left(360/6)

for i in range (6):
    hexagon()
    turtle.forward(100)
    turtle.right(60)
```

6.

```python
import turtle
t = turtle.Turtle()
t.shape("turtle")
t.speed(0)

def draw_line():
    t.forward(100)
    t.backward(100)

def x in range(12):
    t.right(30)
    draw_line()
```

**1.**

```python
contacts = { }

while True:
    name = input("(입력모드)이름을 입력하시오: ")
    if not name:
        break
    tel = input("전화번호를 입력하시오: ")
    contacts[name] = tel

while True:
    name = input("(검색모드)이름을 입력하시오: ")
    if not name:
        break;
    if name in contacts :
        print(name, "의 전화번호는", contacts[name], "입니다.")
```

**2.**

```python
domains =  {"kr": "대한민국", "sk": "슬로바키아", "no": "노르웨이" }

for k, v in domains.items():
    print (k, ": ", v)
```

3.

```python
problems  = {'파이썬': '최근에 가장 떠오르는 프로그래밍 언어',
             '변수': '데이터를 저장하는 메모리 공간',
             '함수': '작업을 수행하는 문장들의 집합에 이름을 붙인 것',
             '리스트': '서로 관련이 없는 항목들의 모임',
             }

def show_words(problems):
    display_message = ""
    i=1
    for word in problems.keys():
        display_message += "("+str(i)+")"
        display_message += word + " "
        i+=1
    print(display_message)

for meaning in problems.values():
    print("다음은 어떤 단어에 대한 설명일까요? ")
    print("₩""+meaning+"₩"")
    correct = False
    while not correct:
        show_words(problems)
        guessed_word = input(" ")
        if problems[guessed_word] == meaning:
            print("정답입니다!")
            correct = True
        else:
            print("오답입니다!")
```

## 1.

```python
infilename = input("파일 이름을 입력하시오: ").strip()
infile = open(infilename, "r")
file_s = infile.read()
removed_s = input("삭제할 문자열을 입력하시오: ").strip()
modified_s = file_s.replace(removed_s, "")

infile.close()
outfile = open(infilename, "w")

print(modified_s, file = outfile, end = "")
print("변경된 파일이 저장되었습니다.")
outfile.close()
```

## 2.

```python
infile = open("data.txt", "r")
outfile = open("ouput.txt", "w")

s = 0
count = 0

for line in infile :
    num = float(line.rstrip())
    s += num
    count+= 1

outfile.write("합계:"+str(s) +"\n")
outfile.write("평균:"+str(s/count))

infile.close()
outfile.close()
```

3.

```python
infile = open("input.txt", "r")

search_word = input("단어 입력: ")

word_dic =  { }

for line in infile:
    line = line.rstrip()
    word_list = line.split()

    for word in word_list:
        word = word.lower()         # 소문자로 변경
        word = word.strip(',')      # 콤마 삭제
        word = word.strip('.')      # 마침표 삭제

        if word in word_dic :
            word_dic[word] += 1

        else:
            word_dic[word] = 1

if search_word in word_dic :
    print(search_word + "빈도: "+ str(word_dic[search_word]))
else :
    print(search_word + "빈도: 0")

infile.close()
```